심심풀이로 보는 한국사

심심풀이로 보는 한국사

발행일	2020년 1월 15일		
지은이	이단직		
펴낸이	손형국		
펴낸곳	(주)북랩		
편집인	선일영	편집	오경진, 강대건, 최예은, 최승헌, 김경무
디자인	이현수, 한수희, 김민하, 김윤주, 허지혜	제작	박기성, 황동현, 구성우, 장홍석
마케팅	김회란, 박진관, 조하라, 장은별		
출판등록	2004. 12. 1(제2012-000051호)		
주소	서울특별시 금천구 가산디지털 1로 168, 우림라이온스밸리 B동 B113~114호, C동 B101호		
홈페이지	www.book.co.kr		
전화번호	(02)2026-5777	팩스	(02)2026-5747

ISBN   979-11-6539-022-8 03910 (종이책)   979-11-6539-023-5 05910 (전자책)

이 도서의 국립중앙도서관 출판예정도서목록(CIP)은 서지정보유통지원시스템 홈페이지(http://seoji.nl.go.kr)와
국가자료공동목록시스템(http://www.nl.go.kr/kolisnet)에서 이용하실 수 있습니다.
(CIP제어번호: CIP2020001026)

(주)북랩 성공출판의 파트너

북랩 홈페이지와 패밀리 사이트에서 다양한 출판 솔루션을 만나 보세요!

홈페이지 book.co.kr   •   **블로그** blog.naver.com/essaybook   •   **출판문의** book@book.co.kr

구석기시대부터 현재까지,
단 한 권에 녹여낸 한반도의 역사

이단직 지음

심심풀이로 보는
한국사

북랩 book Lab

필자는 역사가가 아니다. 다만 역사에 관심을 가지고 있는 독자분들과 같은 평범한 사람이다. 또한 캐나다에서 생활할 당시 재외동포들과 한국의 역사에 대하여 얘기를 나누다 보면 내용을 잘못 알고 있는 부분들이 상당히 많았고 역사책이 지루하다는 인식들이 있어 이를 안타깝게 여기고 있었다.

　이후 필자가 한국사능력검정시험에 합격하고 강남구의 재능기부 한국사 강의를 하게 되었는데 강의가 끝나고 몇 분께서 한국 역사를 재미있으면서 수험용으로도 사용할 수 있게 집필해 보면 어떻겠느냐는 제의를 받았다. 게다가 한국사를 두고 좌편향, 우편향 등 논란이 일어나는 것을 본 후 '객관적인 사실만을 담을 수는 없을까'라는 생각까지 더해지면서 언제 어디서나 지루하지 않게 편하게 읽을 수 있고 나아가 한국사 시험을 앞둔 수험생들이 알아야 할 사항까지 폭넓게 한국 역사를 알 수 있게 하는 데 조금이라도 보탬이 되었으면 좋겠다는 생각으로 집필하게 되었다. 또한 팩트만 전달하고자 분량을 대폭 줄였으나 각 시대별로 개요를 기술하여 전체적인 흐름을 파악할 수 있게 하였다. 삼국시대부터 조선시대까지 왕정시대임에 착안하여 왕을 중심으로 기술하였으며 중요한 내용은 굵은 글씨로 표시하였고 또한 왕의 재위 기간도 괄호를 달아 같이 적었다. 아울러 수험용으로 공부하는 분들을 위하여 각 단원별로 보충 설명을 달았으니 수험생들도 본 책 하나면 충분한 시험 대비가 될 수 있을 것이다. 또한 사진과 지도 자료는 싣고 싶었으나 추후 저작권 문제를 야기할 수 있어서 부득이 싣지 못하였다. 인터넷을 통하여 충분히 볼 수 있으니 양해해 주시기 바란다.

선사시대는 알려진 내용이 적어서 분량이 많지 않아 간략히 내용만 기술하였고 삼국시대 편은 삼국을 나누어 왕의 순서대로 나열하였다. 연대별로 삼국 왕들 간의 전쟁과 제휴 등을 연결만 해 보아도 시대순을 쉽게 이해할 수 있을 것이며 왕과 관련된 설화나 이야기를 간략하게 삽입하여 재미를 배가시켰다. 가야의 경우 사료 부족으로 왕조사를 작성하기가 불가능하고 발해의 경우도 사료가 부족하기는 하나 왕조사를 겨우 알 수 있을 정도라서 간략히 소개하였다.

고려시대 역시 왕조사 중심으로 저술하였으며 필요한 부분은 별도로 설명하였으며 조선시대는 25대 철종까지는 상기 부분을 적용하였으나 26대 고종 재위기는 근대화와 청, 일본, 서구 열강들과 관련한 변화무쌍한 사건들이 많았으므로 근대시대와 대한제국시대를 별도의 보충자료로 편집하였다.

1910년 한일병합조약에 의하여 도래된 일제강점기시대는 초기인 1910년대, 3.1 운동 직후인 1920년대, 중일전쟁을 일으킨 1930년대 이후의 3단계로 나누어 서술하였다. 1945년 해방 이후 한국은 대통령중심제로 역사가 이어져 현대사는 정부를 중심으로 기술하였다. 편의상 역사에 등장하는 중요 인물들에 대한 존칭은 생략하였다.

특히 일제강점기와 현대사 부분은 현재도 갑론을박하는 부분이 많아 매우 조심스럽게 객관적 사실만 전달하고자 노력하였으므로 판단은 독자분들께서 해 주시기 바란다.

또한 드라마나 영화에 등장하는 역사물을 대할 때 당시의 앞뒤의 상황을 이해하는 데 본 책을 참고하면 큰 도움이 될 수 있으리라 본다.

본 책이 출판되기까지 물심양면으로 도와주신 북랩의 모든 관계자분들께도 심심한 사의를 표한다.

또한 평생 교육자로서, 그리고 안동유림회장을 역임하시다가 지금은 1년 전 영면하신 아버지의 영전에 이 책을 바칩니다.

감사합니다.

2019년 겨울 자곡동 사무실에서
저자 이단직

목차

개요

한반도에 사람이 살기 시작한 구석기시대는 약 70만 년 전부터로 추정한다. 돌과 나무, 짐승의 뼈 등을 사용하여 먹거리를 해결하였다. 신석기시대는 BC 8000년경부터 시작되었는데 도구로 돌 등을 사용하는 것은 같았으나 농경과 목축이 시작되었다. BC 2000년경부터 청동기 시대가 도래하였는데 이 시기에 한반도 최초의 국가인 고조선이 등장하였다. 이후 BC 5세기부터 시작된 철기시대에는 많은 국가들이 생겨나고 고조선이 멸망하였다. 북으로부터 부여, 고구려, 옥저, 동예, 삼한(마한, 진한, 변한) 등이 있었으며 이들 국가들 간의 분쟁과 항복 등으로 이합집산하면서 고구려, 백제, 신라의 삼국과 가야 등이 삼국시대를 형성하였다. 다만 6가야 연맹체였던 가야는 고대국가로 발전하지 못하고 신라에 복속되었으며 당과 연합한 신라가 삼국을 통일하였다.

❶ 구석기시대

인류의 변천을 살펴보면 보통 오스트랄로피테쿠스(약 400만 년 전, 직립보행) – 호모에렉투스(약 160만 년 전, 불과 언어 사용) – 호모사피엔스(네안데르탈인, 약 20만 년 전, 시체 매장) – 호모사피엔스사피엔스(크로마뇽인, 약 4만 년 전, 동굴벽화와 예술 활동)의 순서라고 보는데 이는 학자마다 조금씩 차이가 있으니 참고하기 바란다.

지구상에 사람이 살기 시작한 시기는 지금으로부터 약 400만 년 전부터라고 하나 한반도에는 그보다 훨씬 후인 70만 년 전부터 사람이 살았다. 물론 그 이전의 화석이나 유물이 출토된다면 더 거슬러 올라갈 수 있을 것이다. 선사시대라고 하여 기록이 없기 때문에 유물 출토 등에 의존할 수밖에 없는 한계가 있다.

구석기 시대 사람들은 다른 동물과 달리 도구를 사용할 줄 알았다. 주로 돌을 쪼개서 도구로 사용하였는데 이를 **뗀석기(타제석기)**라고 부른다. 일부 짐승의 뼈도 사용했지만 돌이 주류를 이루었다. 이렇게 떼어낸 돌로 주먹도끼나 슴베찌르개(돌화살촉), 찍개, 긁개 등을 만들었고 이를 사용하여 **수렵과 채집**으로 먹거리를 해결하였으며 동굴이나 바위그늘 등에 **막집**을 짓고 살았다. 이 당시에 가장 중요한 것은 먹거리였으므로 먹거리를 찾아 **이동생활**을 하였다. 구석기시대의 유적지는 공주 석장리, 웅기 굴포리 등 많이 남아 있지만 특히 충북 청원의 두루봉동굴에서는 어린아이의 뼈가 출토되었는데 이 아이의 유골은 약 4만 년 전으로 추정된다. 1983년 광산소장인 김흥수 씨가 채석장을 둘러보다가 발견하였기 때문에 흥수아이 유골이라고 부른다.

❷ 신석기시대

BC 8000년부터 신석기시대가 도래하였다. 구석기시대와 구별되는 신석기시대의 특징은 **농경**이 이루어졌다는 점이다. 농경의 시작은 인간들에게 정착 생활을 하게 만들었고 추수기의 곡식을 저장하여 먹거리를 구하는데 유연하게 대처할 수 있었다.

영국의 고고학자 고든 차일드(Gordon V Childe)는 그의 저서 『Man makes himself』에서 농경의 시작을 신석기혁명(The Neolithic Revolution)이라고 표현하였다.

돌의 사용도 업그레이드되어 깨어서 사용하던 구석기시대와는 달리 돌을 갈아서 사용하는 **간석기(마제석기)**를 사용하였다. 갈판과 갈돌, 돌낫, 돌화살촉 등을 구석기시대보다 정교하게 만들었다. 가락바퀴와 동물의 뼈바늘을 사용하여 **옷과 그물도** 제작하였다. 농경은 밭농사였고 조, 피, 수수 등이 주로 재배되었다. 곡식을 저장하기 위하여 토기도 만들어졌는데 대표적인 토기가 **빗살무늬토기**이다. 농경은 이동 생활이 아닌 **정착 생활**을 하게 만들었고 **목축**도 시작되었다. 거주지도 바닥이 원형이나 모가 둥근 방형 위에 **움집**을 짓고 살았다.

농경은 자연환경이 중요하여 인간이 통제할 수 없는 자연현상을 그 누구에게 의존하려는 **원시신앙**도 시작되었다. 토테미즘(동, 식물을 부족의 상징과 연계하는 신앙), 애니미즘(생물, 무생물에도 영혼이 있다고 믿는 신앙), 샤머니즘(주술사를 신과 인간의 매개체라고 보는 신앙) 등이 생겨났다. 신석기 유적지도 한반도에 많이 있다. 황해 봉산 지탑리 유적지에서는 탄화된 곡식알이 출토되었고 부산 동삼동에서는 조개껍데기 가면(패각가면)이 출토되었다.

❸ 청동기시대

인류 4대 문명(메소포타미아 문명, 이집트 문명, 인더스 문명, 황하 문명)이 BC 3500년~BC 2500년경부터 시작되었으니 대략 신석기 말기나 청동기 시작을 전후하여 문명이 일어났다고 볼 수 있겠다.

한반도의 청동기 시대는 BC 2000(혹은 BC 1500)년경부터 시작되었다. 이들은 구리에 주석, 비소 등을 섞어서 만든 청동으로 새로운 도구를 만들었다. 그러나 청동은 원료가 풍부하지 못할 뿐만 아니라 단단하지 못하여 농기구로는 적합하지 못하였다. 농기구는 **반달돌칼** 등 여전히 돌이 사용되었고 청동으로는 주로 지배층의 장신구 등을 만들었다.

농업이 발달하여 농업생산력이 증가하였고 **벼농사(논농사)도 시작**되었다. 청동을 이용하여 **비파형 동검, 거친무늬거울, 청동방울** 등이 제작되었고 토기도 좀 더 세련된 미송리식토기, **민무늬토기**, 붉은간토기 등이 제작되었다. **사유재산**이 인정되어 농업생산력의 증가는 사유재산의 다과에 영향을 미쳤고 이 과정에서 자연스럽게 **계급의 분화**가 일어나 지배자인 **군장**이 출현하였으며 이들이 죽으면 무덤 위에 **고인돌**(지석묘)을 만들었다.

청동기 시대에 출현한 한반도 최초의 국가가 바로 고조선이다. BC 2333년 단군왕검이 아사달을 도읍으로 건국하여 철기시대까지 존재하였던 고조선은 삼국유사, 제왕운기, 동국여지승람 등에 기록되어 있다. 고조선의 원 명칭은 조선이나 1392년 이성계가 세운 조선과 구별하기 위하여 고조선이라 부른다.

단군은 제사장, 왕검은 정치적 군장을 의미하는데 한 사람에게 이 호칭을 주었다는 점에서 고조선은 제정일치사회였다는 것을 엿볼 수 있다. 고조선은 힘을 키워 중국의 연과 대적할 만큼 강성해졌는데 중국에서 진한 교체기를 이용해 연나라 사람인 위만이 무리 1,000여 명을 이끌고 고조선으로 내려왔다. 고조선의 준왕은 위만을 받아들여 외신으로 임명하였으나 위만은 외직에서 힘을 키워 준왕을 몰아내고 고조선을 차지하였다. 이때가 BC 194년으로 이미 철기가 보급된 시기였다. 위만은 국호도 조선을 그대로 사용하였고 연에서 들어올 때 상투를 틀고 조선 옷을 입었다는 기록으로 보아 조선인 계통의 자손으로 추론한다.

위만조선은 당시 한과 진의 중개무역으로 부를 축적하였다. 위만의 아들(기록이 없어서 모름)에 이어 손자가 3대 우거왕으로 즉위하였는데 한 무제가 고조선의 중계무역에 불만을 품고 고조선을 침략하였다.

한과의 전투 중 주화파였던 이계상 삼이 자객을 보내 우거왕을 살해하였고 삼이 한에 항복함으로써 BC 109년 고조선은 멸망하고 말았다. 한은 고조선의 영토에 한사군(낙랑군, 진번군, 임둔군, 현도군)을 설치하여 다스렸다.

✸ 단군 신화

하늘을 다스리는 환인의 아들인 환웅이 풍백(바람을 다스리는 신선), 우사(비를 다스리는 신선), 운사(구름을 다스리는 신선) 등을 거느리고 태백의 꼭대기인 신단수에 내려왔는데 환웅은 그곳을 신시라 불렀다. 어느 날 곰과 호랑이가 찾아와 사람이 되고 싶다고 하자 환웅은 빛이 들지 않는 동굴에서 백일 동안 쑥과 마늘만 먹고 기도하면서 버티면 인간이 될 수 있다고 하였다. 호랑이는 버티지 못하고 뛰쳐나왔으며 곰은 백일을 채워 여자가 되었다. 환웅은 곰에서 여자로 변신한 웅녀와 결혼을 하여 아들을 낳았으니 이가 고조선을 세운 단군왕검이다.

4 철기시대

한반도의 철기시대는 BC 5세기경부터 시작되었다. 철은 청동과 달리 원료가 풍부하고 단단하여 무기, 농기구 등에 널리 사용되었다. 그러나 이 당시에도 지배층의 장식품 등에는 청동이 사용되었는데 청동 제품은 청동기 시대보다 훨씬 세련되게 만들어졌다.

비파형 동검은 **세형동검**으로, 거친무늬거울은 **잔무늬거울**로 바뀌었고 청동 제품을 제조하는 거푸집도 발견되었다. 토기의 종류도 다양해져서 덧띠토기, 검은간토기 등이 만들어졌다. 무덤도 기존의 고인돌에서 **널무덤이나 독무덤**으로 발전하였고 본격적인 연맹왕국이 들어섰다.

한반도에 여러 왕국이 들어섰는데 부여, 고구려, 동예, 옥저, 삼한 등이 있었다. 한반도에 있었던 연맹왕국에 대하여 살펴보자.

1) 부여

부여는 중국 쑹화강 유역 평야 지대에 존재하였다. 부여는 갈사부여, 졸본부여, 동부여, 북부여의 4개 부여가 존재했다고 전해진다.

부여는 왕이 있었으나 강력한 왕권을 가지진 못했다. 마가, 저가, 우가, 구가는 각 호족의 우두머리로 그들이 각기 다스리는 **사출도**가 있었고 왕의 통치지역을 합쳐서 **5부제로** 운영되었다. 왕이 이들을 강력하게 통제할 수가 없었고 이들 통치자들은 **대가회의**를 열어 국가의 중대사를 논의하였다.

법률은 엄격하였다. **1책 12법**(도둑질하면 12배 배상)과 살인자는 사형을 시키는 등 개인의 생명과 사유재산을 중시하였다. 남녀가 간음을 하거나 부인이 질투를 하면 죽였다. 또한 지배계급이 죽으면 휘하의 사람들을 강제적 또는 자발적으로 죽여 같이 매장하는 **순장제도**가 있었으며 형이 죽으면 동생이 형수를 데리고 사는 **형사취수제**도 있었다. 국가 중대사 시 소의 발굽으로 길흉을 점치는 **우제점법**(소의 발을 구워서 발굽이 벌어지면 흉하고 벌어지지 않으면 길하다는 것)이 있었고 제천행사로는 **12월**에 **영고**가 있었으며 특산물로는 **말, 주옥, 모피**가 유명하였다.

그러나 부여는 선비족의 침입으로 점차 쇠퇴하였고 결국 훗날 고구려에 복속되고 말았다.

🌸 부여와 고구려 건국신화

천제인 해모수가 흘슬골성에 다섯 마리 용이 끄는 수레를 타고 내려와 도읍을 세운 뒤 스스로를 왕이라 칭하고 북부여를 건국하였다. 해모수의 아들인 해부루가 왕위를 이었는데 해부루는 늦도록 아들이 없자 산천에 기도하여 아들 금와를 얻었다(곤연 부근의 큰 돌 밑에서 주워 기른 아이라고도 한다). 해부루 시절 국상 아란불이 꿈에 천신이 나타나 동해가로 국가를 옮기라고 하였다고 하자 해부루가 아란불의 조언대로 옮겼으니 이곳이 동부여이다. 해부루의 뒤를 이은 금와왕은 하백의 딸 유화를 왕비로 맞이하였다. 유화는 해모수와 사통을 하였다 하여 하백으로부터 우발수에 버려졌는데 금와왕이 유화를 거두었다. 유화는 햇빛을 받아 임신하였고 얼마 후 유화는 겨드랑이에서 알을 낳았다. 사람이 새알을 낳은 것은 상서롭지 못하다 하여 알을 마목에 버렸으나 말이 밟지 않았고 깊은 산속에 버렸으나 백수가 이를 보호하였으며 이 알 위에는 항상 햇빛이 함께 하였다. 결국 금와왕은 유화에게 알을 돌려보냈고 마침내 알이 열리고 사내아이가 태어났으니 그가 바로 주몽이다. 주몽이 부여에서 전과를 세우고 금와왕의 사랑을 받자 금와왕의 장자인 대소는 그를 견제하였다. 대소가 동부여의 왕이 되자 핍박을 받아 목숨이 위태로웠던 주몽이 그를 따르던 무리들과 함께 동부여를 탈출하여 졸본으로 피신하였다. 부여의 추격병들이 쫓아오는 가운데 주몽 일행은 큰 강을 만났다. 주몽이 큰 소리로 자신은 천제의 아들임을 외치자 자라와 물고기가 떠올라 다리를 만들어 무사히 건너게 해 주었다. 이후 주몽은 졸본에서 고구려를 건국하였다. 주몽은 동부여에 있을 당시 예 씨와 혼인을 하여 아들이 있었는데 부인과 아들(훗날 유리왕)을 동부여에 두고 졸본부여로 왔다. 이 졸본부여를 고구려와 동일시하기도 한다. 갈사부여는 동부여 대소왕의 막냇동생인 갈사왕이 세웠다고 전해진다.

---

2) 고구려

부여의 왕자 주몽이 부여를 탈출하여 건국한 국가이다. 주몽은 이복왕자들로부터 생명에 위협을 느끼자 부여를 탈출하여 졸본지역에서 동행한 무리들과 함께 BC 37년에 건국하였다.

고구려 역시 초기에는 토착세력이었던 계루부, 순노부, 절노부, 소노부, 관노부와 함께 5부족 연맹체로 시작하였다. 고구려에 대하여서는 이후 삼국시대 편에서 자세히 알아보기로 하고 여기서는 간단한 소개만 하기로 한다.

통치체제로는 왕 아래 상가, 고추가 등의 대가가 있었고 그 아래 사자, 조의, 선인 등이 있었으며 국가의 중대사는 **제가회의**에서 결정하였다.

고구려 역시 법률이 엄격하였고 부여의 풍습을 많이 답습하였는데 **1책 12법, 형사취수제** 등이 그것이다. 고구려는 또한 **서옥제**(결혼 시 남자가 여자의 집 옆에 움막을 짓고 살다가 아이를 가지면 남자는 집으로 돌아가고 여자가 아이를 낳아서 아이가 크면 남자 집으로 가서 가정을 이루는 제도)가 있었다.

제천행사로는 국동대혈이란 동굴에서 **10월**에 **동맹**을 지냈다.

3) 옥저

옥저는 함경도 동해안에 위치한 나라로 고구려와 언어 풍습이 비슷하였다. 왕이 없고 군장인 **읍군, 삼로** 등이 통치하였던 옥저는 초기에 위만조선의 지배를 받았으며 고조선이 멸망하고는 한군현의 지배를 받다가. 고구려가 세력을 넓히면서 고구려의 지배를 받았다. 특히 고구려의 동천왕이 위의 장수 관구검의 침입을 피하여 옥저로 도망 오자 동천왕을 추격하던 위나라 군대가 영토를 유린하여 고초를 겪기도 하였다. 옥저는 강성한 고구려에 조공을 바치면서 명맥을 유지하였다.

결혼 풍습으로 **민며느리제**(여자가 어릴 때 남자 집에 가서 살다가 장성하면 다시 본가로 돌려보내고 여자 집에서 남자에게 돈을 요구하여 지불되면 남자의 집으로 가는 일종의 매매혼 제도)를 시행하였다.

또 장례풍속으로 **세골장**(가족이 죽으면 시신을 풀이나 흙으로 가매장 하였다가 시신이 썩으면 뼈를 추려 씻은 후 가족 공동무덤에 안치하는 제도)이 있었다.

훗날 고구려에 복속되었다.

4) 동예

동예는 강원도 북부 동해안에 위치하였다. 고조선이 사라질 무렵 형성된 나라로 역시 왕이 없고 **읍군, 삼로** 등의 군장이 통치한 동예도 언어와 풍습이 고구려와 비슷하였다. 동예 역시 한사군과 고구려의 지배를 받았다. **책화제도**(각 부족끼리 영역을 정하고 남의 영역을 침범할 시 노예와 우마로 변상하게 하는 제도)가 있었으며 **족외혼**이 유행하였고 제천행사로는 **10월에 지내는 무천**이 있었다. 특히 동예의 특산물로 **단궁, 과하마, 반어피** 등은 유명하다. 유적으로는 呂, 凸자형 집터가 남아있다.

5) 삼한

한반도 남쪽에는 진이 있었는데 철기를 사용하는 고조선

의 유이민들이 대거 몰려와 토착민들과 어우러져 마한, 진한, 변한의 삼한이 성립되었다.

삼한 역시 왕이 없고 **신지, 견지** 등이 다스리는 군장국가였다. 삼한은 철제 농기구를 사용하여 벼농사를 지었으며 이를 위하여 저수지를 축조하였는데 김제의 벽골제, 밀양의 수산제, 제천의 의림지 등이 이 시기에 만들어졌다. 제천행사는 연간 2번, **5월 수릿날과 10월 계절제**를 지냈다. 농토를 공동으로 경작하는 두레도 있었다.

삼한은 **제정분리사회**였다. 제사를 주관하는 제사장인 천군이 거주하는 곳을 소도라 하여 솟대를 세우고 신성시하여 죄를 지은 사람도 이 곳에 들어가면 체포할 수가 없어 소도에는 도둑이 많았다고 한다.

삼한을 나누어 살펴보면 다음과 같다.

마한은 54개의 소국으로 구성되었는데 그중 목지국이 가장 강성하였다. 위만에게 왕위를 뺏기고 남하한 고조선의 준왕이 정착한 곳도 마한이다. 마한의 소국이던 백제가 마한 대부분 지역을 차지하면서 고대국가로 나아가게 되었다.

마한의 유적으로는 **토실**(초가지붕이 없는 흙방), **주구묘**(매장주체부를 중심으로 둘레에 도랑을 내는 분묘) 등이 있다.

변한은 12개 소국으로 구성되었으며 **철이 많이 생산**되어 왜와 낙랑에 수출하였다. 이후 변한은 가야로 발전하였다.

진한 역시 12개 소국으로 구성되었는데 사로국을 거쳐서 신라로 발전하였다.

제2장

삼국시대

개요

　삼국시대는 BC 57년 신라가, BC 37년 고구려가, BC 18년 백제가 건국되었고 AD 42년 가야가 세워졌다. 엄밀히 말하면 4국시대여야 맞으나 고대국가는 강력한 왕권과 불교 수용, 율령 반포를 충분조건으로 삼는다는 통설에 따라 가야는 제외한다. 통상 3국시대라 하지만 이들의 역학관계에 영향을 미친 가야도 간과할 수는 없는데 불행하게도 가야에 대한 기록이 미미하여 기술에 한계가 있다. 삼국시대의 역학관계는 고조선이 멸망한 후 한이 설치하였던 한4군, 전한 말기 중국 대륙에서 패권을 다투던 삼국(위, 오, 촉), 중국을 통일한 수와 당, 그리고 바다 건너 왜까지 삼국시대는 삼국뿐만이 아니라 이러한 국가들까지 같이 이해하여야 할 것이다. 먼저 삼국시대 초기에는 근초고왕으로 대변되는 백제가 주도권을 잡았고 중기에는 광개토대왕과 그의 아들 장수왕으로 대변되는 고구려가, 한강유역을 차지한 진흥왕 이후부터는 신라가 주도권을 잡았지만 고구려는 여전히 수와 당의 침입을 물리칠 만큼 강성하였다.

가야는 532년 신라의 법흥왕에 의하여 금관가야가, 562년 신라의 진흥왕에 의하여 대가야가 멸망하면서 사라졌고 이후 신라와 당의 연합으로 결성된 나당연합군에 의하여 660년 백제가, 668년 고구려가 망하고 이어 벌어진 나당전쟁에서 신라가 당을 물리치면서 통일신라시대가 시작되었다. 통일신라시대에는 북쪽에 고구려 유민인 대조영이 698년 발해를 세워 남북국시대(유득공이 발해고에서 사용한 용어임)가 시작되었다. 통일신라 말기에 신라가 쇠약해지면서 후백제, 고려가 발흥하여 후삼국시대로 접어들었다. 그 와중에 918년 건국된 고려가 주도권을 잡고 후백제를 멸망시키자 935년 경순왕이 고려에 항복하면서 1천 년의 역사를 가졌던 신라는 역사의 뒤안길로 퇴장하였다. 이보다 앞선 926년 발해도 거란에 의하여 멸망하였다.

　국가별로 왕조사를 중심으로 삼국시대를 조명해 보기로 한다.

1 고구려 왕조사

1대 주몽(동명성왕, BC 37~BC 19)

주몽은 고구려 시조로 왕자 대소의 핍박을 피하여 그를 따르는 무리들과 부여를 탈출하여 졸본에 도읍을 정하고 고구려를 세웠다. 부여를 떠나올 때 이미 주몽은 혼인을 하였으며 임신을 한 예씨 부인이 있었지만 주몽은 고구려 건국에 모든 지원을 아끼지 않았던 연타발의 딸인 소서노와 결혼하였다. 소서노에게는 일찍 죽은 전 남편 우태와의 사이에 비류와 온조라는 두 아들이 있었는데 주몽은 이들을 자식처럼 아꼈다. 첫째인 비류를 태자로 세우려 하던 그때 부여에서 예씨 부인과 아들 유리가 고구려로 주몽을 찾아왔다. 주몽이 유리를 태자로 삼자 소서노는 비류와 온조를 데리고 남쪽으로 내려갔다. 온조는 백제를 건국한 백제 시조 온조왕이다. 동명성왕은 비류국의 송양의 항복을 받아내었고 북옥저를 멸망시켰다. 또한 행인국을 정벌하여 성읍으로 삼았다.

2대 유리(명)왕(BC 19~AD 18)

주몽의 아들인 유리왕은 부여의 위협이 계속되자 국내성이 외적을 방비하기가 졸본보다 낫다고 판단하여 수도를 졸본에서 국내성으로 옮겼다. 부여에서 사자가 와서 조공을 바칠 것을 요구하였는데 당시 부여보다 약했던 고구려가 이를 받아들이려 하자 셋째 왕자 무휼이 협박을 하는 부여에는 조공을 바칠 수 없다고 하였다. 이 소식을 들은 부여의 대소가 침략을 해왔으나 이를 물리쳤다. 부여를 물리치는 데 혁혁한 공을 세운 이가 무휼(대무신왕)이다. 유리왕은 양맥을 멸망시켰고 한을 침략하여 고구려현을 빼앗았다.

❀ 황조가

유리왕은 계비로 화희와 치희를 두었는데 둘은 서로 왕의 사랑을 독차지하려고 다투었다. 하루는 왕이 사냥을 떠나자 가문이 좋은 화희가 미모가 수려한 치희에게 미천한 가문 출신이라며 싸움을 걸었고 싸움이 확대되자 치희가 보따리를 싸서 고향으로 가 버렸다. 급히 왕이 그녀를 쫓아갔지만 이미 사라져 버린 뒤였다. 이에 왕이 탄식하며 부른 노래가 '황조가'이다

황조가
편편황조(翩翩黃鳥) 자웅상의(雌雄相依) 염아지독(念我之獨) 수기여귀(誰其與歸)
펄펄나는 저 꾀꼬리, 암수 서로 정답구나,
외로워라 이내 몸은, 뉘와 함께 돌아갈꼬.

3대 대무신왕(18~44)

유리왕의 아들인 대무신왕은 왕이 되자 부여를 침략하였다. 거인 괴유를 앞세워 부여를 공격하여 대소왕을 죽였다. 그런데 왕을 잃은 부여군이 흩어지기는커녕 더 힘을 내어 저항하자 오히려 고구려군이 밀려 퇴각하였다. 부여는 대소왕의 후계자를 두고 내분이 일어나 쇠약해졌고 고구려의 대무신왕은 전쟁에서는 밀렸지만 이를 귀감 삼아 더욱 힘을 모았다. 한나라 요동태수의 침략을 효과적으로 막았는가 하면 왕자인 호동을 시켜 낙랑국을 염탐한 뒤 쳐들어가서 낙랑국을 멸망시켰다. 또한 개마국을 정벌하고 구다왕국의 항복을 받았다.

❀ 호동왕자와 낙랑공주

호동왕자는 대무신왕의 아들이다. 호동이 지방을 유람하던 중 낙랑국왕 최리를 만났다. 최리는 호동에게 호감을 갖고 왕궁에 초대하였다. 호동은 융숭한 대접을 받으며 최리의 딸 낙랑공주와 혼인을 하였다. 당시 최리는 강성하던 고구려와 결혼 동맹을 맺어 평화를 갈구하고자 하였지만 호동의 생각은 달랐다. 낙랑공주를 두고 고구려로 돌아온 호동은 몰래 낙랑공주에게 사람을 보냈다. 당시 낙랑국에는 적이 쳐들어올 때 스스로 소리를 내는 자명고란 북과 나팔이 있었는데 그 북과 나팔을 찢어버리면 다시 만날 수 있다고 하자 사랑에 눈이 먼 낙랑공주는 자명고를 찢고 나팔을 파괴해 버렸다. 이 사실을 전해

들은 고구려의 대무신왕은 군사를 몰아 낙랑국에 쳐들어갔고 북과 나팔이 파손된 것을 안 최리는 낙랑공주를 죽이고 고구려에 항복하였다.

호동은 차비(둘째 왕비)에게서 난 자식이다. 원비(첫째 부인)에게서도 해우라는 아들이 있었다. 그러나 큰 공을 세운 호동이 왕위 계승 0순위에 오를 것을 두려워했던 원비가 호동이 자신을 겁탈하려 한다고 하였는데 막강한 세력을 등에 업은 원비의 청을 거역하기 어려웠던 대무신왕이 호동을 벌하려 하자 호동은 스스로 자결하고 말았다.

4대 민중왕(44~48)

대무신왕이 죽자 태자인 해우가 어렸으므로 대무신왕의 동생인 해색주가 왕위에 올랐는데 이가 곧 민중왕이다. 이 시기 잠지락부의 대가 대승 등 1만여 호가 한나라에 귀부하는 사건이 일어났다. 재위 5년 만에 사망하였다.

5대 모본왕(48~53)

해우가 드디어 왕위에 올랐으니 그가 모본왕이다. 한의 북평 등을 공격하였으나 요동태수의 제의로 화친을 맺었다. 모본왕은 성질이 포악하고 정사를 돌보지 않아 민중들의 원성이 높아 결국 재위 6년 만에 신하 두로에게 피살되었다.

6대 태조왕(53~146)

모본왕 시절 아들을 태자로 세웠으나 영특하지 못하다 하

심심풀이로 보는 한국사

여 유리왕의 손자이자 고추가 재사의 아들인 어수가 왕위를 이었으니 이가 곧 태조왕이다. 태조왕은 118세까지 살았을 뿐 아니라 재위 기간도 93년이나 되었다. 태조왕은 동옥저를 복속시키고 부여왕 대소의 동생이 세운 갈사국(갈사부여)도 병합하였다. 또 부족장인 달가를 파견하여 조나를 정벌하고 요동을 공격하여 요동태수 채풍을 죽이고 영토를 확장하였으며 요동군과 현도군, 낙랑군도 공격하였다. 146년 후한 풍환의 침입을 막아내는 등 권력을 장악한 태조왕의 동생인 수성이 왕권을 탐내자 동생에게 왕위를 물려주었다.

7대 차대왕(146~165)

태조왕의 동생으로 용맹하기는 하였으나 덕이 부족했다. 태조왕 때 유주자사 풍환의 고구려 침략을 막아내면서 세력을 키웠고 마침내 태조왕으로부터 양위를 받아냈다. 그러나 자기 세력을 키우고 태조왕의 세력을 철저히 배격하는가 하면 태조왕의 아들인 막근, 막덕을 제거하고 자신의 동생 백고를 핍박하기도 하였다. 재위 기간 동안 천재지변이 되풀이되었는데 결국 연나조의 명림답부에 의해 살해되었다(신대왕에 의해 살해되었다는 설도 있다).

8대 신대왕(165~179)

차대왕이 백성들의 지지를 받지 못하자 동생 백고는 변란이 발생하면 화가 자신에게 미칠 것을 두려워하여 산속에 피신하였는데 명림답부가 차대왕을 살해하고 그의 추대에 의하여 왕위에 올랐다. 당시 최고관직이던 좌보와 우보를 합쳐 국상이란 관직을 만들어 명림답부를 국상에 임명하였다. 재위 기간 동안 후한과는 끊임없는 충돌이 있었으며 현도군이 침략해오자 명림답부로 하여금 격퇴하게 하였다.

9대 고국천왕(179~197)

신대왕의 둘째 아들로 태자에 책봉되었으며 신대왕 사후 왕위에 올랐다. 후한 요동태수의 침략을 격퇴하였고 좌가려와 어비류의 난이 일어났으나 진압하였다. 귀족들의 반발에도 불구하고 재야의 선비인 을파소를 국상에 임명하여 국정을 추진해 나갔다. 궁핍한 농민들에게 봄에 곡식을 빌려주고 추수기인 가을에 거둬들이는 **진대법**을 실시하였다. 왕위 계승방식을 **부자상속제**로 확립하였으며 기존의 부족 중심의 5부제를 **중앙집권적 5부제**로 전환시켜 왕권을 안정시켰다.

10대 산상왕(197~227)

고국천왕이 후사 없이 죽자 고국천왕의 왕비 우씨와 귀족들의 추대로 고국천왕의 동생인 연우(이이모)가 왕위에 올랐으니 이가 곧 산상왕이다. 그의 형인 발기는 자신이 형임에도 왕이 되지 못한 데 대한 불만을 품고 독자적인 세력을 형성하고 공손씨와 연합하여 반역을 도모하였으나 산상왕은 동생 계수를 시켜 이를 진압하였다. 이후 발기를 도운 공손씨를 적대시하여 공손씨 거주지인 현도군을 공격하였다. 현도군은 주위의 요동군과 합세하여 고구려를 침공하는 등 공손씨와 고구려가 자주 마찰을 빚자 환도성(길림성 집안)을 쌓고 이곳으로 천도하였다(반대 의견도 있음). 한나라 평주 하요가 1,000여 호를 이끌고 투항해 오기도 하였다. 주통촌의 처녀 사이에서 아들을 낳으니 그가 바로 동천왕이다.

❀ 산상왕과 주통촌 여인

산상왕은 아들이 없어서 고민하였다. 후궁을 들이려 해도 자신을 왕위에 올려준 우씨 왕후의 눈치를 보아야 했다. 그러던 어느 날 하늘에 제사를 지내기 위해 사용할 돼지가 우리를 탈출하였는데 관리들이 이를 잡지 못하자 한 미녀가 돼지를 잡아 주었다. 관리가 이를 산상왕에게 알리자 산상왕이 은밀히 처녀를 만났는데 그녀의 미모에 반하여 하룻밤을 보내자 여인은 임신하였다. 이를 안 우씨 왕후가 군사들을 보내 여인을 죽이려 하였는데 여인이 왕자를 임신했다며 당당하게 말하자 우씨 왕후도 어떻게 할 도리가 없었다. 이를 안 산상왕이 여인을 후궁(소후)으로 삼았고 이 여인이 아들을 낳았으니 이가 곧 동천왕이다.

11대 동천왕(227~248)

산상왕의 아들로 인품이 온화하고 인자하였다. 공손씨와의 다툼은 계속되었다. 공손씨와 사이가 좋지 못한 오나라와 연결하고 있던 와중에 공손씨의 배후에 위치한 위나라가 화친을 청해오자 동천왕은 위와 사이가 좋지 못한 오나라 사신의 목을 베어 바치고 위나라와 합세하여 공손씨를 멸망시켰다. 이후 위와 국경을 접하게 되자 화친에 금이 가기 시작하였다. 촉의 강유가 위를 침공하자 이틈을 타서 고구려는 요동과 낙랑을 잇는 요충지를 점하고자 위의 서안평을 선제공격하였다. 전열을 정비한 위의 유주자사 관구검이 고구려를 침략하여 환도성은 함락되고 동천왕은 옥저까지 패주하였다. 밀우와 유유 등의 활약으로 이들을 겨우 몰아냈다. 이 전쟁으로 환도성이 파괴되어 평양성(국내성 인근)으로 임시 천도하였다. 신라와는 사신을 파견하며 화친을 맺었다.

12대 중천왕(248~270)

동천왕의 아들로 부왕이 죽자 왕위에 올랐다. 동생 예물이 일당들과 반역을 꾀하였으나 곧 진압하였다. 위나라 위지혜가 침략해 왔으나 이를 막아내었다. 왕비 연씨와 관나부인의 이야기도 전해지는데 쉬어가는 차원에서 적어본다.

◉ 관나부인과 연왕후

중천왕에게는 왕비 연씨가 있었지만 관나부인을 더욱 총애했다. 관나부인은 머리카락이 9척(약 3미터)이나 되는 미녀였다. 질투심에 사로잡힌 연씨 왕후가 위나라 핑계를 대며 관나부인을 위나라로 보내려 했으나 중천왕은 이를 거절하였다. 이를 안 관나부인도 왕후가 자신을 해치려 한다고 왕에게 고했는데 왕은 들어주지 않았다. 그러던 어느 날 중천왕이 사냥에서 돌아오자 관나부인이 가죽 주머니를 들고 왕후가 자신을 가죽주머니에 넣어 바다에 버리려 한다고 울면서 말했다. 그러나 중천왕은 이것이 왕후를 모함하려는 것임을 단박에 알아채고 질투심에 불탄 관나부인을 가죽 주머니에 넣어서 바다에 던져버리고 말았다.

13대 서천왕(270~292)

중천왕의 아들로 부왕이 죽자 즉위하였다. 재위 3년에 기근이 들자 창고를 열어 백성들을 구제하였다. 숙신이 고구려를 침입하여 오자 동생 달가를 시켜 숙신의 추장을 죽인 후 600여 호를 오천으로 집단이주 시키고 항복한 부락은 부용(남에게 기대어 살게 함)하게 하였다. 이후 달가를 안국군에 봉하여 군사 관계, 숙신 등을 관장하게 하였다. 동생들인 일우와 소발이 왕위를 찬탈코자 반역하였으나 바로 진압되고 이들은 처형되었다.

14대 봉상왕(292~300)

서천왕의 아들로 어릴 때부터 교만하고 의심이 많았다. 그의 의심증이 그를 파멸로 몰고 갔다. 숙신정벌의 선봉장이던 숙부 달가를 죽이고 동생 돌고까지 죽였다. 돌고의 아들인 을불은 생명에 위협을 느끼고 피신하였는데 봉상왕은 을불을 죽이려고 찾아다녔다. 또한 봉상왕은 흉년 중에도 대규모 왕궁공사를 강행하였다. 당시 모용부의 모용외가 세력을 확장하여 고구려를 침략하여 서천왕릉을 도굴하려다가 실패하는 일도 일어났다. 왕궁공사 등 대규모로 백성들을 동원하려 하자 국상 창조리가 이를 말렸는데 왕이 이를 듣지 않고 오히려 창조리를 죽이려 하였다. 창조리는 신하들과 모의하여 그를 폐위하려 하자 위기에 몰린 봉상왕은 두 아들과 함께 자살하였다.

15대 미천왕(300~331)

을불은 봉상왕에 의해 죽임을 당한 돌고의 아들이다. 을불은 아버지가 죽임을 당하자 신분을 감추고 피신하였는데 머슴살이, 소금장수를 전전하였다. 국상 창조리가 봉상왕이 죽자 차기 왕으로 추대할 을불을 찾아다녔는데 창조리는 그와의 만남에 놀란 을불을 진정시켜 왕으로 추대하니 그가 바로 미천왕이다. 미천왕은 고구려의 힘을 여실히 보여준 왕으로 진(晉)나라가 와해되는 격변기 속에서 현도군을 공격하였으며 **서안평을 점령**하였고 **낙랑군과 대방군을 쳐서 복속시켰**다. 모용부의 세력이 커지면서 요동을 차지하자 두 나라 사이의 긴장관계는 심화되었다. 고구려가 요동을 공격하고 모용부가 고구려를 침략하는 등 일진일퇴의 공방전이 지속되는 와중에 사망하였다.

16대 고국원왕(331~371)

미천왕의 아들로 비운의 왕이다. 당시 모용부는 전연을 건국하고 중원으로 세력을 넓힐 계획을 세우고 우선 배후세력인 고구려를 정벌하여 배후의 싹을 없애려 하였다. 고구려는 전연을 경계하기 위해 동진과 연결하고 전연과 사이가 좋지 못한 후조와도 연결하였다. 제3현도군 지역을 차지하여 신성을 축조하고 평양성과 국내성도 증축하여 전연과의 일전에 대비하였다. 그러나 전연의 모용황은 고구려를 침략하여 국내성을 함락시켰고 미천왕의 묘를 파헤쳐 미천왕의 시신과 왕모 주씨, 왕비 등을 인질로 데리고 갔다. 이에 고구려는 전연에 사신을 파견하여 사죄하고 미천왕의 시신을 돌려받았다. 전연은 후조를 멸망시키는 등 세력을 키워 황제국을 천명하였다. 고구려는 전연과 조공, 책봉관계를 맺고 전연으로부터 낙랑공고구려왕에 봉해지는 치욕을 당하였다. 이후 왕모를 돌려받고 전연은 중원 공략에 힘을 쏟으면서 소강상태가 되었다. 이후 전진이 전연을 격파하고 고구려와 국경을 맞대자 전진과 우호관계 수립에 공을 들였다. 고국원왕은 북쪽으로의 진출이 막히자 남쪽을 공략하기로 하였는데 북진하는 백제와 충돌하였다. 백제를 침공하였으나 패배하였고 후일 고구려를 침공해 온 백제의 근초고왕에 의해 평양성 전투에서 패배하고 유시에 맞아 죽었다.

17대 소수림왕(371~384)

부왕인 고국원왕이 전사하자 고구려는 일대 혼란에 빠진

가운데 고국원왕의 아들인 소수림왕이 즉위하였다. 혼란 상태를 극복하기 위하여 소수림왕은 전진에서 온 승려 순도와 아도를 맞아 초문사와 이불란사, 두 개의 절을 만들고 **불교를 수용**하였다. 또한 **태학을 설립**하여 유교 이념을 교육시키고자 노력하였고 **율령을 반포**하여 중앙집권적 지배체제도 확립하였다. 이러한 일련의 정책은 훗날 광개토왕과 장수왕의 빛나는 업적의 토대가 되었다. 백제와의 충돌도 수시로 일어났으며 거란족이 침범해 오기도 하였다. 전진과는 외교사절을 교환하는 등 우호관계를 유지하였다.

18대 고국양왕(384~391)

소수림왕이 후사가 없이 죽자 동생인 고국양왕이 즉위하였다. 소수림왕 때 이룬 국력을 바탕으로 후연(전연이 전진에 의하여 패망한 후 모용황의 아들 모용수가 전진의 혼란한 틈을 타 후연을 세웠음)을 공격하여 요동군과 현도군을 일시 차지하였으나 바로 후연에 빼앗겼다. 백제와의 공방전도 계속되었다.

19대 광개토대왕(391~412)

고국양왕의 아들로 고구려 역사상 대왕이라는 칭호를 받기에 충분한 왕이다. 영락대제, 호태왕으로도 불린다. 고구려 최초로 **영락**을 연호로 사용한 광개토대왕은 먼저 공방을 벌이던 백제와의 전투에서 석현성(개풍군) 등 10여 개의 성을 빼앗았으며 예성강 하류 백제의 요새 관미성을 순식간에 무너뜨렸고 성을 되찾고자 침공해온 백제군을 수곡성(신계)과

패수(예성강)에서 격파하였다. 이어서 백제 깊숙이 침공하여 당시 백제의 **아신왕**으로부터 평생 노객이 되겠다는 맹세를 받고 전리품과 왕의 동생, 대신들을 인질로 잡았다. 그러나 백제는 왜와 결탁하여 고구려와 연결된 신라를 공격하였을 뿐만 아니라 고구려가 점령하고 있던 대방고지도 침략하였다. 백제의 침공에 놀란 신라의 **내물마립간**은 광개토대왕에게 구원을 요청하였고 광개토대왕은 병력 5만을 파병하여 백제와 왜를 신라에서 몰아내고 대방고지도 사수하였다. 3년 후 백제를 또다시 침공하여 백제를 압박하였고 신라에 대해서는 인질을 요구하는 등 영향력을 행사하였다. 고구려 서쪽의 후연은 한동안 고구려와 마찰 없이 지냈으나 후연이 고구려 영토인 남소성과 신성을 공격해 오면서 부딪치기 시작했다. 이에 광개토왕은 후연의 숙군성 등 공격을 계속하여 **요동성과 요하 일부 지역**을 차지하였다. 후연은 빼앗긴 땅을 찾고자 고구려를 침공하였으나 실패하였다. 이후 후연이 멸망하고 북연이 들어섰는데 북연이 고구려와 화진을 제의하면서 길었던 연나라와의 전쟁도 막을 내렸다. 북으로는 거란을 침공하여 포로 500인을 사로잡고 거란에게 포획된 고구려인 1만여 명도 고구려로 귀환시켰다. 또한 거란 영토의 일부인 염수를 차지하였다. 또한 **숙신을 정벌**하여 조공관계를 맺었고 **동부여를 굴복**시켰다. 광개토대왕의 이러한 영토 확장 노력으로 고구려의 영토는 서로는 요하, 북으로는 개원에서 영안, 동으로는 혼춘, 남으로는 임진강으로 확대되었다. 평양에 9개의 절을 창건하여 불교를 장려하였다.

20대 장수왕(412~491)

장수왕은 재위 기간만 79년으로 광개토대왕의 아들이다. 장수왕 재위 시절 북쪽은 북위가 통일하였고 남중국 쪽은 동진, 송, 남제가 차례로 세력을 잡았다. 장수왕은 북위와는 우호관계를 유지하기 위해 노력하였고 동진, 송, 남제와도 친선 노력을 게을리하지 않았다. 이러한 외교 노력을 토대로 북쪽은 안정되었고 왕권 강화와 중앙집권체제에 박차를 가하였다. 또한 부왕의 업적을 기리기 위하여 광개토대왕비를 건립하였다. 장수왕은 국내성의 토착 고구려 귀족들의 세력을 약화시킴과 동시에 백제와 신라에 대한 남하정책을 실시하기 위하여 국내성에서 **평양성**으로 천도를 단행하였다. 장수왕은 먼저 승려 도림을 백제에 파견하여 백제를 피폐하게 만들었고 3만의 군대를 거느리고 백제를 침공하였다(백제 개로왕편 참조). 백제의 수도 한성이 무너졌으며 백제의 **개로왕**도 죽였다. 한성을 빼앗긴 백제는 수도를 웅진(공주)으로 천도하였다. 서해의 해상권을 장악하여 백제가 왜, 남조와 접촉하는 것도 막았다. 신라와는 우월적 지위에서 우호적이었으나 고구려의 간섭에 지친 신라가 도읍까지 뺏긴 백제와 연합하였는데 고구려 장수가 실직에서 살해되고 신라에 주둔하던 고구려군 100여 명이 살해되자 실직주성(삼척)을 시작으로 8개 성을 빼앗았다. 영토를 남쪽으로 아산만까지 넓혀 고구려 최대 영토를 차지하였다. 98세를 일기로 눈을 감았다.

21대 문자(명)왕(491~519)

장수왕의 손자로서 일찍이 아버지를 여의었다. 문자왕은 통치 기간 동안 광개토대왕과 장수왕이 이룩한 토대 위에서 북위와 친선관계를 지속하였고 남조와도 마찰 없이 지냈다. 물길족에게 멸망한 부여의 왕과 일가의 투항을 받아들여 부여 영토를 접수하였다. 문자명왕의 시대는 전체적으로 태평성대의 시대였다. 다만 신라의 우산성, 백제의 가불성과 원산성을 공격하여 점령하기도 하였으나 나제동맹을 맺은 백제, 신라와는 일진일퇴의 공방전을 벌였다.

22대 안장왕(519~531)

문자(명)왕의 아들로 북위, 양나라 등 남북조 국가와 두루 친선을 유지하였다. 백제와는 지속적으로 사이가 좋지 못하여 침략하기도 하였다. 대체로 평화로운 시기였으나 귀족 지배체제의 동요가 있었고 그 와중에 왕이 피살되었을 것으로 추정된다.

❀ 안장왕과 한주

문자(명)왕 시절 고구려에 굴복했던 백제가 동성왕과 무령왕을 거치면서 국력을 강화하여 고구려에 빼앗긴 땅을 회복하고자 고구려를 침공하였다. 신라와 연결한 백제가 지금의 경기도 지역을 되찾았으며 태자였던 흥안(안장왕)이 백제에 들어가 백제의 동태를 정찰하였다. 지금의 고양시 지역이었는데 거기서 미인 한주를 만났다. 흥안은 첫눈에 한주에게 반해 사랑을 고백하였고 한주 역시 늠름한 흥안의 사랑 고백을 받아들였다. 시간이 흘러 고구려에 돌아갈 때가 되자 한주를 데리고 고구려에 갈 수는 없었다. 흥안은 한주에게 자신의 신분을 실토하고 백제를 친 후 데려가겠노라고 약조한 후 고구려로 돌아갔다. 이후 흥안은 백제를 여러 차례 침략하였으나 뜻을 이루지 못하였다. 이런 와중에 한주의 미모에 반한 백제의 태수가 한주에게 청혼하였다. 한주는 미래를 약속한 정혼자가 있다며 거절하자 태수가 그가 누구냐고 다그쳤고 한주가 입을 열지 않자 옥에 가두었다. 안장왕은 이 사실을 알고 낙담했는데 을밀이란 장수가 그 일을 해결하겠다고 나섰다. 을밀은 사실 왕의 여동생 안학공주를 마음에 두고 있었고 을밀은 일이 성공하면 안학공주와 혼인을 허락해 달라고 하였다. 왕의 허락을 받은 을밀은 20여 명의 부하들과 광대패로 위장하여 백제에 잠입하여 태수의 생일잔치에 참석하였다. 태수는 한주를 끌어내어 다시 청혼을 하였는데 한주가 완강하게 거절하자 한주를 죽이라고 명하였다. 이때 을밀과 그 부하들이 나서서 고구려 대군이 쳐들어왔노라고 소리를 지르자 삽시간에 잔치 자리가 아수라장으로 변하였다. 을밀은 그 틈을 타 한주를 구하고 이를 안장왕에게 알렸다. 국경 근처에서 초조하게 기다리던 안장왕은 한주를 다시 만나게 되었고 을밀 역시 안학공주와 결혼하였다는 이야기이다.

23대 안원왕(531~545)

안장왕의 동생으로 안장왕이 후사 없이 죽자 뒤를 이어서 즉위하였다. 양, 북위와의 친분은 계속되었다. 백제가 우산성을 침략하였으나 격퇴하였고 홍수와 지진, 전염병, 가뭄과 태풍 등 자연재해가 많았다. 게다가 왕의 후사를 둘러싸고 자신의 아들을 왕위에 세우고자 하는 두 왕비 간의 세력다툼으로 고구려 귀족사회의 동요를 불러왔는데 그 와중에 죽었다.

24대 양원왕(545~559)

안원왕의 맏아들로 안원왕의 후사를 다투는 세력 다툼 사이에서 그를 밀던 추군세력이 승리하면서 즉위하였다(다른 왕자를 밀던 세력을 세군이라 한다). 그러나 반대세력의 계속된 공격으로 왕권은 약해져 갔다. 동위, 북제 등에는 조공하여 친선을 도모하였다. 환도성에서는 왕권이 약해진 틈을 타서 간주리의 난이 일어났지만 간주리가 죽임을 당하면서 실패하였다. 또한 북쪽 기마민족인 돌궐이 고구려의 신성과 백암성을 공격하였는데 장군 고흘령이 격파하기는 하였으나 많은 힘을 쏟아 국력은 약해져 갔다. 이 와중에 신라와 백제의 연합군이 쳐들어와서 한강 유역을 상실하고 말았다. 이런 위기상황이 계속되자 고구려의 귀족들은 정쟁을 중단하고 귀족 연립정권을 구성하여 정권의 안정성을 도모하였다.

25대 평원왕(559~590)

양원왕의 아들로 양원왕 사후 즉위하였다. 진, 수, 북제, 후주 등과 두루 수교하였다. 평원왕은 혼란스러운 고구려

내부의 사회질서를 바로잡고자 양원왕 때부터 시작된 장안성의 축성을 중단하기도 하였다. 그러나 귀족들에 의해 왕권은 상당히 제약을 받는 등 왕권은 많이 약화된 상태였다. 또한 수도를 평양의 대성산성 지역에서 장안성(평양시가)으로 옮겼다. 북쪽에서는 수나라가 남조의 진을 멸하는 등 세력이 팽창하고 있었고 남쪽에서는 나제동맹이 깨어지면서 한강지역을 차지하기 위하여 신라와 백제가 싸웠는데 고구려는 북쪽의 상황에 더 예의주시하고 있었다.

✿ 온달과 평강 이야기

평원왕 시절 어려서부터 좀 모자라고 어리석은 사내가 있었는데 사람들은 그를 바보온달이라 불렀다. 바보온달 이야기는 널리 퍼져 왕궁까지 들어갔다. 한편 평원왕에게는 평강공주가 있었는데 하도 잘 울어 울보공주라고 놀렸다. 울음을 그치지 않자 평원왕이 자꾸 울면 바보온달에게 시집보내겠다고 하였다. 이후 공주가 장성하여 귀족 고씨와 혼례를 치르려고 하자 평강공주가 왕에게 남아일언중천금이며 자신은 바보온달에게 시집가겠노라며 궁을 나와 온달에게 갔다. 왕궁에서 가지고 온 패물들을 팔아 온달에게 공부와 무예를 가르쳤고 온달은 고구려 제천행사인 동맹잔치 사냥대회에서 우승하였다. 평원왕은 우승한 온달이 자기 사위임을 알고 크게 놀랐으며 이후 장군으로써 많은 공을 세우자 대형이라는 벼슬까지 주었다. 이후 온달은 신라에 빼앗긴 한강유역을 되찾고자 전쟁에 나갔는데 나가기 전 평강에게 한강유역을 되찾지 못하면 돌아오지 않겠다고 하였다. 그러나 온달은 아단성 전투에서 전사하고 말았다. 온달의 시신을 담은 관은 움직이지 않았는데 평강이 와서 돌아가자며 애도한 후에야 관이 움직였다고 한다.

26대 영양왕(590~618)

평원왕의 아들로 평원왕이 죽자 즉위하였다. 왕권강화차원에서 태학박사 이문진을 시켜 유기 100권을 간추려 '신집' 5권을 편찬하게 하였다. 고구려에서 발간된 역사서이지만 불행하게도 현재 전해지지 않는다. 수가 지속적으로 세력을 확대하자 수와는 외견상 친분관계를 유지하였지만 말갈, 거란, 돌궐과도 연결하여 수를 견제하였다. 영양왕은 말갈과 함께 수의 요서지방을 선제공격하였다. 그러자 수는 4차례에 걸쳐 고구려를 침략하였다.

1차 침입은 598년 요서 공격에 대한 보복으로 30만 대군을 앞세워 쳐들어왔으나 질병, 기근, 장마 등으로 인하여 후퇴하였다. 2차 침입은 612년 수양제가 113만 대군을 이끌고 수륙 양면으로 쳐들어왔다. 고구려는 요동성에서 지연작전을 폈고 대동강에서 해군을 격파하였다. 이에 수는 30만의 별동대를 조직하여 평양성 가까이 진군하였으나 명장 **을지문덕**에 의해 살수에서 거의 전멸하자 퇴각하였다. 3차 침입은 613년에 일어났으나 요동성과 신성을 넘지 못하였고 때마침 수에서 양현감의 반란이 일어나자 철수하였다. 4차 침략은 비사성까지 쳐들어왔으나 614년 수 내부의 혼란과 고구려의 화의제의에 동의하면서 철군하였다. 수의 고구려 원정 실패는 수 멸망의 한 원인이 되었다. 또한 신라로부터 한강유역을 되찾기 위하여 온달이 아단성과 북한산성을 연이어 공격하였다. 온달은 아단성 전투(아단성의 위치에 대하여는 서울의 아차산성, 단양의 온달산성으로 의견이 갈린다)에서 전사하고 말았다. 고구려와 백제의 압박을 받던 신라는 수와 접촉하였다. 일본과도 교류가 활발하여 훗날 쇼오토쿠태자의 스승이 된 혜자를 일본에 파견하였고 승려 담징, 법정 등을 파견하여 문화적 영향을 주었다. 담징은 일본 호류사에 금당벽화를 남겼다.

27대 영류왕(618~642)

영양왕의 이복동생으로 영양왕 사후 즉위하였는데 영류왕이 즉위하던 그해 수가 멸망하고 당이 들어섰다. 당은 민심 수습과 돌궐 견제 등으로 고구려와 화친을 원했고 고구려도 당과의 친분이 필요하였기에 우호관계를 유지하여 수와의 전쟁에서 사로잡은 포로들을 교환하였으며 또한 당으로부터 도교도 들어왔다. 이 도교는 영류왕이 기존의 귀족 세력을 지지하는 불교를 억제하기 위한 수단으로 이용되기도 하였지만 당과의 우호관계 유지를 위해서였다. 당이 내적 안정을 되찾고 동돌궐과 고창국을 격파하면서 고구려까지 노리자 고구려와 당간에는 긴장감이 흐르기 시작하였다. 고구려는 태자 환권을 당에 파견하고 당의 국학에 고구려인을 입학시키는 등 표면적인 우호관계를 유지하는 듯하였다. 그러나 당은 고구려에 사신을 파견하여 수나라 격퇴 기념물을 파괴하는가 하면 내정과 지리를 정탐하는 등 양국관계는 파국으로 치닫고 있었다. 이에 고구려는 당의 침략에 대비하여 16년에 걸쳐 부여성(현 농안)에서 비사성(현 대련)에 이르는 천리장성을 완성하였다. 한편 남으로는 고토를 회복하기 위하여 낭비성을 빼앗고 칠중성을 공격하는 등 신라와의 다툼은 계속되었다. 친당 온건론자였던 영류왕은 천리장성 건축책임자였던 대당 강경론자 **연개소문**과 의견마찰을 빚었고 연개소문을 제거하려 하였으나 오히려 역습을 당하여 연개소문에 의하여 사지가 잘리는 비참한 죽음을 맞고 말았다.

28대 보장왕(642~668)

영류왕의 조카로 정변을 일으킨 연개소문에 의하여 옹립되어 허울뿐인 왕이었고 모든 실권은 연개소문의 수중에 들어가 있었다. 천재지변이 잦았고 연개소문의 건의에 의하여 당에서 도사를 초빙하는 등 연개소문의 도교장려책에 그저 따라갈 뿐이었다. 초기 당과는 살얼음판이긴 하나 우호관계를 유지하고자 하였고 신라를 자주 공격하였으며 백제와 왜를 연결하여 신라를 고립시키고자 하였다. 신라는 당과 연결하고자 하였고 당은 고구려에 신라 침공을 중지할 것을 여러 번 요청하였다. 고구려가 이를 단호하게 거절하자 당 태종은 영류왕 시해를 문제 삼아 직접 대군을 이끌고 고구려를 대대적으로 침공하였다. 요동성과 백암성을 함락시키며 기세를 올린 당군이었지만 양만춘이 지킨 **안시성 싸움**에서 대패하고 철수하였다. 이후 당은 수시로 고구려를 침략하여 고구려 국력을 약화시켰다. 당태종이 죽음으로써 고구려와 당의 싸움은 일시 소강상태에 접어들었으나 태종의 뒤를 이은 당고종도 호시탐탐 고구려를 노리고 있었다. 고구려는 고구려대로 거란족을 공격하고 신라를 압박하였다. 백제 의자왕의 공격으로 30여 개의 성을 빼앗긴 신라가 고구려에 원군 요청을 하였지만 거절하였다. 이후 신라는 당과 연합하여 나당연합군을 결성하였고 나당연합군이 백제를 멸망시켰다. 660년 백제의 멸망과 함께 백제 부흥운동이 일어나자 신라와 당은 이를 저지하는 데 힘썼다. 백제 부흥운동을 펼치던 부여풍이 고구려로 망명하였다. 연개소문이 사망하자 세 아들 간의 권력다툼이 벌어져 맏이 남생이 당에 투항하고 연개소문의 동생인 연정토는 신라에 망명하는 등 분열과 동요가 일어나자 나당연합군이 고구려에 쳐들어왔다. 힘을 잃은 고구려는 그들에게 밀려 결국 668년 평양성이 함락되면서 멸망하고 말았다. 보장왕은 당나라로 압송되었으나 전쟁의 책임이 왕에게 있지 않다고 하여 오히려 당으로부터 벼슬을 받았다.

고구려가 멸망한 후 고구려 부흥운동도 일어났는데 검모잠은 한성에서 보장왕의 서자인 안승을 추대하여 부흥운동을 일으켰으나 내부 알력으로 검모잠이 안승에 의하여 피살되었고 신라는 안승을 보덕국왕에 임명하였다. 고연무는 오골성에서 부흥운동을 일으켰다고 하나 신라와 연계된 것을 보면 고구려 부흥운동의 일환인지는 명확하지 않다.

② 백제 왕조사

1대 온조왕(BC 18~AD 28)

고구려 시조 주몽이 비류를 제치고 태자로 부여에서 건너온 유리를 지명하자 주몽의 부인이자 온조의 어머니였던 소서노는 비류와 온조 그리고 그들을 따르는 무리들을 이끌고 남하하였다. 이들은 나라를 나라를 세울 적당한 곳을 물색하였는데 비류는 미추홀(인천)에, 온조는 위례가 적당하다고 하였다. 형제는 각각 자신이 원하는 곳으로 이동하였는데 미추홀은 물이 짜서 살기가 불편하였다. 비류가 죽은 뒤 그 무리들이 대거 위례로 몰려왔고 온조가 이들을 받아들여 백제를 세웠다.

2대 다루왕(28~77)

온조왕의 아들로 온조가 죽자 즉위하였다. 온화한 성품으로 흉년이 들자 백성들이 술 빚는 것을 금지하였고 지방을 돌며 백성들을 위로하였다. 말갈과의 전투가 빈번하여 국경 부근에 우곡성을 쌓아 방비하였다. 신라와는 사신을 파견하여 화친하고자 하였으나 실패하였고 와산성과 구양성을 공격하여 빼앗았다가 다시 뺏기는 등 전투가 빈번하였다. 남부지역에 벼농사를 권장하였다.

3대 기루왕(77~128)

다루왕의 아들로 가뭄, 태풍, 기근 등 자연재해가 많았다. 말갈과 신라와의 대립은 여전하였는데 당시 신라의 파사이 사금은 소국을 정벌하여 영토를 확장하던 시기로 신라에 나이군(영주)를 빼앗겼다. 그러나 지마이사금이 왕이 되자 사신을 파견하여 우호관계를 수립하여 말갈이 신라를 침공하였을 때 원군을 파견하기도 하였다. 말갈은 여전히 변경을 침략하였다.

4대 개루왕(128~166)

기루왕의 아들로 북한산성을 쌓았다. 신라와는 우호관계를 유지하였으나 신라가 한강유역으로 진출하기 위하여 계립령과 죽령에 교통로를 만들자 양국 간의 갈등이 생겼다. 또한 신라의 아찬 길선이 모반을 도모하다가 탄로가 나 백제로 피신하자 이를 받아주었고 신라가 돌려달라고 하였으나 응하지 않았다. 이를 빌미로 신라의 아달라이사금이 쳐들어왔으나 막아 내었다.

✸ 도미설화

도미는 백제의 평민이었다. 도미의 아내는 아름답고 행실이 곧아 뭇사람들의 칭송을 받았다. 개루왕이 이 이야기를 듣고 도미의 아내를 테스트하기로 하였다. 도미를 아내와 접촉을 금지시키고 신하를 시켜 왕인 양 가장해 도미의 아내에게 도미와 내기를 하였는데 도미가 졌으니 도미의 아내는 이제 왕의 것이라고 하자 도미의 아내는 몸종을 시켜 시중들게 하였다. 이를 안 개루왕은 대노하여 도미의 눈을 뽑아버리고 작은 배에 태워 보냈다. 도미의 아내는 궁을 탈출하여 강가에서 통곡하였는데 이때 빈 배 한 척이 오기에 타고 천성도에 이르러 남편과 재회하였고 이들은 고구려에 들어가 살았다고 한다. 개로왕 시절의 설화라고도 한다.

5대 초고왕(166~214)

개루왕의 아들로 즉위한 초고왕은 길선의 송환 문제로 신라와 충돌하였다. 신라의 모산성을 공격하였고 구양(현 옥천)에서는 패하였다. 또한 원산향(현 예천군 용궁면)을 침략하였고 신라의 추격군을 와산(현 보은)에서 격파하였으며 신라의 요거성(현 상주)을 함락시키는 등 신라와 전투가 빈번하였다. 말갈의 침략에 대비하여 적현, 사도 두 성을 쌓았으며 진과를 시켜 말갈의 석문성(현 황해도 서흥)을 빼앗았다. 이에 말갈은 기병을 앞세워 술천(현 경기도 여주)까지 쳐들어 왔다. 초고왕 시절에도 자연재해가 잦았다.

6대 구수왕(214~234)

초고왕의 아들인 구수왕 시절에는 신라, 말갈과의 전투가 지속되었으나 대부분 백제가 패하였다. 말기에는 전염병, 가뭄, 기근까지 겹치면서 혼란기를 초래하였다.

7대 사반왕(234~234)

구수왕의 아들로 왕위에 올랐으나 나이가 어려 정사를 감당하지 못하여 바로 폐위되었다.

8대 고이왕(234~286)

5대 초고왕의 동생으로 사반왕을 몰아내고 즉위하였다. 고이왕은 왕권을 강화하고자 좌장을 설치, 내외병마권을 관장하여 족장들의 독자적 군사력을 약화시키는 한편 중앙관등제를 실시하여 **6좌평 16관등제**를 정착시켰다. 또한 관리들의 뇌물을 금지하는 **범장지법**을 시행하여 위반자에게는 3배를 배상하고 종신금고형에 처하도록 하였다. 평야지대 개간도 독려하여 수확량을 늘렸다. 마한의 대장이던 목지국을 제압하여 기존의 부용관계(종주국과 종속국 관계)를 청산하고 실질적인 대표가 되었다. 한군현의 낙랑, 대방군과의 관계도 공격적인 자세로 전환하여 유주자사 관구검, 대방태수 궁준, 낙랑태수 유무가 고구려를 침공했을 때 그 틈을 타서 낙랑군의 변방을 공격하기도 하였다. 가뭄이 들자 창고를 열어 백성들을 구휼하였으며 1년간 세금을 면제해 주었다. 신라에 사신을 보내어 화친하고자 하였으나 신라가 거절하였다. 고이왕은 이후 수차례 신라를 공격하였다. 신라에서 유례이사금이 들어서자 사신을 보내 화친을 청하였는데 신라가 이를 받아들였다. 또한 고이왕은 왕위와 신위가 구분된 남당을 설치하여 국정을 듣고 결정하는 등 왕권을 강화하였다. 백제가 고대국가로 나아가는 깃틀을 확립한 왕이다.

9대 책계왕(286~298)

고이왕의 아들로 대방 왕의 사위이기도 하다. 고구려가 대방을 공격했을 때 대방이 책계왕에게 구원요청을 하자 군사를 보내 물리쳤다. 이로써 백제는 고구려와의 관계가 악화되었다. 고구려 침략에 대비하여 아차성(현 서울 광장동 아차산성), 사성(현 서울 풍납동 풍납토성)을 쌓았다. 그러나 낙랑과 동예가 침입하자 그들과 맞서 싸우다 적병에게 살해되었다.

10대 분서왕(298~304)

책계왕의 아들로 낙랑 등 한군현 세력과 다투었다. 낙랑군의 서쪽 현을 공격해 차지하기도 하였다. 그러나 낙랑이 보낸 자객에 의하여 피살되고 말았다.

11대 비류왕(304~344)

구수왕의 아들(연대상으로 의문시된다)로 당시 왕위계승권을 둘러싸고 고이왕계와 초고왕계로 갈라져 있었다. 초고왕의 손자인 사반왕이 즉위하자 바로 폐위되고 고이왕이 즉위하였는데 고이왕계인 책계왕과 분서왕이 연달아 피살되자 초고왕계인 비류가 즉위하였다. 천재지변이 자주 발생하였으며 흑룡이 나타나고 한낮에 태백성(금성)이 출현하는가 하면 메뚜기떼가 곡식을 습격하였다. 붉은 까마귀가 해를 가렸고 강물이 말라붙었으며 하늘에서 별이 떨어져 왕궁에 화재가 발생하기도 하였다. 이복동생 우복이 반란을 일으켰으나 평정되었다.

12대 계왕(344~346)

분서왕의 아들로 재위 기간이 2년에 불과하고 어떤 이유로 왕이 되었는지 등 계왕에 대한 자료가 약하다.

13대 근초고왕(346~375)

비류왕의 아들로 역시 왕위 승계에 관한 정확한 기록이 없다. 중앙집권을 강화하고 지방통치조직을 정비하고자 **담로제를 실시**하여 지방관을 파견하였다. 정복활동을 왕성하게 하였는데 먼저 신라에는 사신을 파견하여 우호관계를 유지하였고 백제의 영향권에서 벗어나 있는 마한 잔존국들을 병합하였으며 가야도 공격하여 부용하게 하였다. 남쪽 단속이 끝나자 북쪽으로 진출을 시도하였는데 당시 고구려의 남진 정책과 충돌하면서 양국 간의 전쟁은 피할 수가 없었다. 고구려의 선공으로 치양성(현 황해도 배천)에서 시작된 전쟁은 결국 **평양성 전쟁**으로까지 번져 고구려의 **고국원왕**을 전사시키고 대방고지까지 차지하여 백제 사상 최대의 영토를 확보하였다. 동진에는 사신을 파견하여 친교하였다. 중국이 호족의 침입으로 혼란한 틈을 타 요서지방을 접수하고 백제군을 설치하였다. 일본과도 긴밀한 우호관계를 유지하였는데 왕인과 아직기를 일본에 보내 천자문과 논어를 전해 주는 등 질 높은 문화를 일본에 전해주었다. 일본 이소노가미 신궁에 보관 중인 칠지도를 통하여 양국의 우호적인 관계를 추론할 수 있다. 낙랑, 대방군이 고구려에 멸망한 후 고구려의 침략을 받아 수곡성이 함락되기도 하였다. 박사 고흥을 시켜 역사서인 **서기**를 편찬하게 하였다. 근초고왕 시절이 백제 최고의 융성기였다.

14대 근구수왕(375~384)

근초고왕의 아들로 태자 때부터 부왕을 도와 정복사업에 적극적으로 동참하였다. 치양성 전투에서 죄를 짓고 고구려로 도망갔다가 다시 귀순해 온 사기의 첩보로 고구려군을 격파하였다. 특히 고구려 제1의 정예부대인 적기부대를 격파하고 패주하는 고구려군을 추격해 수곡성(현 황해도 신계)까지 진출하였다. 더 북진하려 했지만 장군 막고해가 저지하면서 더 이상의 추격은 하지 않았다. 즉위 후 장인 진고도를 내신좌평으로 삼아 정사를 위임하고 남하하는 고구려군을 막아냄으로써 힘의 균형을 유지하였다. 근구수왕 시절에도 흙비가 내리고 기근, 전염병이 창궐하자 관청의 곡식을 풀어 구휼하였고 궁궐의 큰 나무가 뿌리째 뽑히기도 하는 등 자연재해가 빈번하였다.

15대 침류왕(384~385)

근구수왕의 아들로 즉위년에 고구려와 신라가 전진과 친교하자 동진과 교류하였다. 동진에 사신을 보냈고 동진에서 승려 마라난타가 오자 그를 예로써 대하였으며 이를 기화로 **불교를 수용**하였다. 이후 한산에 불교사원을 세우고 승려 10인에게 도첩을 주는 등 불교를 권장하였으나 불교사원을 세운지 9개월 만에 사망하였다.

16대 진사왕(385~392)

침류왕이 죽자 태자가 어려서 침류왕의 동생이 왕위에 올랐으니 이가 곧 진사왕이다. 남하하는 고구려와 말갈과는 잦은 충돌을 하였다. 고구려를 견제하고자 청목령(현 개성)에서 북으로는 팔곤성, 서로는 바다를 잇는 관방을 쌓았다. 달솔 진가모로 하여금 고구려의 도곤성을 공격하여 포로 200명을 잡는 전과도 올렸다. 그러나 고구려의 광개토대왕의 적수가 되지는 못하였다. 석현성(현 경기도 개풍군) 등 10개 성을 잃고 한수(현 한강) 이북의 많은 부락도 함락되었다. 천연 요새지역인 관미성(현 강화 교동도)도 순식간에 함락되는 등 많은 영토를 고구려에 잃고 말았다.

17대 아신왕(392~405)

침류왕의 아들로 광개토왕이 이끄는 고구려군이 대대적으로 침공하자 아신왕은 이를 막아내지 못하고 패수에서 패하였고 다시 직접 군대를 이끌고 청목령까지 나아갔으나 눈이 내려 동사하는 병사들이 생기자 철수하였다. 고구려의 기세에 대응하기 위하여 왜와 연결하고자 태자 전지를 왜에 볼모로 보냈다. 고구려를 공격하기 위한 대규모 징발에 반발한 백성들이 신라로 이주하였다. 아신왕은 빼앗긴 영토를 회복하고자 고구려를 공격하였으나 반격하여 온 광개토왕의 발아래 무릎을 꿇고 평생 노객이 되겠다는 치욕을 겪었다. 마침 후연이 고구려를 침략하면서 고구려와의 전투는 소강 상태로 접어들었다.

18대 전지왕(405~420)

아신왕의 아들로 태자시절 왜에 볼모로 갔던 인물이다. 전지왕이 왜에 있을 때 부왕인 아신왕이 죽었다. 아신왕의 동생 훈해가 섭정을 하면서 그의 환국을 기다렸는데 아신왕의 막냇동생인 설례가 훈해를 죽이고 왕위에 올랐다. 전지는 부왕의 부음을 받고 귀국하던 중 한성인 해충이 경솔하게 입국하지 말라는 전갈에 따라 해도에 머물렀다. 백제의 조정에는 전지 지지파와 설례 지지파로 나누어져 있었는데 결국 설례가 전지 지지파에 의하여 쫓겨나고 전지왕이 왕위에 올랐다. 전지왕은 흔들리는 왕권을 강화하기 위하여 친위세력들과 함께 백제 최고 관직인 **상좌평제도**를 실시하였다. 동진, 왜와는 지속적으로 친밀한 관계를 유지하였다.

19대 구이신왕(420~427)

전지왕의 아들로 그는 백제가 장악한 황해의 해상무역권을 유지하고 북조와 연결하여 남하하려는 고구려 세력에 대처하고자 남조의 송에 사신을 파견하여 유대관계를 돈독히 하였다.

20대 비유왕(427~455)

구이신왕의 아들로 송, 왜와 유대관계를 지속하였다. 당시 고구려의 보호국으로 적대화된 신라에 사신을 파견하여 화친을 제의하자 고구려의 보호에서 벗어나려는 신라의 눌지마립간이 이를 받아들여 신라와 **나제동맹**을 체결하였다.

21대 개로왕(455~475)

비유왕의 아들로 왜, 송 등과 친교하면서 고구려의 침공에 대비하였고 나제동맹의 유지에도 힘썼다. 고구려 남부지역을 선제공격하였고 국경을 접한 청목령(현 개성)에도 대책을 설치하여 방비하였다. 고구려를 견제하고자 북위에 구원병을 요청하였으나 북위는 맹위를 떨치는 고구려를 적대세력으로 만들고 싶지 않아 거절하였다. 이것이 오히려 빌미가 되어 고구려가 백제를 침략하였고 백제는 신라에 태자를 보내 구원을 요청하자 신라는 원군 1만 명을 보냈다. 그러나 개로왕은 내정에 실패했다. 송나라에 관작제수를 요청한 11명 중 두 아들 여도와 여곤을 비롯해 8명이 왕족이었고 당시 백제의 주요 세력이었던 진씨나 해씨는 없었다. 게다가 왕자인 문주왕을 상좌평에 임명하는 등 왕족 중심체제로 정사를 꾸렸다. 왕실의 위엄을 높이려는 이러한 시도는 결국 백제 내부의 정치적 결속력을 와해시켰고 왕실의 영도력 약화를 가져왔다. 또한 무리하게 왕궁 건축을 강행해서 백성의 원성도 높았다. 결국 장수왕의 침공에 백제는 힘없이 무너졌고 개로왕은 탈출하다가 백제인으로 백제에서 죄를 짓고 고구려에 망명하여 백제 침공에 앞장섰던 재증걸루와 고이만년의 손에 잡혀 살해되었다.

✿ 개로왕과 도림

장수왕이 백제를 치기 전 백제에 들어가 동태를 알려줄 첩자를 모집하자 승려였던 도림이 나섰다. 그는 백제의 개로왕이 바둑을 매우 좋아한다는 사실을 알고 백제로 건너가 바둑으로 개로왕에게 접근하여 그의 환심을 샀다. 도림은 개로왕에게 백제는 삼면이 바다로 둘러쌓인 천혜의 요새이기는 하나 큰 성이 없어 외적의 침입에 약하니 큰 성을 쌓으라고 권유하자 개로왕은 크게 기뻐하며 사성의 동쪽에서 숭산에 이르는 거대한 성을 쌓게 하였는데 이 공사로 재정이 바닥나고 백성들의 삶도 궁핍해졌다. 도림이 이를 장수왕에게 알리자 장수왕이 백제를 침략하여 한성을 무너뜨렸다고 한다.

22대 문주왕(475~477)

고구려가 백제를 침공하였을 때 왕자의 신분으로 신라에 구원병을 청하러 가 구원병 1만을 얻어 왔으나 이미 개로왕이 사망한 후였다. 고구려에 짓밟힌 한성은 도성으로서의 위상을 잃어버렸다. 게다가 개로왕 시절 배척된 귀족들의 불만도 쌓여 있었고 신라도 보은지역에 삼년산성을 축조하는 등 백제를 위협하고 있었다. 결국 문주왕은 도읍을 웅진(공주)으로 옮기고 대두산성을 축조하였다. 또한 한성에서 이주해 온 왕족인 부여씨, 진씨, 해씨 등의 귀족세력은 기존 토착세력인 사택씨, 연씨 등 마한계 세력의 도전을 받게 되어 정국의 주도권을 놓고 세력싸움이 펼쳐졌다 웅진천도에 협조한 해씨의 해구가 병관좌평에 임명되면서 군사력을 바탕으로 정치적 실권을 장악하고 문주왕의 측근인 목협만치를 정계에서 축출하였다. 이에 불안감을 느낀 문주왕은 왜에 있던 개로왕의 동생 곤지를 불러들여 내신좌평에 앉히는 등 해구를 견제하였다. 문주왕과 곤지, 해구 간의 권력 다툼 와중에 곤지가 사망하였고 결국 문주왕도 해구가 보낸 자객에 의하여 살해되었다.

23대 삼근왕(477~479)

문주왕의 아들로 13세의 나이에 즉위하였다. 문주왕을 살해한 해구는 2년 뒤 신흥세력인 은솔, 연신과 함께 대두성에서 반란을 일으켰는데 진로 등의 진씨 세력이 이를 평정하였다. 해구의 반란이 평정되고 삼근왕이 죽었는데 어떻게 죽었는지는 알 수 없다.

24대 동성왕(479~501)

동성왕은 문주왕의 동생인 곤지의 아들로 해구의 반란을 평정한 진씨 세력에 의하여 왕위에 올랐다. 즉위 당시 진씨와 해씨가 강력한 힘을 보유하고 있었고 목씨 또한 세력이 막강하였다. 특히 자신을 추대한 달솔 진로를 무시할 수가 없었다. 동성왕은 웅진의 신진세력인 사씨, 연씨, 백씨 등을 등용시켜 종래의 귀족들을 견제하려 하였다. 동성왕은 문주왕 시절 송과의 외교가 고구려에 의하여 차단당하자 남제에 사신을 파견하여 외교관계를 성립시켰다. 동성왕은 신라의 소지마립간과 **결혼동맹**을 맺어 신라 이찬 비지의 딸을 왕비로 맞았다. 이 결혼동맹으로 신라가 살수원에서 고구려와 싸울 때 원병을 보냈고 백제가 고구려로부터 치양성을 공격

받았을 때 신라에 지원군을 요청하는 등 빛을 발하였다. 궁실을 중수하고 우두성, 사현성, 이산성 등을 축조하여 수도 방비를 기하였고 사정성, 가림성 등을 쌓고 중앙관리를 파견하여 중앙통제력을 강화하였다. 탐라가 공납을 바치지 않자 이를 응징코자 무진주까지 출정하기도 하였고 왕실의 위엄을 과시하고자 웅진교를 세웠으며 궁궐 동쪽에 임류각을 세우고 진귀한 짐승을 기르는 등 사치스러운 생활도 하였는데 이를 반대하는 신하의 간언을 물리치는 등 전제군주의 모습도 보였다. 큰 가뭄이 들어 굶주린 백성들이 서로 잡아먹는 지경에 이르렀는데도 창고를 풀어 백성들을 구휼하자는 신하의 청을 거부하였고 전염병이 창궐하자 2,000여 백성들이 고구려에 귀부하기도 하였다. 점차 신흥세력의 힘이 강해지자 그들을 견제하기 시작하였다. 실세였던 위사좌평인 백가를 가림성 성주로 내쳤는데 이는 백씨 세력의 반발을 불러왔고 동성왕이 사비서원에서 사냥하는 틈을 타 백가가 보낸 자객에 의하여 암살되었다.

25대 무령왕(501~523)

동성왕의 아들로 정변에 의하여 동성왕이 죽자 즉위하였다. 무령왕은 먼저 가림성에서 항거하던 백가를 토벌하였고 고구려, 말갈과의 전쟁에도 대비하였다. 달솔 우영을 보내 고구려의 수곡성을 급습하였고 고목성에 쳐들어온 말갈을 격퇴하였다. 고구려 장군 고로가 말갈과 연합하여 한성을 치고자 횡악방면으로 쳐들어왔으나 이를 격퇴하였고 또한 고구려가 가불성과 원산성을 침략하여 약탈하자 군사를 보내 이를 격퇴하였다. 고구려, 말갈의 침략을 격퇴하는 한편 남조의 양과는 외교관계를 강화하였다. 왜와도 친교를 유지하였는데 오경박사 단양이와 고안무를 보내 문화를 전파하기도 하였다. 무령왕은 지방에 **22담로**를 설치하고 왕족을 파견하여 중앙집권체계 완비에도 힘썼다. 홍수와 가뭄, 전염병 창궐, 메뚜기떼의 출현 등 자연재해가 이어지자 굶주리는 백성들에게 창고를 풀어 구휼하였고 제방을 축성하고 백수를 구제하여 고향으로 돌려보내 농사를 짓게 하였다. 이러한 대민정책은 농업생산력을 높이고 세수의 증가로 이어져 안정적인 정책의 밑거름이 되었으며 전국적으로 호구조사를 실시하여 호적체제도 정비하였다.

26대 성왕(523~554)

무령왕의 아들로 무령왕 사후 즉위하였다. 고구려 안장왕의 침입으로 혈성이 함락되자 좌평 연모로 하여금 고구려군을 막게 하였지만 오곡에서 대패하자 **사비(현 부여)로 천도**하였다. 이 사비천도에는 신흥 토착세력인 사씨의 정치적 지지가 작용하였다. 천도후 국호를 **남부여**라 칭하며 부여족의 정통성을 강조하였다. 또한 양조와 빈번하게 교류하면서 모시박사, 공장, 화공 등을 초빙하고 열반등경의(불교의 경전) 등을 수입하여 백제의 문화향상에 힘썼다. 또한 인도에서 산스크리트어로 된 5부율을 가지고 온 겸익을 우대해 승려들에게 5부율을 번역시키는 등 불교교단의 정비도 모색하였다. 달솔 노리사치계를 일본에 파견하여 번개 약간, 경론 약간 등을 보내주어 불교를 전파하였고 의학박사, 역박사 등도 파견하여 문물을 전수해 주었다. 중앙관제로 16관등제와 22부제를 정비하였다. 지방조직으로는 담로제를 5방, 군, 성(현)제로 변경하였다. 신라와의 관계도 우호적으로 유지하여 고구려에 대항하였고 양, 왜와의 외교관계도 유지하였다. 고구려가 독산성을 공격해 오자 신라에 원병을 청하였고 **진흥왕**은 병력을 보내 지원하였다. 안정된 왕권을 바탕으로 성왕은 고구려에 빼앗긴 한강유역 탈환에 나서 백제는 신라, 가야와 연합군을 결성하였다. 또한 성왕은 자신의 딸을 진흥왕과 혼인시켰다. 성왕이 고구려의 도살성을 공격하자 고구려는 백제의 금현성을 공격해 왔다. 양국의 전투를 틈타 신라의 진흥왕이 도살성과 금현성을 차지하였다. 백제가 남평양(현 서울)을 공격하면서 한강 하류의 6군을 회복하였고 신라는 한강 상류 10군을 차지하였다. 이후 신라의 진흥왕은 한강지역 패권을 차지하고자 백제군을 들이쳐 한강 하류지역도 신라에 빼앗기고 말았다. 신라로 인하여 실지회복에 실패한 성왕은 비전파들의 반대에도 불구하고 군사를 일으켰고 가야의 원군도 이에 합세하였다. 한강지역을 차지하기 위한 신라와 백제의 싸움은 **관산성 전투**(충북 옥천)에서 절정을 이루었다. 전투 초기 우세를 보이던 백제는 구천지역에서 신라의 복병을 만나 성왕이 목숨을 잃고 대패하고 말았다. 이로써 나제동맹은 깨어지고 왕권 중심의 정치체제도 귀족 중심으로 돌아갔다.

27대 위덕왕(554~598)

성왕의 아들로 태자 때부터 성왕을 도와 공을 세웠는데 신라 원정을 자제해 온 귀족들을 누르고 병력을 일으키는 데 결정적 역할을 한 것이 태자 창(위덕왕)이었다. 관산성 대패와 부친인 성왕의 죽음으로 혼란에 빠지자 위덕왕은 출가 수도를 결행하려 했다. 이는 더 큰 혼란을 가져올 것이 자명하다며 신하들이 반대했고 결국 출가수도를 철회하고 1,000여 명의 백성이 도승(국가가 공인하는 승려)하는 것으로 매듭지어졌다. 위덕왕은 신라에서 송환된 부왕의 시신을 능산리에 안장하고 대규모 절인 능사를 창건하였는데 이는 혼란을 수습하고 귀족들의 불만도 누그러뜨리는 효과를 가져왔다. 또한 위덕왕은 북제, 북주, 수 등 남북조의 여러 국가들과 폭넓게 교류하였다. 왜와의 통교는 현격히 줄어들었고 신라와 고구려는 적대시하였다. 웅천성을 공격해 온 고구려 군을 물리쳤고 수가 고구려 공격 시 스스로 군도가 되기를 자청하기도 했다. 신라에는 관산성 패전을 만회하고자 수시로 국경선을 침략하기도 하였다.

28대 혜왕(598~599)

성왕의 둘째 아들이자 위덕왕의 동생으로 위덕왕이 죽자 뒤를 이어 왕위에 올랐으나 즉위 이듬해에 사망하였다.

29대 법왕(599~600)

혜왕의 아들로 불교를 숭상하여 사냥을 금지하였고 사냥

용으로 사용하던 매 등을 놓아주고 사냥도구들을 태워버리라고 명령하였으며 왕흥사 창건을 시작하였다(위덕왕 때부터라고도 한다). 가뭄이 들자 칠악사에서 기우제를 지내기도 했지만 짧은 재위 기간이라 특별한 것은 없다.

30대 무왕(600~641)

법왕의 아들(위덕왕의 아들이라고도 한다)로 재위 기간 중 신라에 뺏긴 영토를 찾기 위해 노력하였다. 모산성 공격 등 십수차례에 걸쳐 신라를 침략하였고 고구려는 수시로 백제를 침략하였다. 이에 백제는 수의 양제와 고구려 침략을 의논하여 수가 고구려 침공 시 백제도 고구려를 치기로 하였다. 그러나 정작 수양제가 고구려를 침략하였을 때 신라의 침략을 의식하여 수를 돕지는 않았다. 수가 망하고 당이 들어서자 당에 사신을 보내는 등 당과의 친교관계에도 힘썼고 왜에는 사신을 파견하여 우호관계를 유지하고자 하였다. 신라와의 접경지역에는 각산성, 적암성, 마천성 등을 신축하거나 보수하여 방비를 철저히 하였다. 법왕 때부터 창건을 시작한 왕흥사를 완공하였다.

✹ 서동요

무왕은 과부인 어머니와 연못의 용 사이에서 태어났으며 마를 캐어 팔아 생활하였으므로 서동이라 불렸다. 그는 신라 진평왕의 셋째 딸인 선화공주가 아름답다는 소문을 듣고 신라로 가서 아이들에게 마를 주며 서동요(선화공주가 밤마다 서동을 만나러 간다는 노래)를 가르쳐 부르게 하였다. 결국 선화공주가 궁에서 쫓겨 귀양을 가게 되자 그녀를 백제로 데리고 와서 결혼했으며 마를 캐면서 발견해 모아둔 황금으로 인심을 얻어 왕에까지 오르게 되었다고 한다. 서동요 설화에 따르면 무왕은 백제의 왕자가 아닌가?

31대 의자왕(641~660)

무왕의 아들로 어릴 때부터 총명하였고 효심이 깊을 뿐 아니라 형제간의 우애도 돈독하여 해동증자로 불렸다. 의자왕은 죄수들을 대규모로 사면하였고 본격적인 신라 정벌에 나서서 미후성을 비롯한 40여 개 성을 빼앗았으며 장군 윤충으로 하여금 **대야성**을 공격해 함락시키고 김춘추의 사위였던 성주 김품석과 부인 고타소를 죽였다. 이에 신라는 김유신으로 하여금 백제를 공격케 하였고 백제는 가혜성 등 7개의 성을 빼앗겼다. 한편 당태종이 고구려를 침략하면서 신라가 원정군을 파견했다는 소식을 듣자 신라를 공격하여 7개의 성을 되찾았다. 신라는 김유신을 상주장군으로 임명해 공격해 왔다. 또한 신라에서 비담과 염종의 반란이 일어난 틈을 타 의직을 보내 무산성, 감물성, 동잠성을 공격했으나 김유신의 신라군에 대패하고 말았다. 이후에도 수시로 신라를 공격하였으나 번번이 실패하였다. 백제는 당과 친교하려고 하였지만 외형상일 뿐 서로를 견제하였다. 결국 백제는 고구려와 연합하여 당에 대응하려 했고 당은 신라와 손을 잡았다. 김춘추가 당에 백제를 정벌할 파병을 요청하자 당이 출병을 약속했고 신라로부터 뺏은 성들을 돌려주지 않으면 공격하겠다고 의자왕을 위협하였다. 그러나 의자왕은 왜와 우호관계를 맺고 고구려, 말갈과 연합하여 신라를 공격하여 오히려 30여 개의 성을 빼앗았다. 이에 신라와 당간의 **나당연합군**이 결성되어 백제를 침공하였다. 삼국사기에 따르면 붉은 말이 북악 오함사에 들어와 불당을 돌면서 울다가 죽었고 흰 여우가 궁궐에 들어와 상좌평의 책상에 앉았으며 태자궁에서는 암탉이 박새와 교미하는가 하면 사비하에서는 3장이나 되는 물고기가 떠올라 죽었다. 생초진에 키가 18척인 여자의 시신이 떠내려왔고 궁궐의 홰나무가 사람의 통곡소리를 내며 울었으며 사비의 우물과 사비하의 물이 붉게 변하였다. 서해에서는 물고기가 떼죽음을 당하고 두꺼비 수만 마리가 나무 꼭대기로 모여들었으며 사비의 주민들이 까닭도 없이 놀라 도망가다가 1백여 명이 죽었다. 천왕사, 도양사, 백석사에 벼락이 쳤고 궁궐에 귀신이 나타나 백제가 망한다고 크게 외지다가 땅속으로 사라지는 등 백제의 멸망을 예견하였다 한다. 나당연합군 침공 소식에 귀양을 가 있던 충신 흥수가 백제로 들어오는 요충지인 기벌포와 탄현을 지키라고 했으나 의자왕은 듣지 않았고 나당연합군이 백강과 탄현을 넘어오자 계백과 그의 결사대를 **황산벌**로 내보냈으나 중과부적으로 패하고 말았다. 사비성이 함락될 위기에 놓이자 의자왕과 태자 효는 웅진성으로 피신했다. 사비성에 남아 있던 의자왕의 넷째 아들 융이 당에 투항하면서 사비성이 함락되었고 이어 웅진성도 함락되었으며 의자왕과 태자 효는 항복하고 말았다. 당의 장수 소정방은 의자왕과 태자 효 등을 당나라로 압송해 갔으며 의자왕은 그해에 사망하였다.

백제가 멸망한 후 백제 부흥운동으로는 복신과 도침이 일본에 가 있던 왕자 부여풍을 추대하여 주류성에서 일으켰으나 복신이 도침을 죽이고 부여풍마저 죽이려다가 오히려 부여풍에게 피살당하였으며 부여풍은 고구려로 망명하였다. 흑치상지는 임존성을 근거로 부흥운동을 일으켰으나 당에 항복하였고 오히려 당에서 백제부흥운동을 박해하였다는 공으로 관직도 받아 백제부흥운동으로 보긴 어렵다.

❀ 황산벌 전투

소정방의 13만 군대가 서해를 건너 백제로 진군하였고 김유신은 흠춘, 품일과 함께 5만의 병력을 이끌고 백제로 향하였다. 김유신의 군대가 탄현을 넘자 의자왕은 계백에게 5,000명의 결사대와 함께 신라군을 저지하게 하였다. 마지막 전투임을 직감한 백제 최고의 장수 계백은 비장한 각오로 아내와 아들을 죽이고 출정하였다. 백제의 정예군은 신라군과 4번의 전투를 벌여 모두 승리하였다. 사기가 떨어진 신라군의 사기를 북돋우고자 흠춘이 아들 반굴을 출정시켜 전사시켰고 품일도 아들 관창을 출정시켰다. 그러나 백제군에 생포된 관창이 어리다는 이유로 신라군에 살려서 돌려보내자 품일은 관창을 엄히 문책하여 다시 전장으로 보냈다. 결국 관창은 백제군에 의하여 죽임을 당하자 이를 지켜본 신라군의 사기가 올라 총공격을 감행하여 계백의 백제군을 패퇴시키고 계백은 전사하였다.

황산벌은 지금의 군사훈련소가 있는 논산이다. 논산훈련소가에도 "백제의 옛 터전에 계백의 정기 맑고 관창의 어린 뼈가 지하에 혼연하니 ~~~"라고 나온다.

---

❸ 신라 왕조사

신라는 박씨, 석씨, 김씨가 통치하였다. 박씨 중심에서 석씨가 왕위를 이어받았고 17대 내물마립간 이후 김씨세습제가 정착되었다. 왕계보를 쉽게 이해하고자 왕의 재위 기간과 성씨를 첨부하였다. 또한 왕의 호칭도 거서간−차차웅−이사금−마립간−왕으로 변천하였다. 내물마립간 이후 김씨 세습제가 이루어졌으므로 성씨를 생략하였고 통일신라 후기 박씨 왕이 세 명 배출되었는데 그 왕들에게는 성씨를 첨부하였다.

1대 혁거세거서간(BC 57~AD 4, 박씨)
진한 땅에 고조선의 유민들이 흩어져 살면서 여섯 개의 마을을 이루고 있었다. 이를 진한의 6부라 하였고 6부의 촌장들에 의하여 혁거세가 왕으로 선출되었다. 왕의 호칭은 **거서간** 또는 거슬한이었는데 거서간은 정사적 측면을 고려한 호칭이라 볼 수 있다. 나라 이름은 서나벌, 서라벌, 서벌 혹은 사라, 사로라 하였다. 혁거세는 알영을 왕비로 맞았고 경주에 금성을 쌓고 궁실을 지었다. 이 시기에 왜인이 침범하려다가 하늘이 내려준 혁거세가 다스리고 있다는 말을 듣고 스스로 물러갔으며 낙랑이 쳐들어왔다가 집집마다 문을 잠그지 않고 곡식이 산더미처럼 쌓여 있는 것을 보고 도덕의 나라라 여겨 스스로 물러갔다고 한다. 혁거세는 마한과 대등한 관계를 유지할 정도로 세력을 키웠으며 변한의 일부가 항복해 왔다. 고구려의 압박을 받던 동옥저가 사신과 말 20필을 보내어 화친을 청하기도 하였다. 마한의 왕이 조공을 하지 않는다고 노하자 호공을 사신으로 보내었고 마한왕이 죽자 사신을 보내어 조위하였다.

✾ 혁거세 신화

사로6촌(급량부 이씨의 알천 양산촌, 사량부 정씨의 돌산 고허촌, 모량부 손씨의무산 대수촌, 본피부 최씨의 자산 진지촌, 한기부 배씨의 금산 가리촌, 습비부 설씨의 명활산 고야촌)의 촌장들이 그들의 왕을 선출하기 위하여 알천의 언덕 위에 모였는데 이때 양산 밑 나정이라는 우물가에 신기한 빛이 하늘로 솟구치고 있었다. 6촌장들이 그곳으로 가 보니 흰말 한 마리가 알을 지키고 있었다. 말이 하늘로 날아가자 알을 깨고 사내

아이가 알에서 나왔는데 용모가 단정하고 아름다웠다. 동천에서 목욕을 시켰더니 몸에서 광채가 나고 새와 짐승들이 춤을 추었다. 그 광채를 보고 이름을 혁거세 또는 불구내라고 이름 지었다. 고허촌 촌장인 소벌공이 데리고 가서 길렀고 나이 13세가 되자 촌장들에 의해 왕에 추대되었으니 이가 바로 혁거세거서간이다. 또한 혁거세는 용의 겨드랑이에서 태어났다는 알영을 왕비로 맞이하였는데 혁거세와 같은 날에 태어났고 죽는 날도 같았다고 한다. 혁거세는 왕이 된 지 61년이 되던 해 하늘로 올라갔는데 7일 후 유체가 5개로 분리되어 땅에 떨어졌다. 이들을 모아 매장하려 하자 큰 뱀이 나타나 방해를 하여 다섯 개의 능(오릉)에 각각 매장하고 사릉이라 불렀다 한다.

2대 남해차차웅(4~24, 박씨)

혁거세거서간의 아들로 차차웅이란 호칭은 제사장의 측면에서 부른 것으로 추측된다. 낙랑과 왜의 침입이 있었으나 막아내었다. 가뭄, 메뚜기떼의 출현, 전염병 창궐 등 자연재해가 발생하였고 재해 시에 창고를 열어 백성들을 구휼하였다.

3대 유리이사금(24~57, 박씨)

남해차차웅의 아들로 이사금은 잇몸이라는 의미인데 그렇게 호칭한 이유는 알 수 없다. 남해차차웅의 후계로 아들 유리와 사위 석탈해가 물망에 올랐는데 석탈해가 덕이 많은 사람은 이가 많으니 떡을 깨물어보자고 하여 이가 많은 유리가 왕위에 올랐다고 하니 이를 두고 이사금이라 불렀는지도 모르겠다. 이 시기에 쟁기, 보습, 수레 등 농기구가 제작되었고 곡식을 얼음창고에 보관하였다. 굶주림과 추위에 죽어가는 노파를 보고 난 후 홀아비, 과부, 고아, 자식이 없는 노인 등 어려운 백성들을 구휼하였는데 이를 들은 이웃나라에서도 사람들이 몰려들어 지었다는 **'도솔가**(오늘 이에 산화 불러 뿌린 꽃이여 너는 곧은 마음의 명 받아 미륵좌주 뫼셔라 – 양주동 님 해석)'가 이때 나왔으며 6부의 이름을 고치고 이들에게 이(李), 최(崔), 손(孫), 정(鄭), 배(裵), 설(薛)씨 성을 하사하였고 **17관등을 마련**하였다. 6부의 여자들이 두 편으로 갈라 길쌈 경기를 하였는데 이를 가배놀이라 하였고 놀이를 하면서 부른 노래가 **'회소곡'**이었다(내용은 전하지 않음). 멸망한 낙랑 사람들이 북대방 사람들과 함께 신라로 망명해 왔다. 낙랑, 화려, 불내 사람들이 침입하였으며 맥국과는 우호관계를 맺었다. 두 아들보다 매제인 탈해가 총명하다 하여 탈해에게 왕위를 물려주었다.

4대 탈해이사금(57~80, 석씨)

다파나국(제주도로 추정) 출신인 탈해는 남해차차웅의 딸 아효의 남편이다. 탈해이사금은 호공을 대보로 삼았고 백제가 와산, 구양의 두 성을 여러 차례 침략하였다. 왜와는 친교를 맺고 사신을 교환하였지만 왜는 목출도로 침입해왔고 각간 우오가 분전하였으나 전사하였다. 가야와는 황산진에서 싸웠다. 시림에서 닭 우는 소리가 들려서 가보니 금궤가 나무에 걸려 있었고 그 아래 흰 닭이 있었는데 금궤 안에 용모가 단정한 아이가 있었으니 그가 경주 김씨의 시조 김알지이다. 탈해 이사금은 시림을 계림이라 고치고 국호로 사용하였다. 삼국사기에는 우시산국과 거칠산국을 합병하였다는 기록도 있다.

◈ 탈해와 호공

다파나국의 왕비가 임신 7년 만에 큰 알을 낳자 왕이 좋지 못한 일이라 하여 알을 궤짝에 넣어 바다에 버렸다. 이 궤짝이 계림 동쪽 아진포에 닿자 한 노파가 이를 건져 알에서 나온 아이를 양육하였는데 이가 탈해이다. 탈해는 고기잡이를 하여 양모를 봉양하였는데 양모는 탈해가 범상하다는 걸 알고 공부를 시켰다. 탈해는 당시 유명한 신하인 월성에 있는 호공의 집터가 좋음을 보고 몰래 숫돌과 숯을 묻어놓고 자기 집이라 우겼다, 자신의 집이라는 증거를 대라고 하자 자신이 원래 대장장이였으니 땅을 파보라 하였는데 땅속에서 숫돌과 숯이 나오자 탈해가 승소해 집을 차지하였다 한다.

5대 파사이사금(80~112, 박씨)

유리이사금의 아들로 탈해이사금이 죽자 신하들의 추대로 즉위하였다. 즉위하면서 창고를 풀어 백성들을 구휼하고 죄수들을 대규모로 사면하였다. 파사이사금은 외침에 대비해 가소성과 마두성을 쌓았다. 가야가 마두성으로 쳐들어오자 기병을 앞세워 싸웠다. 또한 월성을 쌓아 궁을 옮겼다. 음즙벌국을 병합하였으며 실직국과 압독국이 항복해 왔으며 다벌국과 초팔국 등도 합병하였다.

6대 지마이사금(112~134, 박씨)

파사이사금의 아들이다. 백제와는 우호적 관계를 유지하였고 가야와는 영토분쟁이 잦았다. 가야와 왜의 침입에 대비하고자 대증산성(부산진구 추정)을 쌓았다. 친히 병력을 이끌고 황산하(낙동강 하류)를 건너 가야를 침공하였으며 말갈이 대령책(대관령)으로 쳐들어왔으나 백제의 원군을 지원받아 물리쳤다. 음질국과 압량국을 멸망시켰다(파사이사금 시절이라는 설도 있다).

7대 일성이사금(134~154, 박씨)

유리이사금의 아들 또는 지마이사금의 아들이라고도 한다. 금성에 국가 중대사를 논의하는 **정사당**을 설치하였으며 말갈의 침입이 여러 차례 이어지자 일성이사금은 장령에 책성을 세워 말갈 원정을 논의하였으나 실행에 옮기지는 못하였다. 여름에 서리가 내리고 가뭄, 전염병이 돌자 모든 주군에 명을 내려 제방을 수축하고 전야를 개간하도록 하였으며 민간에서는 금, 은, 주옥의 사용을 금지하였다. 압독(현 경산)에서 모반이 일어나자 이를 평정하고 파사이사금의 손자인 박아도를 갈문왕으로 삼았다.

8대 아달라이사금(154~184, 박씨)

일성이사금의 아들이다. 계립령(문경새재)과 죽령(풍기)까지 세력을 뻗쳤고 군사와 기병을 활용하여 백제를 공격하여 영토를 넓혔다. 아찬 길선의 반란이 있었으나 이를 평정하였는데 반란에 실패한 길선은 백제로 망명하였다. 신라가 백제에 길선의 환송을 요청하였는데 백제가 거절하자 백제를 침략하였다. 백제의 반격으로 변경의 2개 성이 함락되었고 1천여 주민들이 백제에 끌려갔다. 이에 아달라이사금이 친히 군사를 몰고 백제에 쳐들어가자 백제가 주민들을 돌려보내고 화친을 요구해 왔다. 왜와는 우호관계를 유지하였다. 폭우, 가뭄, 메뚜기떼의 출현, 전염병 등 자연재해도 심하였다.

❀ 연오랑 세오녀 설화

동해 바닷가에 연오랑과 세오녀 부부가 살고 있었다. 어느 날 연오가 바다에 나가 해초를 따고 있었는데, 갑자기 어떤 바위가 나타나 연오를 싣고 일본으로 가 버렸다. 그 모습을 본 일본 사람들이 연오를 특별한 사람으로 여겨 연오를 왕으로 세웠다. 남편이 돌아오지 않자 이를 이상하게 여긴 세오는 남편을 찾아 나섰다가 남편이 벗어놓은 신발을 발견하고 그 바위에 올라갔는데 그 바위도 역시 세오를 태우고 일본으로 갔다. 이를 본 사람들이 놀라서 왕에게 말하자 부부는 다시 만나게 되었고, 세오는 귀비가 되었다. 이때 신라에서는 해와 달이 빛을 잃어버렸다. 일관이 해와 달의 정기가 우리나라에 내려와 있었는데 지금 일본으로 가서 이렇게 괴이한 변고가 생긴 것이라고 하자 아달라이사금은 사신을 일본에 보내어 두 사람에게 돌아오라고 하였다. 연오는 이 나라에 도착한 것은 하늘이 시켜서 그렇게 된 것이니 돌아갈 수는 없고 그 대신 왕비가 짠 고운 명주 비단을 가지고 가서 하늘에 제사를 지내면 잘 해결될 수 있을 것이라 하였다. 사신은 돌아와 이를 아달라이사금에게 말하였다. 그의 말대로 하늘에 제사를 지내자 해와 달이 예전처럼 빛이 났다. 그 비단을 임금의 창고에 보관하고 국보로 삼았으며 그 창고의 이름을 귀비고라고 하였고 하늘에 제사 지낸 곳을 영일현 또는 도기야라고 하였다.

9대 벌휴이사금(184~196, 석씨)

탈해이사금의 손자로 아달라이사금이 후사 없이 죽자 그를 왕으로 추대하였다. 구도와 구수혜를 군주로 삼아 소문국(의성)을 치고 모산성(현 의성), 구양성(옥천), 원산향(예천), 부곡성(군위) 등지에서 백제와 공방전을 벌였다. 왜와는 우호관계가 지속되었다. 왜인 1천여 명이 기근을 피해 신라로 식량을 구하러 오기도 하였다. 농사철에는 토목사업을 벌이지 말도록 각주와 군에 명하는 등 민생도 챙겼다.

10대 내해이사금(196~230, 석씨)

벌휴이사금의 아들 태자 골정과 둘째 이매가 일찍 죽자 골정의 아들이 어려 이매의 아들인 내해, 즉, 벌휴이사금의 손자가 왕이 되었다. 이 시절에도 백제와의 싸움이 빈번하였다. 백제군이 요차성에 쳐들어오자 반격하여 백제의 사현성을 함락시켰고 또한 백제가 장산성(경산)에 쳐들어오자 친히 군사를 몰고 가서 격퇴하였다. 가야와는 친교하였다. 포상팔국이 가야를 침공했을 때 군사를 보내 구원해 주었고 가야는 왕자를 신라에 인질로 보내기도 하였다. 말갈과 왜인들도 침입하였다. 잇단 침략을 받자 친히 국방체제를 점검하였고 홍수가 난 지역에는 1년간 조세를 면제해 주는 등 민생도 보살폈다.

11대 조분이사금(230~247, 석씨)

벌휴이사금의 손자이자 골정의 아들로 내해이사금에게 아들 우로가 있었으나 내해이사금의 유언에 따라 왕위에 올랐다. 조분이사금도 영토확장에 힘써서 감문국(김천), 골벌국(영천)을 정복하여 영토에 편입시켰다. 금성과 변경에 침입한 왜를 물리쳤으며 고구려가 북변으로 쳐들어왔고 백제는 서쪽 변경을 침략하였다. 태풍, 메뚜기 떼의 출현, 지진 등 천재지변도 잦았다.

12대 첨해이사금(247~261, 석씨)

골정의 아들이자 조분이사금의 동생이다. 조분이사금에게는 유례 등 아들이 있었으나 첨해에게 왕위를 넘긴 이유는 알 수 없다. 고구려와 화의를 맺었고 백제와는 대립하였다. 백제가 사량벌국(상주)과 손잡고 봉산성(영주)을 침입하였으나 막아내고 석우로로 하여금 사량벌국을 멸망시켰다. 이후 백제가 사신을 보내 화친을 제의하였으나 거절하였으며 달벌성(대구)을 축조하였다. 이 시기에 사로(후의 신라)가 진한 지역의 대부분을 차지하였다.

13대 미추이사금(262~284, 김씨)

첨해이사금이 아들이 없이 갑자기 죽자 조분이사금의 외삼촌이자 사위였던 구도갈문왕의 아들인 미추를 추대하여 왕으로 옹립하였다. 김알지의 후손으로 김씨로는 처음으로 왕위를 이었다는 것으로 볼 때 김씨의 세력이 박씨와 석씨를 압도했을 것이라고 추측해볼 수 있다. 아버지 구도를 갈문왕으로 추봉하여 김씨의 위상을 높이고 남당을 통하여 왕권을 행사하였다. 백제가 봉산성(영주)과 괴곡성을 침략하였다. 가뭄이 들자 사신을 보내 살폈고 농사에 해로운 것은 없애고 신하들이 궁궐을 새로 짓자는 것도 거절하는 등 민생을 보살폈다. 왜와도 우호관계를 유지하였으나 왜는 석우로사건을 빌미로 금성까지 쳐들어오기도 하였다.

❀ 석우로 사건

석우로는 내해이사금의 아들로 장수였다. 내해이사금 시절 형 내음과 함께 포상팔국을 격퇴한 것을 시작으로 조분이사금 때에는 감문국과 사량벌국을 정복하고 동해안에 침입한 왜구들을 물리쳤으며,

마두책에서 고구려군의 침입을 막아내는 등 여러 전쟁에서 승리를 거두었다. 첨해이사금 시절 석우로가 왜국에서 온 사신을 접대하게 되었는데, 술자리가 무르익어갈 무렵에 석우로가 왜국 사신들에게 조만간에 너희 나라를 침공하여 너희 나라 왕을 붙잡아다 소금 굽는 노비를 만들고 왕비도 붙잡아다 밥 짓는 노비를 만들겠다는 농담을 하였다. 그 말을 들은 왜의 사신은 두려워서 양국회담을 취소하고 본국으로 돌아가 왕에게 이를 고하였다. 그러자 왜국 왕은 군사를 일으켜 신라를 침공하였고, 석우로는 자신이 한 말로 인하여 전쟁이 일어난 것을 후회하며 적진으로 가서 사정을 이야기하였다. 그러나 왜왕은 석우로를 장작더미 위에 올려놓고 불태워 죽였다. 그때 석우로에게는 아내 명원부인과 아들 흘해가 있었는데 석우로가 적진에서 화형을 당하였다는 소식을 들은 부인과 아들은 아버지의 원수를 갚겠노라고 벼르고 있었다. 미추이사금 때 왜국 사신이 신라를 방문하자 석우로의 아내 명원부인은 미추이사금에게 청하여 왜국 사신을 자신의 집에서 접대하였고 명원부인은 왜국 사신을 마당에 끌어내 장작더미 위에 올려놓고 불태워 죽여 부군의 원수를 갚았다.

14대 유례이사금(284~298, 석씨)

조분이사금의 아들이다. 백제가 사신을 보내 화친을 청해오자 이를 수락하였다. 왜병이 일례군, 사도성(영덕), 장봉성 등을 공격하자 백제와 연합하여 왜국을 치려 했으나 서불한 홍권이 백제와 같이 일을 도모하는 것은 위험하다고 만류하여 그만두었다. 사도성을 개축하고 사벌주(상주)의 호민 80

여 가를 옮겼으며 이서고국(청도)이 침입하자 이를 추격하여 멸망시켰다.

15대 기림이사금(298~310, 석씨)

조분이사금의 아들, 손자, 증손자라는 여러 설이 있다. 왜와 다시 외교관계를 수립하였으며 낙랑과 대방의 주민들이 신라로 투항해 왔으며 천재지변이 잦았다.

16대 흘해이사금(310~356, 석씨)

내해이사금의 손자로 기림이사금이 아들이 없이 죽자 석우로의 아들인 그를 신하들의 추대로 즉위시켰다. 왜왕이 사신을 보내 아들의 혼인을 청하여 오자 아찬 급리의 딸을 시집보냈다. 이후 왜가 다시 사신을 보내 청혼을 해왔고 흘해는 딸이 이미 출가하였다며 거절하자 왜왕은 국교단절을 통보해 왔다. 이어 왜병이 풍도와 변방 민가를 약탈하고 금성까지 포위하였으나 격퇴하였다. 이 시기에도 천재지변이 잦아서 민생을 많이 챙겼다.

17대 내물마립간(356~402, 김씨)

미추이사금의 조카로 흘해이사금이 후사 없이 죽자 왕위를 승계하였다. 왕의 호칭을 대군장을 뜻하는 **마립간**이라 하였으며 왕권을 대폭 강화하여 왕위를 **김씨세습제**로 바꾸었다. 고구려의 주선으로 전진과 외교관계를 수립하였다. 왜가 대규모로 침략하여 금성을 5일간 포위하기도 하였다. 백제와는 우호관계를 유지하였으나 백제의 독산성주가 300명을 이끌고 신라로 투항해 오면서 경색되었다. 백제의 근초고왕이 맹위를 떨치자 내물마립간은 고구려와 연결하였으며 백제가 왜와 연합하여 신라를 침범하자 고구려에 원군을 요청하였다. 이에 **광개토대왕**은 5만의 군사를 보내 이를 물리쳤다. 그러나 이로 인하여 신라는 고구려 보호국 수준으로 전락하였고 신라는 고구려에 이찬 대서지의 아들 실성을 고구려에 볼모로 보내야 했다. 천재지변도 잦아 전국에 관원을 파견하여 백성을 위문하였고 흉년이 든 하슬라(강릉)에는 세금을 1년간 면제해 주기도 하였다. 북쪽에서는 말갈의 침입을 효과적으로 막아내었다.

18대 실성마립간(402~407)

내물마립간이 죽은 뒤 태자 눌지가 어려서 고구려에 볼모로 갔었던 실성을 왕으로 추대하였다. 그는 미사품을 서불한(이벌찬)으로 삼아 군국의 일을 위임하였고 주변국들과 화해한다며 내물마립간의 왕자인 미사흔을 왜에, 또 다른 내물마립간의 왕자인 복호를 고구려에 인질로 보냈다. 그러나 왜는 명활성을 침입하였고 왕이 친히 나가 응징하였다. 왜의 근거지인 대마도를 정벌할 계획을 세웠으나 미사품의 반대로 실행하지는 못하였다. 평양주(양주)에 큰 다리를 건설하기도 하였다. 실성마립간은 내물마립간의 아들인 눌지가 덕망이 높아 왕권을 위협한다고 판단하여 고구려를 이용하여 제거하려 하였다. 그러나 오히려 고구려의 지원을 받은 눌지가 정변을 일으켜 실성마립간을 살해하였다.

19대 눌지마립간(417~458)

내물마립간의 아들로 정변에 고구려의 도움을 받았으나 고구려의 영향력을 배제하고자 하였다. 박제상의 활약으로 고구려에 볼모로 가 있던 복호를 탈출시켰다. 박제상은 또 왜에 가 있던 볼모 미사흔도 귀국시켰다. 고구려에 사신을 보내 외교관계를 유지하는 한편 남하정책에 대비하여 백제의 비유왕과 **나제동맹**을 체결하였다. 고구려가 백제를 침공하자 원군을 보내기도 하였다. 왜가 여러 차례에 걸쳐 신라를 침범하였으나 이를 막아내었다. 왜는 금성에 쳐들어와 10일간 성을 포위하고 공격하다가 식량부족으로 철수하였는데 이틈을 이용하여 왜병을 추격하다가 오히려 큰 피해를 입기도 하였다. 신라의 하슬라성주 삼직이 고구려의 변장을 살해하는 사건이 일어나자 이를 빌미로 고구려가 침범해 왔는데 외교적인 사과로 마무리하였다. 이러한 불안한 정세 속에서 국정의 안정을 위하여 **장자상속제**를 시행하였다. 태풍, 서리, 홍수, 지진 등 자연재해도 잦았다. 저수지인 시제를 축조하여 농업생산성을 높였고 백성에게는 우차의 사용법을 가르쳐 화물유통을 쉽게 하였다. 삼국사기와 삼국유사에서 공히 이 시기에 고구려 승려 **아도(묵호자)**가 신라에 건너와 불교를 전해주었다고 한다.

✤ 박제상과 망부석

박제상은 박혁거세의 후손으로 눌지마립간으로부터 고구려와 왜에 볼모로 가 있는 형제 복호와 미사흔을 구해오라는 명령을 받았다. 박제상은 먼저 고구려로 가서 복호를 고구려에서 데리고 왔다. 복호의 탈출을 알고 장수왕이 군사들을 시켜 쫓게 했으나 복호가 고구려에 있을 때 많은 은혜를 베풀었기 때문에 군사들이 화살촉을 빼고 활을 쏘았다고 한다. 그는 이어 왜로 가서 신라를 배반하고 도망쳐 왔다고 왜왕을 속인 후 미사흔을 신라로 도망치게 하였는데 미사흔을 안전하게 도망치게 하기 위하여 미사흔으로 위장하여 시간을 벌었다. 박제상은 왜왕에 의하여 목도로 유배되었다가 불에 태워 죽임을 당하였다. 박제상의 부인은 남편이 돌아오길 기다리며 고개에서 왜국 쪽을 바라보며 통곡하다가 죽어 망부석이 되었다고 하며 그 고개를 치술령(경주와 울산의 경계)이라 불렀다. 삼국사기에는 박제상으로, 삼국유사에는 김제상으로 기록되어 있다.

20대 자비마립간(458~479)

눌지마립간의 장자로 왜와 고구려의 잦은 침략에 시달렸다. 고구려 장수왕이 백제를 침략하였을 때 개로왕의 요청을 받아들여 구원병을 파견하기도 하였다. 고구려가 말갈과 연합하여 신라 실직성(삼척)을 침략하는 등 신라 북변을 침략하였으며 고구려의 압력이 심해지자 니하, 삼년산성, 모로

성, 일모성, 사시성, 광석성, 답달성, 구례성, 좌라성 등 많은 산성을 구축하였다. 왜도 수시로 침입하였지만 이를 격퇴하였는데 특히 삽랑성(양산)에 침입해 온 왜를 크게 무찔렀다. 왜의 침입을 막기 위해 연해지방 두 곳에 성을 쌓았고 전함을 수리하여 대응태세를 갖췄다. 산사태, 메뚜기 떼의 출현, 홍수, 전염병, 지진 등 천재지변이 잦았다.

21대 소지마립간(479~500)

자비마립간의 아들이다. 고구려와 왜의 잦은 침략은 여전하였고 말갈도 북변을 침략하였다. 사방에 우역을 설치하고 중앙도로인 관도를 수리하였다. 왕경인 경주에 처음으로 시장인 시사를 열었다. 고구려의 신라 침범은 계속되었는데 백제, 가야 등과 연합하여 이하 전투, 모산성(진천) 전투에서 고구려군을 격파하였다. 백제 동성왕의 결혼동맹을 받아들여 이찬 비지의 딸을 동성왕에게 시집 보냈다. 고구려가 지속적으로 남하정책을 이어가자 백제 침공 시 신라가, 신라 침공 시 백제가 각각 구원병을 파견하였으며 삼년산성(보은)을 증축하여 고구려 침입에 대비하였다. 구벌성, 굴산성, 도나성, 비라성도 신축 또는 수리하였다. 왜인의 침략을 막고자 임해진, 장령진을 설치하였다. 가뭄이 들자 창고를 열어 백성들을 구휼하였고 자신의 음식을 줄이게 하는 등 민생도 보살폈다.

✿ 사금갑 이야기

소지마립간이 천천정에 갔을 때 쥐가 나타나서 옆에 있는 까마귀가 가는 곳을 잘 살펴보라고 하였다. 소지마립간이 이 말을 듣고 신하에게 명령하여 까마귀를 뒤쫓게 하였는데 신하가 남쪽 피촌(남산동 양피사)에 이르러 두 돼지가 싸우는 것을 한참 보고 있다가 까마귀가 가는 곳을 잃어버렸다. 이때 한 노인이 못 속에서 나와 편지를 주었는데 봉투에 이렇게 씌어 있었다. '이것을 뜯어보면 두 사람이 죽을 것이요, 뜯어보지 않으면 한 사람이 죽을 것이다.' 신하가 소지마립간에게 편지를 전달하자 소지마립간은 두 사람이 죽는 것보다 한 사람만 죽는 것이 낫다고 하여 편지를 뜯지 않으려 하자 이때 한 신하가 나서서 '두 사람이란 백성이며 한 사람은 임금이다.'라고 하였다. 그 말을 들은 소지마립간이 봉투를 열어 보니 '금갑(거문고갑)을 쏘라'라고 적혀 있었다.

소지마립간이 궁에 들어가서 금갑을 보고 활을 쏘니 그곳에서는 내전에서 분향 수도하던 중이 궁녀와 몰래 간통하고 있었다. 두 사람은 사형을 당했다.

22대 지증왕(500~514)

내물마립간의 증손으로 소지마립간이 후사 없이 죽자 즉위하였다. 순장을 금지시키고 **우경을 장려**하였다. 사라, 사로, 신라 등으로 불리던 **국호도 신라로** 확정하였고(기림이사금, 또는 법흥왕 때라는 이견도 있다) 왕의 호칭도 중국식인 **왕**으로 바꾸었다. 국토를 주, 군, 현으로 분류하는 **주군제도를** 실시하였는데 실직주(삼척)를 설치하고 이사부를 최초의 군주로 파견하였다. 동북 방면에 파리성, 미실성, 진덕성, 골화성 등 12개 성을 축조하였고 이사부로 하여금 **우산국(울릉도)을** 복속시켰다. 또한 상복에 관한 **상복법**(喪服法)을 제정하고 수도에 시장인 **동시를 설치**하였으며 선박의 이익을 권장하기도 하였다. 고구려와 왜의 침략 기록은 없으며 백제가 신라의 침입에 대비하여 목책을 세웠다는 기록이 있어 나제동맹에 금이 간 것으로 보인다.

삼국유사에 따르면 지증왕의 음경이 1척 5촌(약 45cm)이나 되어 배필을 구하기 힘들었는데 모량부에서 북만한 크기의 인변을 두고 개 두 마리가 다투고 있어 변의 임자를 찾으니 모량부 상공의 딸로 키가 7척 5촌(230cm)이나 되었다. 왕이 이를 듣고 수레를 보내 왕궁으로 데려와 왕비로 삼았다고 한다.

23대 법흥왕(514~540)

지증왕의 장남으로 지증왕의 개혁정치를 계승하였다. **병부**를 설치하여 기존에 군사를 관리하는 장군 등의 직책을 중앙관부로 흡수하였다. 또한 **율령을 반포**하고 **백관의 공복을 제정**하였다. 현재 수상에 해당하는 **상대등을 설치**하여 왕권을 강화하였는데 이찬 철부가 최초로 상대등에 임명되었다. 백제의 진출에 반발한 대가야가 사신을 보내 결혼을 요청하였는데 왕이 이를 수락하여 이찬 비조부의 누이동생을 시집보냈다. 남쪽 금관가야의 **금관국주** 김구해가 세 아들과 함께 신라에 항복해 왔다. 왕권강화와 영토확장에 따라 법흥왕은 독자적 연호인 **건원**을 사용하였다. 또 남조의 양나라에 사신을 파견했는데 이때 신라에 사신으로 온 원표가 왕실에 불교를 전하였다. 사실 신라에 불교가 들어온 것은 눌지마립간 시절 고구려 승려 아도가 신라에 들어와 민간에 불교를 전파하였는데 처음에는 사교로 비난받았으나 중국과 외교적 교섭이 열리면서 왕실에도 알려지게 되었다. 법흥왕이 불교를 크게 일으키려 했으나 귀족들이 반대하였고 불교도였던 이차돈의 순교 이후 **불교가 공인**되었다. 법흥왕은 말년에 승려가 되어 불교와 함께했다.

❀ 이차돈의 순교

이차돈은 어려서부터 불교를 신봉하였으나 신라의 국법에서 이를 공인하지 못함을 아쉬워하였다. 법흥왕이 불교 공인을 원하지만 귀족들의 반대로 하지 못한다는 것을 알고는 법흥왕을 찾아가 불교 공인을 위해서 한목숨 바칠 수 있다고 하면서 둘이 밀약하였는데 밀약에 따라 이차돈은 천경림에 절을 짓기 시작하였다. 왕명에 의하여 불사한다는 소문이 퍼지자 법흥왕은 이차돈이 단독으로 한 것이라 하며 이차돈을 불렀다. 이차돈은 불사는 부처님이 시킨 것이고 이렇게 하면 나라가 평온해질 수 있는데 국령을 어긴 것이 죄가 되느냐며 반문하였다. 신하들의 반대가 커지자 법흥왕은 약속대로 이차돈의 목을 치라고 하였다. 죽기 전에 이차돈은 부처님이 신령하다면 내가 죽은 뒤 이적이 일어날 것이라 하였다. 이차돈의 목을 베자 머리는 금강산 꼭대기에 떨어졌고 잘린 목에서는 흰 젖이 수십 장이나 솟아올랐으며 갑자기 하늘이 캄캄해지고 하늘에서는 아름다운 꽃이 떨어지면서 땅이 크게 진동하였다. 이에 놀란 왕과 대신들이 불교를 공인하였다고 한다.

24대 진흥왕(540~576)

법흥왕의 사위이자 조카인 진흥왕은 나이가 어려 12년간 왕태후 김씨의 섭정을 받았으나 연호를 **개국**으로 바꾸고 친정을 하면서부터 대외정복사업을 시작하였다. 백제 성왕의 딸을 소비로 맞기도 하였다. 초기 백제와 연합하여 고구려에 대항하였는데 고구려가 백제의 독산성을 공격하자 백제의 요청으로 원군을 파견하였다. 고구려가 백제와 공방전을 벌이는 틈을 타 이사부로 하여금 도살성(천안)과 금현성(전의)의 두 성을 빼앗게 하였다. 이를 발판으로 백제 성왕의 요청에 따라 백제와 연합하여 한강지역을 고구려로부터 탈환하기로 하여 거칠부 등 8명의 장군을 시켜 한강 상류 10여 개 군을 고구려로부터 빼앗았다. 백제는 한강 이남 지역 6군을 고구려로부터 빼앗았는데 신라는 한강지역의 필요성을 절감하고 백제를 기습 공격하여 한강유역 전부를 차지하였다. 이 지역에 신주를 설치하고 아찬 김무력을 군주로 임명하여 다스리게 하였다. 백제의 성왕은 한강유역을 되찾기 위해 대가야와 연합하여 신라를 공격하였으나 **관산성(옥천)** 전투에서 김무력에게 붙잡혀 죽임을 당하고 백제군은 거의 전멸되었다. 신라가 한강유역을 차지하면서 황해를 통하여 남조의 진, 북조의 북제 등과 교류하게 되었다. 백제와 연합하였던 **대가야도** 힘을 잃고 **이사부에 의하여 정복**되면서 가야연맹은 모두 신라에 흡수되었다. 신라는 대야주(합천)를 설치하여 가야지역을 통치하는 한편 백제에 대한 방어기지로 삼았다. 동북 방면으로 진출하여 비열홀주(함경남도 안변)를 설치하고 사찬 성종을 군주로 삼아 신라 역사상 최대의 영토를 확보하였다. 이는 4대 진흥왕순수비(황초령비, 마운령비, 북한산비, 창녕비)와 단양의 적성비가 말해주고 있다. 또한 거칠부로 하여금 역사서인 '국사'를 편찬케 하였다. 불교도 보호하여 흥륜사를 건립하였고 월성 동쪽에 왕궁을 짓다가 황룡이 나타나자 사찰로 바꾸어 신라 최대의 사찰인 **황룡사**를 지었고 7일간의 팔관연회를 열어 정복사업 중 희생된 호국영혼을 위로하였다. 진흥왕의 이러한 왕성한 정복사업을 수행할 수 있었던 것은 원화제도를 폐지하고 **화랑도**로 바꿔 제도권 내로 끌어들였던 것이 큰 요인이었던 것으로 보인다. 진흥왕은 말년에 불교에 심취하여 머리를 깎고 법운이라는 이름으로 승려 생활을 하다가 죽었다.

❀ 화랑도의 유래

화랑도는 원화제도에서 유래한다. 원화 아래 많은 젊은이들을 모이게 하고 품행과 인성을 보고 관리로 채용코자 하였다. 원화로 남모와 준정의 두 미녀를 뽑았고 두 미녀를 중심으로 수백 명의 무리가 모였다. 준정이 남모를 시기하여 남모를 자신의 집으로 유인하여 술을 권해 취하게 한 후 강물에 던져 죽였다. 이 일로 인하여 준정까지 사형에 처해지자 원화 아래 모였던 무리들은 자연스럽게 해산하였다. 이후 국가에서 귀족 출신의 잘 생기고 품행이 곧은 남자를 뽑아 단장하여 이들을 화랑이라 하고 수하에 무리를 뽑자 많은 젊은이들이 몰려들었다. 이것이 화랑의 시초라고 알려져 있다. 신라의 공식기관으로 흡수된 화랑제도의 정착을 위하여 화랑을 지도하는 스승인 풍월주와 화랑을 보좌하는 낭도를 두었으며 특히 법사 원광은 화랑도들이 새겨야 할 세속 5계를 지어 지키게 하였다.

❀ 세속오계

사군이충(事君以忠), 사친이효(事親以孝), 교우이신(交友以信), 임전무퇴(臨戰無退), 살생유택(殺生有擇)

25대 진지왕(576~579)

진흥왕의 태자 동륜이 일찍 죽으면서 둘째가 즉위하였으니 이가 진지왕이다. 진지왕은 거칠부를 상대등으로 임명하여 국정을 맡기고 정란황음에 빠졌는데 화백회의에서 폐위를 결정하여 쫓겨났다(왕의 신분으로 사망했다고도 한다). 이찬 세종이 침입한 백제군을 일선군(구미)에서 격파하였고 내리서성을 축조하여 백제의 침략에 대비하였다.

26대 진평왕(579~632)

진흥왕의 손자이자 동륜태자의 아들로 진지왕이 폐위되고 바로 즉위하였다. 이찬 노리부를 상대등으로, 지증왕의 후손인 이찬 후직을 병부령으로 삼았는데 이 두 사람의 큰 조력을 받았다. 위화부(인사 담당), 선부서(선박 담당), 조부(공부 담당), 승부(거승 담당), 예부(문교와 의례 담당), 영객부령(외국 사신 영접 담당)를 설치하였으며 **건복**을 연호로 사용하였다. 중국을 통일한 수와도 외교관계를 수립하였고 지명, 원광, 담육등의 승려들의 활동도 왕성하여 불교 진흥에도 힘썼다. 한편 정복사업의 여파로 고구려, 백제와의 관계는 악화되어 수시로 그들의 침략을 받았다. 백제가 아막성(전북 운봉)으로, 고구려가 북한산성으로 공격해 왔다. 이들의 침입을 방어하면서 수의 도움을 받고자 원광으로 하여금 **'걸사표'**를 지어 수로 보냈고 다음 해 수양제가 고구려를 침략하였다. 이후에도 백제는 신라의 가잠성을 함락시켰을 뿐만 아니라 모산성(전북 운봉)을 침략하였고 이어 속함성(함양) 등 5개성을 공격하여 함락시켰다. 수에 이어 등장한 당과도 사신을 파견하여 돈독한 외교관계를 유지하였다. 신라는 고구려의 침입으로 당나라와의 외교관계가 막혔음을 호소하자 당이 신라와 고구려가 화합하라는 중재에 따라 고구려의 침입이 잠시 중단되기도 하였다. 가잠성을 포위한 백제를 격파하고 김용춘, 김서현과 그의 아들 김유신 등을 보내 고구려의 낭비성(청주)을 공격하여 항복을 받기도 하였다. 이찬 친숙과 아찬 석품을 모반 혐의로 처형하였다.

27대 선덕여왕(632~647)

진평왕의 장녀로 진평왕이 아들 없이 죽었는데 진평왕의 가계에 남자 혈족이 없자 화백회의에서 그녀를 왕으로 옹립하였다. 대신 을제에게 국정을 맡겨 백성을 구휼하였으며 **분황사와 영묘사**를 건립하였다. 연호로 **인평**을 사용하였으며 백제와 고구려는 진흥왕 시절에 빼앗긴 영토를 찾고자 신라를 지속적으로 침략해 왔는데 백제가 독산성으로, 고구려가 칠중성으로 공격해 왔으나 알천이 이를 물리쳤다. 매년 당에 사신을 보내는 등 우호관계를 맺어 당태종이 고구려를 침략하자 군사 3만을 지원하였는데 백제가 이 틈을 타서 신라의 7개 성을 점령하였다. 이어 백제 의자왕에게 40여 개의 성을 빼앗겼으며 당항성(화성)도 고구려, 백제의 침략을 받았다. 백제 윤충의 침략으로 대야성(합천)이 함락되고 김춘추의 사위인 성주 김품석과 고타소가 살해되었다. 이에 선덕여왕은 김유신을 압량주(경산) 군주로 임명하여 백제를 방어케 하고 당에 원군을 요청하였다. 또 당에 유학 중이던 승려 자장을 불러 자문을 받았다. 지금은 사라진 **황룡사 9층목탑**은 외부의 침략을 불심으로 막고자 한 자장의 건의에 의하여 건립되었다. 첨성대가 세워진 시기도 이때이다. 신라의 구원 요청을 받은 당 태종은 신라에 여왕이 통치하기 때문에 권위가 없어 고구려, 백제의 침략이 계속된다고 지적하였고 고구려에도 사신을 파견하여 침입을 멈출 것을 종용했으나 연개소문이 이를 거부하였다. 이런 당 태종의 지적은 신라에 큰 파란을 불러와 상대등 비담과 염종 등 진골 귀족들이 여왕이 정치를 못 한다며 난을 일으켰으나 김춘추와 김유신 등에 의하여 진압되었다.

28대 진덕여왕(647~654)

선덕여왕의 사촌동생으로 선덕여왕의 유언에 따라 즉위하였다. 반란을 일으켰던 비담 등 30여 명을 처형하고 알천을 상대등에 임명하였다. 당과의 우호적인 외교관계는 지속되었고 고구려와 백제는 지속적으로 신라를 침공하였다. 압독주 군주이던 김유신에게 백제의 침입을 막게 하는 한편 김춘추를 당에 보내어 청병외교와 숙위외교를 청하였다. 김춘추는 신라 문제에 소극적이던 당태종의 군사적 지원을 허락받은 후 신라로 돌아왔다. 김춘추의 건의를 받아들여 당의 정치제도와 문화를 모방하는 한화정책을 실시하여 당의 연호를 사용하고 당의 관제를 도입하였다. 국왕 직속의 집사부를 설치하고 중시를 수장으로 하여 기밀 사무를 담당하게 하였다. 또한 율령체제를 운영하는 좌이방부도 설치하였다.

29대 태종무열왕(654~661)

진덕여왕 사후 알천을 왕위계승자로 지목했으나 알천이 늙고 덕행이 부족하다며 사양하면서 진지왕의 손자인 김춘추를 천거함으로써 성골이 아닌 **진골**로서 처음으로 왕위에 올랐다(통상 성골은 부모 공히 왕족인 경우이고 부모 중 한쪽만 왕족인 경우를 진골이라 하는데 명확한 구분은 확실하지 않다). 김유신의 누이 문희(문명부인)와 결혼한 김춘추는 김유신과 가까운 사이였다. 김유신은 출세를 위해서 김춘추가 필요하였으며 김춘추는 자신의 기반을 구축하기 위해서 가야왕족이지만 용맹한 장군인 김유신이 필요하였기에 서로가 '윈-윈'이었던 것이다. 선덕여왕 시절 백제의 침공으로 김춘추의 사위였던 대야성주 김품석과 딸 고타소의 사망이 김춘추로 하여금 대외외교를 추진하는 기폭제가 되었다. 사위와 딸의 원수를 갚고자 고구려에 원병을 청하러 갔으나 연개소문이 진흥왕 때 차지한 한강지역의 반환을 요구하면서 결렬되었고 오히려 고구려에 억류되었다. 김춘추는 고구려 왕의 총신인 선도혜에게 청포 300보를 뇌물로 주고 겨우 탈출하여 돌아와 김유신과 함께 비담의 난을 제압하였다. 김춘추는 다시 당으로 가서 백제 공격을 위한 군사 지원을 약속받았다.

즉위 후 둘째 아들 김인문을 군주에, 셋째 아들 문왕을 집사부 중시에, 김유신을 상대등에 임명하여 친정을 강화하였다. 고구려가 백제, 말갈과 연합하여 신라의 33개 성을 취하자 당에 구원을 요청하였고 당은 정명진과 소정방으로 하여금 고구려를 공격하게 하였다. 또한 백제가 독자적으로 신라 변경을 침범하자 또다시 당에 구원 요청을 하였고 당이 대군을 파병하자 태종무열왕의 태자 법민(문무왕) 등이 5만의 군사를 이끌고 합세하였다. 또한 김유신은 황산벌에서 계백이 이끄는 백제군을 격파하고 사비성을 함락시켰다. 이어서 660년 웅진성으로 피난 갔던 의자왕의 항복을 받음으로써 백제는 역사에서 사라졌다. 당은 사비성 함락 후 유인원과 김인태를 7천의 군사들과 함께 남겨 머물게 하였다. 태종무열왕은 정복되지 않은 백제 성주들에게서도 항복을 받아내었다. 백제를 정벌하는 동안 고구려가 신라의 칠중성(경기도 적성)을 공격해 왔다. 또한 고구려 장군 뇌음신이 말갈과 함께 술천성(경기도 여주)을 공격하였고 북한산성도 공격해 왔다. 백제의 옛 영토의 관리에 신경을 많이 썼다.

🏵 태종무열왕과 문희

훗날 태종무열왕이 되는 김춘추는 진골 출신의 귀족이었고 김유신은 몰락한 가야의 왕족이었다. 김유신에게는 두 명의 누이가 있었는데 첫째가 보희, 둘째가 문희였다. 신분의 상승을 노리던 김유신은 김춘추와 공차기 놀이를 하다가 일부러 김춘추의 옷고름을 밟아 찢었다. 김유신은 김춘추에게 자기 집에 가서 옷 수선을 하자고 하여 김춘추와 함께 집으로 갔다. 김유신은 첫째 보희에게 김춘추의 옷고름을 고치라고 하였는데 보희가 부끄러워하며 나오지 않자 둘째 문희를 불렀다. 문희는 서슴없이 나와 옷고름을 고쳤고 이후 이들은 사랑하게 되었다. 이 일이 있기 전 보희는 남산에서 소변을 보았는데 그 소변에 서라벌이 잠기는 꿈을 꾸었다. 보희가 문희에게 꿈 이야기를 하자 문희가 보희에게 비단을 주고 꿈을 샀다. 문희는 김춘추의 아이를 잉태하였지만 엄격한 골품제로 인하여 김춘추는 문희와 결혼할 수가 없었다. 어느 날 선덕여왕과 김춘추가 궁 밖으로 나오는 것을 보고 김유신은 자신의 집에 불을 질렀다. 처녀의 몸으로 임신을 한 문희를 태워 죽이겠다며 난리를 피웠다. 선덕여왕이 자초지종을 묻자 김춘추가 사실을 고백하였고 결국 선덕여왕은 노하여 김춘추를 꾸짖고 결혼을 승낙하여 결국 김춘추와 문희는 결혼하였다. 문희가 낳은 아이가 바로 문무왕이다.

30대 문무왕(661~681)

태종무열왕의 태자인 법민은 선왕이 삼국통일을 미처 마치지 못하고 죽었기 때문에 재위 기간 동안 백제 부흥운동, 고구려와의 전쟁, 당나라와 전쟁의 연속이었다. 먼저 웅산성(대전 대덕)과 우술성에 잔재하던 백제 잔적을 소탕하고 웅현성을 축조하였으며 또한 거열성(거창), 거물성, 사평성, 덕안성의 백제 잔적을 정벌하였다. 복신과 도침은 백제 왕자 부여풍을 추대하여 주류성(충남 한산)에서 부흥운동을 전개하여 웅진성을 공격하기도 하였다. 김유신이 당에서 파견된 손인사의 구원병과 함께 주류성을 비롯한 여러 백제 부흥군을 격파하였고 지수신이 끝까지 항거하던 임존성(충남 대흥)마저 정복함으로써 백제 부흥운동은 막을 내리고 당의 지원을 받던 웅진도독 부여융과 화맹하였다. 또한 당의 소정방 등이 고구려를 공격하자 신라는 김유신, 김인문 등을 파견해 당의 고구려 침략에 호응하였다. 소정방은 평양성 공격이 연개소문의 항거로 실패하자 물러갔다. 문무왕은 다시 한림과 삼광을 당으로 보내 군사를 청하여 이세적이 이끄는 당과 합세하여 평양성을 공격하려 했으나 실행하지는 못하였다. 한편 고구려에서는 연개소문이 죽고 세 아들 간의 권력 쟁탈전이 벌어지자 연개소문의 동생 연정토가 12개 성과 함께 신라에 투항해 왔다. 전열을 가다듬은 당군이 신성(무순), 부여성 등을 차례로 함락시키고 평양성을 포위하자 신라도 김유신, 김인문, 김흠순이 이끄는 신라군을 보내 당군과 연합하여 평양성을 공격하였고 결국 668년 보장왕의 항복을 받아 고구려도 멸망하였다. 당은 고구려 지배를 위하여 평양에 안동도호부를 설치하였으나 고구려 유민들의 항거로 제대로 운영되지 않았다. 고구려 부흥운동으로 대형 검모잠이 보장왕의 서자인 안승을 받들어 부흥운동을 전개하였는데 안승이 검모잠을 죽이고 신라에 투항하자 문무왕은 안승을 금마저(익산)에 머무르게 하고 고구려왕에 봉하였다. 고구려 부흥운동도 점차 사그라져 가자 당은 한반도를 통째로 자신의 영토로 삼고자 옛 고구려 영토에 **안동도호부**를, 옛 백제의 영토에 **웅진도독부**를, 심지어 신라 영토에 **계림도독부**를 설치하는 등 계획을 드러내자 신라와 당은 대립할 수밖에 없었다. 신라는 당에 반기를 든 고구려와 백제의 유민들을 흡수하여 품일, 문충 등이 이끄는 군대로 하여금 63개의 성을 빼앗았으며 천존 등은 7성을, 군관 등은 12성을 함락시켰다. 또한 죽지 등이 가림성(부여)과 석성(부여) 등에서 당군을 크게 무찔렀다. 이에 당의 행군총과 설인귀가 신라를 나무라는 글을 보내오자 문무왕은 정당하다며 반박하였다. 신라는 사비성을 함락시키고 여기에 소부리주를 설치하여 아찬 진왕을 도독으로 임명하였다. 바다에서는 당의 운송선 70여 척을 공격하였다. 또한 옛 고구려 지역에서 신라와 당의 싸움이 치열하게 전개되었다. 당은 대군을 동원해 신라를 침략하였고 특히 대동강, 한강지역에서 전투가 치열하게 전개되었다. 당은 유인궤를 계림도대총관으로 삼고 김인문을 일방적으로 신라왕에 봉하였다. 설인귀는 당에 유학하고 있던 풍훈을 안내자로 삼아 신라를 침공하였으나 문훈이 이를 격파하였다. 이어 이근행이 20만 대군으로 침략해 왔는데 **매소성**(양주)에서 대패하면서 당의 육로 침략은 잦아들었다. 한편 해로로 남하하던 설인귀의 부대를 사찬 시득이 **기벌포**(충남 장항)에서 격파하면서 해상권마저 차지하였다. 이리하여 당은 안동도호부를 평양에서 요동성(요양)으로 옮기게 되었다. 백제의 속국이던 탐라국도 복속시켰다. 이로써 삼국 전체의 영토는 아니지만 대동강에서 원산만에 이르는 영토를 확보하여 **삼국통일**을 이룩하였다. 전쟁을 수행하면서 관부편제도 조금씩 변경하였는데 후일 신문왕대에 행정조직인 9주 5소경, 군사조직인 9서당 10정의 기초를 마련하였다. 북원소경(강릉), 금관소경(김해)을 설치하였고 주산성을 비롯하여 많은 성을 신축 또는 증축하였다. 의상으로 하여금 부석사(영주)를 창건시키고 사천왕사도 건립하였다. 문무왕은 사후에도 동해의 용이 되어 신라를 지키겠다는 그의 유언에 따라 감포 앞바다에 해중릉을 만들었으니 이것이 대왕암이다.

31대 신문왕(681~692)

문무왕의 장자로 삼국통일 후 민생안정과 왕권강화의 숙제를 받았다. 장인 김흠돌을 비롯한 파진찬 흥원, 대아찬 진공 등이 모반을 일으켰으나 평정되었다. 이 난을 평정하는 과정에서 상대등을 비롯한 귀족 세력을 과감하게 숙청함으로써 전제왕권의 기초를 닦았다. 또한 **국학을 설립**하여 인재교육과 양성을 추구하였고 불교에도 관심을 두어 봉성사와 망덕사를 준공하였으며 또한 부친 문무왕을 기리는 감은사를 창건하였다. 왕궁을 달구벌(대구)로 옮길 계획도 있었으나 뜻을 이루지 못하였다. 왕경의 편재로 인하여 서원소경(청주)과 남원소경(남원)을 설치하였고 진흥왕대에 설치된 국원소경을 중원소경(충주)으로 옮겨 문무왕 때 설치되었던 두 개의 소경(북원소경, 금관소경)을 합쳐 **5소경**을 완성하였다. 영토확장 과정에서 수시로 설치했던 주도 완산주(전주), 청주(진주)을 설치하면서 **9주제**를 완성하였다. 군사조직도 신라인을 중심으로 고구려인, 백제인, 보덕국인, 말갈인들을 두루 포섭하여 **9서당**을 완성하였다. 관제 정비와 관리에게 지급하던 녹읍을 폐지하고 세조를 지급하는 등 왕권을 강화하였다.

❀ 만파식적 설화

신문왕이 부친 문무왕을 위하여 감은사를 지었다. 해관이 동해안에 작은 산이 감은사를 향하여 온다고 하여 점을 쳐보니 해룡이 된 문무왕과 천신이 된 김유신이 수성의 보배를 주려고 하니 나가서 받으라는 점괘가 나왔다. 신문왕이 이견대에 가서 보니 바다에 산이 하나 나타났는데 부산은 거북 머리 같았고 그 위에 대나무가 있었다. 그 대나무가 낮에는 둘로 나뉘고 밤에는 합쳐졌는데 거세게 풍우가 몰아쳤다. 풍우가 일어난 지 9일이 지나 잠잠해지자 왕이 그 산에 들어가니 용이 나타나 말하길 그 대나무로 피리를 만들면 천하가 태평해질 것이라 하여 그것으로 피리를 만들어 보관하였다. 나라에 근심이 생길 때 이 피리를 불면 평온해진다 하여 만파식적이라 불렀다고 한다.

32대 효소왕(692~702)

신문왕의 장자로 6세에 즉위하였다. 대아찬 원선을 집사부 중시에 임명하여 국정 전반을 맡겼다. 고승 도증이 당에서 귀국하여 천문도를 바쳤는데 이것을 왕실 권위의 상징으로 이용하였다. 또한 의료교육기관인 **의학**을 설립하였고 경주에 **서시과 남시**를 두어 지증왕 때 설치된 동시와 함께 물화유통을 활발하게 하였다. 사사로이 이익을 탐한다 하여 영암군 태수 제일에게 곤장 1백 대와 유배형을 내리는 등 관리들의 기강에도 엄하였다. 일본국 사신을 접견하였고 당에는 사신을 파견해 우호적인 관계를 유지하였다. 이찬 경영의 반란이 일어났으나 곧 진압하였다. 재위 10년 만에 후사 없이 죽었다.

33대 성덕왕(702~737)

효소왕이 후사 없이 죽자 화백회의에서 효소왕의 동생인 성덕왕을 추대하였다. 성덕왕 시기는 선왕들이 닦아놓은 기반 위에서 통일신라의 태평성대를 구가했던 시기이다. 그는 소판 김원태의 딸과 혼인하였으나 외척세력의 정치적 영향력을 없앤다며 왕후를 궁에서 내보내야 했고 이어 태자가 사망하였다. 이후 이찬 김순원의 딸과 혼인하였으나 그녀가 4년 만에 죽자 이후 왕비 없이 고독한 삶을 살았다. 재위 기간 동안 수재와 전염병이 만연하였는데 이를 타개하기 위하여 노력하였고 백성들에게 사실상의 소유권을 인정해주는 **정전제**를 실시하였다. 그리고 지방 요충지에 성을 쌓아 외적의 침략에 대비하였다. 당과의 관계 개선을 위하여 2명의 미녀를 당현종에게 보내고 수시로 견당사를 파견하였으며 발해가 당나라 산둥반도의 등주를 공격하자 당의 요청을 받아 김유신의 손자인 김윤중에게 군사를 주어 파병하였는데 눈이 내려 군사 절반이 얼어 죽어 도중에 회군하였지만 이 사건으로 당은 신라에 패강(예성강) 이남 지역을 신라 영유권을 공식적으로 인정하였다. 일본에 대해서는 강경자세를 견지하였는데 일본은 204명으로 구성된 대규모 사절단을 신라에 파견하기도 하였으나 300여 척의 병선을 몰고 신라를 침략하기도 하였다. 당시 발해의 무왕이 영토를 확장해 가자 일본에 사신을 보내 외교관계를 수립하고 한산주 등 여러 성을 축조하였다. 유학적 예제의 정비와 불교도 숭상하였다. 김수충이 당에서 공자 이하 10철과 72제자의 도상을 가져오자 이를 국학에 안치하였고 전광대왕이라는 불교식 왕명도 가지고 있었는데 불교식 왕명을 가진 유일한 왕이다. 태종무열왕을 추복하고 국가의 안태를 기원할 목적으로 **봉덕사**를 건립하기도 하였다.

34대 효성왕(737~742)

성덕왕의 둘째 아들로 태자인 형 중경이 죽자 태자가 되었다가 즉위하였다. 당나라와는 친선외교를 유지하였다. 당나라 사신 형숙이 죽은 성덕왕의 조문사로 신라에 올 때 당 현종이 신라는 군자의 나라라고 했을 만큼 문화 수준이 높았다. 형숙은 효성왕에게 노자도덕경 등 서책을 바쳤다. 파진찬 영종의 딸이 효성왕의 후궁으로 들어가 총애를 받자 왕비가 시기하여 후궁을 모살하였다. 이에 영종이 왕비 세력을 처단하려는 영종의 모반사건이 있었으나 평정되었다. 이는 전제왕권이 약화되고 있었음을 보여주는 예라 하겠다. 이를 반영하듯이 시기에는 변고가 잦았다. 지진이 발생하고 유성이 출현하였다. 소부리군의 강물이 핏빛으로 변하는가 하면 여우가 월성에 나타나 울었고 붉은 옷을 입은 여인이 예교 밑에서 나와 조정을 비방하다가 홀연히 사라졌다고 한다.

35대 경덕왕(742~765)

효성왕은 아들이 없자 동생, 즉 성덕왕의 셋째 아들인 경덕왕을 태자로 책봉하였고 효성왕 사후 즉위하였다. 흔들리는 왕권을 강화하기 위하여 관청과 궁내 관리들의 풍기를 단속하는 **내사정전**을 설치하였고 행정체계와 주, 군, 현의 명칭을 대대적으로 정비하였다. 또한 왕궁도 새로 짓고 정비하였다. 김대성이 **불국사**를 짓기 시작한 것도 이때부터였다. 중시의 명칭을 **시중**으로 변경하고 국학에 제업박사와 조교를 두어 유학을 진흥시켰다. 또 정찰 1인을 두어 백관을 감찰하게 하는 등 중국식 체제를 모방하는 한화정책을 추진하였다. 이러한 왕의 정책은 상대등 김사인 등에 의하여 비판을 받았는데 김사인은 빈번한 천재지변을 들어 현실 정치의 모순을 지적하고 시중에 정치적 책임을 묻는 상소를 올렸다. 그러나 김사인의 상소는 받아들여지지 않았고 김사인은 병을 이유로 상대등에서 불러나고 왕의 측근인 이찬 신충이 임명되었다. 김사인의 비판을 받았던 시중 김기가 한화정책을 적극적으로 추진하였고 지방 9개 주와 군현, 중앙관제를 모두 중국식으로 바꾸었으나 혜공왕 때에 원점으로 돌아갔다. 경덕왕의 왕권강화를 위한 노력은 전제왕권을 정착시킨 성덕왕을 기린다며 **성덕대왕신종**을 조성하기 시작한 데서도 나타난다. 당과는 우의가 유지되어 거의 매년 사신을 파견하였고 일본과는 교류를 하지 않았다. 일본에서 사신이 두 차례나 왔으나 무례하다 하여 접견하지도 않고 돌려보냈다. 관리들의 월봉을 혁파하고 녹읍을 부활시키는 등 귀족세력의 힘이 커져 경덕왕 말기 왕의 측근이던 상대등 신충과 시중 김옹이 면직되었다. 이후 4개월의 공백기를 거쳐 만종과 양상이 상대등과 시중에 임명되었다. 전제왕권에 대한 귀족들의 도전이 커지는 시기였다.

삼국유사에 따르면 경덕왕의 음경이 8촌(24cm)이나 되었으나 아들이 없었다. 고승 표훈대사의 도력으로 혜공왕을 낳았는데 딸로 태어나야 할 혜공왕이 표훈대사의 도력으로 아들로 바뀌었다. 딸을 아들로 바꾸는 것은 나라를 위태롭게 할 것이라는 하늘 상제의 경고가 있었는데 혜공왕은 여자의 놀이만 즐겨 나라가 쇠퇴하였다고 한다.

🌸 성덕대왕신종(에밀레종) 이야기

성덕대왕신종은 경덕왕이 선왕 성덕왕을 기리기 위해 만든 종이다. 봉덕사에 있었기 때문에 봉덕사종 또는 에밀레종이라 불리기도 한다. 에밀레종이라 불리게 된 이야기 속으로 들어가 보자.

종을 만들기 위해 스님이 각호마다 방문하여 시주를 받았는데 어느 날 한 집에 갔더니 여인이 시주를 할 것이 없고 가진 것이라곤 아이 하나뿐인데 어떡하느냐고 하였다. 스님은 우스갯소리라 생각하여 그냥 돌아왔다. 시주받은 것을 바탕으로 종을 만들었는데 소리가 나지 않았다. 스님의 꿈에 보살이 나타나 왜 그 여인의 시주를 받지 않았느냐며 꾸짖었다. 스님은 그 집에 다시 찾아가 아이를 데리고 나왔다. 아이의 어머니가 완강하게 거부하였지만 그 아이를 데려다가 종을 만들 쇳물에 넣었다. 그렇게 종이 만들어지자 종이 소리를 내었다. 그 소리가 엄마를 부르는 아이의 울음소리 '에밀레'라는 소리를 낸다고 하여 에밀레종이라 불렀다고 한다.

36대 혜공왕(765~780)

경덕왕의 아들로 8세 때 즉위하자 모후인 왕태후가 섭정하였다. 태종무열왕계의 마지막 왕이다. 이 시기는 전제왕권에 눌려 있던 귀족들의 **왕위쟁탈전**이 본격적으로 시작되어 크고 작은 정치적 반란 사건이 끊이지 않았다. 먼저 일길찬 대공과 동생 아찬 대렴이 반란을 일으켰으나 김은거 등에게 진압되었고 이어 대아찬 김융이 난을 일으켰다. 김양상은 시중에 있었으나 대공의 난에 연루되어 시중에서 물러나고 김은거가 시중에 올랐다. 김융의 반란 이후 김은거가 물러나고 정문이 시중에 올랐고 김양상은 상대등에 임명되었다. 물러난 김은거가 난을 일으켰고 이어 이찬 염상과 시중 정문이 난을 일으켰다. 이 두 난은 세력이 비대해진 김양상에 반대하고 왕권을 지지하는 난이었으나 평정됨으로써 김양상의 입지는 더욱 공고해졌다. 혜공왕의 왕권은 약해졌고 당나라와의 연결을 통한 돌파를 모색하였으나 김양상의 상소에 의해 비판을 받았다. 김양상의 경고는 친혜공왕파를 자극하여 김양상 일파를 제거하려는 이찬 김지정의 반란을 야기시켰다. 그러나 오히려 김양상과 이찬 김경신에 의하여 진압되었고 이 와중에 혜공왕과 왕비는 살해되었다. 이로써 무열왕계의 왕위계승은 끝이 나고 내물왕계가 승계하였다.

37대 선덕왕(780~785)

혜공왕 시해의 주모자 김양상이 내물왕의 10대손으로 혜공왕을 죽이고 왕위에 올랐다. 즉위 0순위인 태종무열왕계의 김주원이 있었으나 반대파들의 반발을 억제하고자 했던 김경신의 조언에 따라 선덕왕이 즉위하였다. 대동강 이남의 영토수호와 발해의 팽창을 견제하여 직접 한산주를 돌아보고 패강진(예성강과 대동강 사이)으로 주민들을 이주시키고 대규모로 군대를 사열하기도 하였다. 선덕왕은 양위하고자 했으나 신하들의 반대로 뜻을 이루지 못했고 병석에서도 양위를 바랐다고 한다.

38대 원성왕(785~798)

선덕왕이 자식이 없이 죽자 차기 왕위 후보로 김경신과 김주원이 물망에 올랐다. 태종무열왕의 6대손인 김주원이 서열이 높아 선덕왕이 죽은 뒤 왕으로 추대되었으나 크게 내린 비로 알천이 범람하여 김주원이 왕궁에 가지 못하게 되자 김경신을 왕으로 세웠다고 전한다. 이는 이후 헌덕왕 때 일어난 김주원의 아들 김헌창의 난 원인으로 작용하였다. 도독으로 바꾸었고 국학에 **독서삼품과를 설치**하여 국학에 변혁을 가하였으며 기근이 발생하자 구휼미를 푸는 등 민생안정에도 노력을 기울였고 벽골제도 증축하였다. 원성왕은 태자, 및 극히 좁은 근친 왕족들로 요직을 독차지하여 원성왕계가 지속적으로 왕위를 계승할 체계를 갖췄다. 대사 무오가 병법 15권과 화령도 2권을 바쳤고 왕 자신도 신공사뇌가를 지었다(내용은 전하지 않는다). 제공의 반란이 있었으나 제압되었다. 불교에도 관심이 많아 봉은사를 창건하고 망덕루를 세웠다. 당과의 우호관계도 지속하였는데 미녀 김정란을 당에 보냈고 발해와도 친교하고자 백어를 사신으로 보냈다. 기록상 백어가 신라에서 발해로 보낸 최초의 사신이었다.

◈ 묘정설화

원성왕이 승려 지해를 궁중으로 불러 화엄경을 강의하게 할 때 당시 사미였던 묘정은 금광정가에서 바루를 씻는 일(설거지)을 하였다. 자라 한 마리가 우물 위로 올라왔다가 가라앉는 것을 보고는 매번 먹다 남은 밥을 주었다. 법화가 끝나는 날 묘정이 자라에게 '내가 너에게 은덕을 베푼 지 오래됐는데 너는 내게 무엇을 줄 것이냐?'라고 묻자 자라는 구슬 한 개를 토해내었다. 묘정은 그 구슬을 허리에 차고 다녔는데 우연히 묘정을 본 원성왕은 그를 내전에 불러 옆을 떠나지 못하게 하였다. 사신을 따라 당나라에 갔을 때에도 황제에서 신하까지 그를 존경하고 좋아하였다. 한 관상가가 황제에게 이르기를 '저 사미가 다복한 상이 아님에도 신뢰와 존경을 받는 것을 보면 필히 기이한 물건을 지녔음이 틀림없다.'라고 하자 황제가 묘정의 몸을 수색하여 구슬을 찾아냈다. 황제는 본디 4개의 여의주를 갖고 있었다가 1개를 잃어버린 일이 있었는데 그 하나를 묘정이 갖고 있었다면서 구슬을 빼앗고 신라로 돌려보냈다. 이후 아무도 묘정에 사랑과 신뢰를 보내지 않았다고 한다.

39대 소성왕(799~800)

원성왕의 장손으로 원성왕의 아들들이 일찍 죽음에 따라 왕위에 올랐다. 재위 2년째에 죽었으며 특별한 기록은 없다.

40대 애장왕(800~809)

소성왕의 장남으로 13세에 즉위하였는데 숙부인 김언승의 섭정을 받았다. 공식 20여조를 반포했으며 12도에 사신을 파견해 군, 읍의 경계를 정하였다. 또한 순응, 이정에 의하여 가야산에 해인사가 세워졌는데 왕실에서 해인사를 관리하였다. 하지만 불교사원의 신축을 금하고 수리만 허락하였다. 금수로써 불사하는 것과 금은으로 기물을 만드는 것도 금지하였다. 이는 귀족세력이 막대한 토지나 재력과 함께 원당과 같은 절을 지어 재산을 관리하는 것을 견제하고자 하는 왕권강화책이었다. 애장왕 때의 개혁의 주체는 왕 자신이 아니라 당시 세력가이던 김언승과 김수종이었다. 이때에 대당 외교 외에 일본과도 국교를 맺고 균정을 대아찬에 임명하고 가왕자로 삼아 일본에 사신으로 보내기도 하였다. 이에 일본국 사신도 내조하였다. 애장왕은 김언승의 섭정에서 벗어나 친정체제를 구축하려 하였으나 김언승이 수종과 함께 난을 일으켜 그들에게 죽임을 당하였다. 천재지변도 잦아 맹추위가 와서 소나무와 대나무가 죽었고 음력 8월에 눈이 내리는가 하면 지진도 여러 차례 있었다.

41대 헌덕왕(809~826)

소성왕의 동생이자 애장왕의 숙부인 김언승이 애장왕을 죽이고 즉위하였다. 정변을 일으켜 집권한 헌덕왕에게는 많은 반대세력들이 있었고 그 결과 신라의 정국은 혼란스러웠다. 빈번한 기근은 혼란을 가중시켰는데 초적 무리들이 나타나기도 했다. 경제적 어려움과 사회혼란으로 많은 신라인들이 당으로 건너갔고 당에 숙위로 갔던 왕자 김장렴이 당에 건의하여 당에 건너온 신라인들을 노비로 삼지 말라는 조칙이 내려지기도 하였다. 또한 당에서 절도사 이사도의 반란이 일어나 신라에 원병을 요청하자 신라는 3만 명의 원병을 보내기도 하였다. 궁핍한 생활과 사회불안정은 각지에서 민란을 야기하였다. **김헌창의 난**도 바로 이 시기에 일어났다. 아버지 김주원이 왕위에 오르지 못하고 귀족배척 정책에 불만을 품어 난을 일으켰으나 실패로 끝나고 말았다.

✿ 김헌창의 난

김헌창의 부친인 김주원은 선덕왕이 죽자 왕위계승자로 낙점이 되었는데 마침 알천의 홍수로 궁궐로 가지 못하게 되자 조정에서는 하늘의 뜻이라 여겨 상대등 김경신(원성왕)을 왕으로 추대하였다. 그러자 김주원은 강릉으로 물러났으며 혜공왕 때 일어난 김지정의 난을 진압하는 데 공을 세운 아들 김헌창은 웅천주도독이 되었다. 아버지가 왕이 되지 못한 것에 불만이 있었던 김헌창은 웅천주를 중심으로 난을 일으켰다. 국호를 장안, 연호를 경운이라 하고 가는 곳마다 수령들이 항복하면서 승승장구하여 경상, 전라, 충청 일대까지 진출하였으나 결국 관군에 의해 진압되었고 김헌창은 자살하였다.

42대 흥덕왕(826~836)

헌덕왕이 아들이 없이 죽자 동생 김수종이 왕위를 계승했는데 이가 흥덕왕이다. 흥덕왕은 즉위년에 왕비가 죽었지만 재혼하지 않았다. 복색, 거기, 기용, 옥사 등 골품제도를 한층 강화하여 육두품, 오두품, 사두품, 평민 사이에는 상당한 출입이 존재하지만 왕과 진골, 진골과 육두품 사이에는 엄격한 구분을 두었다. 당의 서주에서 소장을 하던 장보고가 돌아오자 완도에 **청해진**을 설치하게 하고 장보고를 청해진대사에 임명하였으며 당은군에는 당성진을 설치하였다. 이 두 진은 당시 서해안에 빈번하게 출몰하는 해적을 퇴치하기 위함뿐만 아니라 노예무역을 중심으로 경제력을 확대시키던 귀족에 대한 견제였다. 구덕이 당으로부터 경전을 가지고 들어왔으며 도승 150명을 허가해 주었고 김대렴이 당에서 가지고 온 차 종자를 지리산에 심어 무성하게 하였다. 이 시기에도 음력 5월에 서리가 내리고 큰 가뭄이 드는 등 자연재해와 기근, 전염병 창궐 등이 발생하였다. 흥덕왕은 음식을 줄이고 죄수들을 사면하는 등 민생안정에 노력하였으나 극심한 기근은 민란을 야기시켰다.

43대 희강왕(836~838)

흥덕왕이 죽자 차기 왕위를 두고 흥덕왕의 사촌동생 균정과 오촌조카이자 원성왕의 증손자인 제륭이 다투었다. 흥덕왕의 자식에 대해서는 기록이 없다. 시중 김명, 아찬 이홍, 배훤백 등은 제륭을, 아찬 김우징, 조카 예징, 김양은 균정을 받들었는데 궁궐에서 두 패 간의 싸움이 일어났다. 균정은 전사하고 김양은 화살을 맞아 김우징과 함께 피신하여 청해진 대사 장보고에게 의탁하였다. 이 싸움에서 이긴 제륭이 즉위하였으니 이가 희강왕이다. 김명이 상대등, 이홍이 시중에 임명되었다. 2년 뒤 김명, 이홍 등이 다시 난을 일으켜 희강왕의 측근들을 제거하자 희강왕은 자진하였다.

44대 민애왕(838~839)

원성왕의 손자인 김명이 희강왕이 자진하자 왕위에 올랐다. 이때 청해진에 의탁하였던 김우징이 장보고의 군사를 빌어 쳐들어왔다. 당시 장보고는 청해진을 주 무대로 강력한 해상세력으로 성장해 있었다. 청해진에서 김우징이 장보고가 지원한 군사 5천과 김양, 염장, 장변, 정년, 낙금, 장건영, 이순행 등의 장수들을 거느리고 개경으로 북상하자 민애왕은 김민주 등을 파견해 무주 철야현(나주)에서 막았으나 패하였고 대흔 윤린 등이 달벌(대구)에서도 패하였다. 이에 민애왕은 월유택으로 도망갔으나 병사들에게 잡혀 살해되었다.

45대 신무왕(839~839)

민애왕을 몰아낸 원성왕의 증손자이자 김균정의 아들 김우징이 신무왕에 올랐다. 장보고를 감의군사로 삼아 2,000호의 실봉을 내렸으나 장보고는 이에 만족하지 않고 자신의 딸을 왕비로 세우려 하였다. 삼국유사에 따르면 신무왕이 왕위에 오르면 장보고의 딸을 왕비로 세우기로 약속하였다고 한다. 신무왕은 불행하게도 왕위에 오른 지 반년을 채우지 못하고 죽었다.

46대 문성왕(839~857)

신무왕의 장남으로 왕위를 이었다. 부친이 재위 6개월 만에 사망하자 혼란한 정국 수습의 숙제가 고스란히 문성왕에게 주어졌다. 장보고를 진해장군에 봉하고 예징을 상대등에, 김양을 병부령에 임명하였다. 김식, 대흔 등 민애왕 계열의 인사들도 사면해 주었다. 홍필의 반란이 있었고 이어 **장보고의 반란**이 일어났다. 장보고는 자신의 딸을 왕의 둘째 비로 세우려다 실패하자 난을 일으켰다. 염장으로 하여금 진압시켰고 본거지인 청해진을 폐지하였다. 양순과 흥종의 반란, 김식과 대흔의 반란이 이어지는 등 문성왕 시기는 이처럼 반란의 연속이었다. 당과는 우호관계를 유지하여 당문종은 억류 왕족과 만기가 된 유학생 등 105명을 신라로 돌려보냈으며 신라에 사신을 보내기도 하였다. 사신으로 당에 갔던 아찬 원홍이 불경과 부처의 치아를 가지고 왔다. 문성왕은 숙부 의정에게 왕위를 계승한다는 유조를 남기고 죽었다. 조부와 진각성(왕실보물창고)에서 화재가 발생하였고 가뭄과 전염병이 창궐하였다. 우박, 홍수, 메뚜기떼의 출현 등 자연재해도 심하였다.

❀ 장보고의 난

　장보고는 본명이 궁복 또는 궁파이다. 그는 가난한 집안의 평민 출신이었는데 일찍이 중국으로 건너가 군인 생활을 하였고 이후 신라로 돌아와 당시 남해 일대에서 약탈을 자행하는 해적과 노예 밀무역을 소탕하기 위하여 군진 설치를 건의하자 흥덕왕이 이를 승인하여 전남 완도에 청해진을 건설하였다. 해적은 청해진에 막혀 이후 나타나지 못하였다. 장보고는 강력한 군사력을 바탕으로 무역활동에 나서 당 - 신라 - 일본을 잇는 무역활동을 주도하면서 세력을 쌓아갔다. 흥덕왕 사후 벌어진 왕위계승전에서 밀려난 김우징(신무왕)을 도와 왕위를 차지하는 데 큰 공을 세웠다. 신무왕의 아들이 문성왕으로 즉위하자 자신의 딸을 문성왕의 둘째 왕비로 세우려 하였다. 그러나 장보고가 미천한 섬사람 출신이라며 대신들이 반대하자 장보고는 조정에 반기를 들었고 조정에서는 염장을 거짓 투항하게 한 후 장보고를 암살하고 청해진도 폐쇄하였다. 해상왕 장보고의 난은 이렇게 평정되었다.

47대 헌안왕(857~861)

문성왕의 유지에 따라 신무왕의 이복동생이자 숙부인 헌

안왕이 왕위에 올랐다. 헌안왕은 왕자 시절부터 불교와 밀접한 관계를 맺고 승려들의 가르침을 받았다. 즉위 전부터 교류하였던 성주사 시주인 낭혜화상 무염과는 즉위 후까지 이어졌다. 성주사는 왕경의 흥륜사에 편입되어 관리와 통제를 받았다. 또한 무주 보림사의 선승 체징이 훌륭한 스님이라는 소문을 듣고 연을 맺었는데 가지산사로 옮기게 하여 가지산문을 개창하는 것을 후원하였다. 즉위 초 흉년이 들어 굶주리는 사람이 많자 제방을 수리하게 하고 농사를 권장하였다. 헌안왕 시기에도 서리, 가뭄 등 자연재해가 줄을 이었다. 사위인 응렴에게 왕위를 물려주었다. 후고구려를 건국한 궁예가 탄생한 것도 이 시기이다.

48대 경문왕(861~875)

희강왕의 손자이자 헌안왕의 사위로 선왕의 유지에 따라 왕위에 올랐으며 실추된 왕실의 권위를 바로잡고자 불교와 국학에 관심을 기울였다. 감은사와 황룡사에 행차하였고 황룡사 9층탑을 개조하였다. 국학에 행차하여 박사로부터 강론을 듣기도 하였다. 이 시기에도 반란은 계속되었다. 이찬 윤흥과 숙흥, 계흥의 모반과 이찬 김예, 김현 등의 모반, 근종 등의 모역이 있었다. 모반을 일으켰던 근종과 그 무리들을 수레에 묶어 찢어 죽였는데 거열형에 관한 가장 오래된 기록이다. 이 시기에도 전염병, 홍수, 메뚜기 떼의 출현 등 자연재해가 빈번하였고 경문왕은 각지에 사신을 파견하여 백성들을 구휼하였다. 당과 일본과는 사신을 교환하며 우호관계를 유지하였다. 최치원이 당의 빈공과에서 장원으로 급제한 것도 이 시기이다. 경문왕은 산 뱀을 이불 삼아 잔다느니 당나귀 귀를 가졌다느니 하는 이야기도 퍼져 있었다.

✺ 임금님 귀는 당나귀 귀

경문왕은 왕으로 즉위하면서 갑자기 귀가 나귀의 귀처럼 길어졌다. 그러나 그 누구도 이 사실을 알지 못했고 오로지 왕의 복두장이만 이 사실을 알고 있었다. 복두장이는 누구에겐가 이 사실을 말하고 싶었으나 말을 할 수가 없었다. 그에게 죽음이 드리운 어느 날 복두장이는 도림사의 대나무밭에 들어가 그동안 참았던 말 '임금님 귀는 당나귀 귀'를 외쳤다. 그 이후로는 대나무밭에 바람이 불면 '임금님 귀는 당나귀 귀'라는 소리가 났다. 경문왕은 대나무를 다 베어버리고 산수유를 심게 하였으나 그 소리는 계속 났다고 한다.

49대 헌강왕(875~886)

경문왕의 장자로 선왕 때와 같이 불교와 국학을 장려하였다. 황룡사에 백고좌강경을 설치하여 친히 가서 들었고 망해사를 세웠다. 국학에 행차해 박사들의 강론을 듣기도 하였다. 신홍 등이 반란을 일으켰으나 곧 제압되었다. 헌강왕 시절은 자연재해도 없었고 풍년으로 백성들의 삶도 안정되었다. 헌강왕은 사회기반이 안정되자 순행을 즐겼다. 당나라와 일본과도 큰 마찰이 없이 사신을 교환하였고 보로국과 흑수국 사람들이 통교를 청하자 이를 허락하였다.

✿ 처용가

　헌강왕이 개운포(현 울산)에 나갔는데 갑자기 구름과 안개가 자욱하여 길을 잃었다. 왕이 괴이하게 여겨 일관에게 묻자 일관은 동해 용의 조화이니 좋은 일을 해주어서 풀어야 한다고 하였다. 이에 헌강왕이 그곳에 절을 세우라고 명령하자 구름과 안개가 걷혔다고 하여 개운포라 명명하였다. 동해 용이 크게 기뻐하며 일곱 명의 아들을 거느리고 왕 앞에 나타나 음악을 연주하고 춤을 추었다. 그중 한 아들이 왕을 따라 궁궐로 가서 왕을 도왔는데 그가 처용이다. 왕은 그를 오래도록 곁에 두고자 미녀를 아내로 주고 급간 벼슬을 주었다. 그러나 처용 아내의 미모에 반한 역신이 사람의 모습으로 변하여 처용이 없는 틈을 타서 집에 들어가 그의 아내와 같이 잤다. 처용이 돌아와 이 광경을 보고 '처용가'를 부르며 춤을 추었다. 역신은 이를 보고 처용 앞에 무릎을 꿇고 처용의 관용에 감복하여 앞으로 처용이 있는 곳에는 얼씬도 하지 않겠으며 심지어 처용의 모습이 그려져 있는 것만 보아도 그 문에 들어가지 않겠다고 하고는 물러갔다. 이후 신라 사람들은 역신을 쫓는다 하여 처용의 모습을 그려 문에 붙였다고 한다.

처용가의 내용

　서울 밝은 달에 밤들이 노니다가 들어가 자리 보니 가랑이가 넷이도다. 둘은

내 것이건만 둘은 누구의 것인고? 본시 내 것이지만 앗긴 것을 어찌하리오.

(본 해석은 양주동 님의 해석에 따랐다)

50대 정강왕(886~887)

경문왕의 둘째 아들로 형인 헌강왕이 적자가 없이 죽자 왕위에 올랐다. 가뭄이 들었고 정치적으로도 이찬 김요가 한주에서 반란을 일으켰으나 진압되는 등 어지러웠다. 아들이 없어 누이에게 왕위를 넘겨주었다.

51대 진성여왕(887~897)

경문왕의 딸로 정강왕의 뒤를 이어 왕위에 올랐다. 즉위 후 각 주, 군에 1년간 세금을 면제해 주었다. 그러나 숙부이자 남편(?)이었던 상대등 위홍이 죽자 젊은 미남들을 궁으로 불러들여 음란한 생활을 하였고 그들에게 요직을 맡기면서 국정이 문란해졌다. 세금이 잘 걷히지 않자 독촉하는 과정에서 **도적들이 봉기**하기 시작하였다. 원종과 애노가 사벌주(상주)에서 난을 일으켰고 붉은 바지를 입은 적고적들이 서남쪽에서 일어나 금성 서쪽 모량리까지 침범하였으며 북원(원주)에서는 양길이 수하인 궁예를 시켜 명주(강릉)까지 접수하였다. **견훤**이 완산주에서 후백제를 건국하여 세력을 팽창시켰고 양길을 제압한 **궁예**가 한주, 철원까지 차지하면서 신라는 경주만 겨우 지킬 뿐 전 국토는 지방호족들과 도적들의 수중에 들어가고 말았다. 중국에서 돌아온 최치원이 개혁안 시무10조를 올렸으나 시행되지 못하였다. 진성여왕은 자신이 부덕하여 어진 자에게 왕위를 물려준다 하여 조카인 요에게 양위하였다. 이 시기에 위홍이 대구화상과 함께 향가를 수집하여 '삼대목'을 편찬하였으나 현재 전하지 않는다.

❀ 거타지 설화

진성여왕의 막내아들인 아찬 양패가 일행과 함께 당으로 가는데 거타지도 궁사로 뽑혀 따라가게 되었다. 이들은 곡도에서 풍랑을 만났다. 양패의 꿈에 한 노인이 나타나 활을 잘 쏘는 사람 하나만 남겨두고 떠나면 순풍을 얻을 것이라 하자 거타지를 남겨놓고 떠났다. 거타지가 혼자 남게 되자 한 노인이 곡도의 못 가운데로 나오면서 자신은 서해의 신이며 매일 해가 뜰 때면 하늘에서 중 하나가 내려와 다라니를 외면서 못을 세 바퀴 돌면 자신과 가족들이 물에 둥둥 뜨게 되고 그때마다 중이 가족들의 간을 빼먹었으며 이제는 자신과 딸만 남았다고 했다. 내일 아침에도 그 중이 나타날 것이니 그때 활을 쏘아달라고 하였다. 거타지가 승낙하고 다음 날 숨어 기다렸더니 과연 중이 나타나 주문을 외고 늙은 용의 간을 먹으려 하였다. 거타지가 활로 중을 쏘아 맞추니 중은 늙은 여우로 변하여 죽었다. 노인은 이에 대한 보답으로 자기의 딸을 아내로 맞아달라고 하며 딸을 꽃으로 변하게 하여 거타지의 품에 넣어 주었다. 그리고는 두 마리 용에게 명하여 호위하게 하니 거타지가 일행을 따라잡고 당에까지 안전하게 당도하였다. 당나라 사람들은 용 두 마리가 호위하는 신라 사신 일행을 보자 성대히 접대하고 후한 상까지 내렸다. 신라에 돌아온 거타지는 꽃으로 변한 노인의 딸을 다시 여자로 변하게 하여 행복하게 살았다고 한다.

52대 효공왕(897~912)

헌강왕이 사냥을 나갔다가 미색이 뛰어난 여자를 만나 그들 사이에서 태어난 서자로 진성여왕에 의하여 태자로 봉해져 왕위에 올랐다. 이 시기는 소백산맥 이북을 차지하고 후고구려를 건국한 궁예와 후백제의 견훤이 패권을 놓고 다투던 시기로 신라는 경주 하나 지키기도 벅찬 상황이었고 게다가 효공왕이 애첩에 빠져 정사를 제대로 돌보지 못하자 대신 은영이 효공왕의 애첩을 죽이는 등 왕실의 권위는 심히 실추되었다.

53대 신덕왕(912~917, 박씨)

효공왕이 아들이 없이 죽자 헌강왕의 사위인 박경휘가 왕위에 올랐다. 궁예과 견훤의 패권 다툼은 치열해졌고 이들의 다툼에 신라는 오히려 안위를 걱정해야 할 운명이었다. 서리와 지진 등 천재지변도 이어져 신라는 극심한 사회적 혼란을 겪고 있었다.

54대 경명왕(917~924, 박씨)

신덕왕의 아들로 왕위에 올랐으나 불안한 신라의 상황은

그대로였다. 현승의 반란이 일어나는 등 신라의 운명은 파
국을 향하고 있었다. 고려는 궁예가 축출되고 왕건이 승계
한 후 더욱 세력을 확장하여 후백제의 견훤과 결전을 벌이
고 있었다. 이에 경명왕은 사신을 보내 고려와 수교하였으며
견훤이 대야성을 점령하고 금성으로 공격해오자 고려에 원
병을 요청하여 물리쳤다. 말갈이 침입하자 이 역시 고려의
도움으로 물리쳤다. 상태가 이 지경에 이르자 변경의 장수
들이 잇달아 고려에 투항하였다. 당과 연결하여 국세를 회
복하고자 사신을 파견하였으나 경명왕이 죽음으로써 성과
가 없었다. 경명왕 시절에도 태풍, 메뚜기떼의 출현, 가뭄
등 자연재해가 빈번하였는데 당시의 어지러운 상황은 사천
왕사 벽화의 개가 울었고, 황룡사 탑의 그림자가 사지 금모
의 집 뜰에 열흘이나 머물렀다고 하며 또 사천왕사 오방신
의 활줄이 모두 끊어지고 벽화 속의 개가 뜰로 나왔다는 기
록들로 짐작해볼 수 있다.

55대 경애왕(924~927, 박씨)

경명왕이 죽자 그의 동생 경애왕이 즉위하였다. 경애왕은
황룡사에 백좌경설을 설치하고 선승 300명에게 음식을 제
공하였는데 이를 **백좌통설선교**라 부르며 대규모 선승모임의
시초가 되었다. 당시 후삼국의 패권은 왕건에게로 기울고 있
었으며 고울부장군 능문이 고려에 항복하자 왕건은 고울부
가 신라의 수도와 가까운 곳이라 접수할 수 없다며 돌려보
냈다. 강주(진주)의 돌산 등도 고려에 항복하였다. 왕건과 견

훤이 서로 인질을 교환하며 화친을 맺자 경애왕은 고려에 사신을 보내 후백제를 공격하라고 하였으나 실패하였다. 왕건과 견훤은 잠시 휴전하였는데 견훤이 보낸 질자 진호가 고려에서 죽자 고려의 인질인 왕건의 사촌동생 왕신을 죽이고 출병하여 고려를 공격하였다. 이에 경애왕은 고려에 사신을 보내 후백제와 싸울 것을 종용하였지만 왕건은 방어만 하였다. 이후 왕건이 직접 군사를 몰고 후백제를 공격하자 경애왕은 군사를 보내 지원하였다. 이에 견훤이 대대적인 반격을 개시하여 고울부(영천)까지 점령하자 경애왕은 고려에 원군을 요청하였다. 고려의 원군이 도착하기도 전에 견훤은 신라를 침공하여 포석정에서 경애왕을 자살하게 하고 궁궐을 노략질하였을 뿐만 아니라 왕비와 비첩들도 능욕한 후 경순왕을 세우고 돌아갔다.

56대 경순왕(927~935, 김씨)

46대 문성왕의 후손으로 견훤에 의해 옹립된 왕이다. 금성을 점령한 견훤은 왕건의 원군이 오자 금성에서 철수하였고 신라를 구원하러 온 왕건의 군대와 공산(대구 팔공산)에서 만나 전투를 벌였다. 이 전투에서 왕건은 심복인 신숭겸을 잃고 대패하여 겨우 목숨만 부지하여 개경으로 돌아갔다. 이후에도 견훤은 끊임없이 신라를 침략하였고 신라의 장군과 관리들은 속속 고려에 투항하였다. 왕건이 경순왕을 찾아오자 연회를 베풀고 극진히 대접하였을 뿐만 아니라 사촌동생 김유렴을 볼모로 딸려 보냈다. 경순왕을 만난 왕건이 부하들에게 범법하지 못하도록 함으로써 신라는 포악한 견훤보다 예의 바르고 신사적인 왕건 쪽으로 기울고 있었다. 이후 고려는 신라에 답례품과 함께 사신을 파견하였다. 고려는 고창(안동) 전투에서 후백제에 대승을 거두면서 세력을 확장하였고 후백제의 30개 군현이 고려에 투항하였다. 후백제에서는 견훤 후계자 다툼이 일어나 견훤의 장자 신검이 이복동생 금강을 죽이고 금강을 지지하였던 견훤을 금산사에 유폐하였다. 견훤은 금산사를 탈출하여 왕건에게 귀의했으며 왕건은 견훤을 상부로서의 예를 다하였고 이를 전해 들은 경순왕은 더 이상 고려의 보호국으로 존재하는 것이 무의미하다는 판단을 내려 신라를 왕건에게 바치기로 결의하고 문무백관을 거느리고 송악(개성)으로 가서 항복하였다. 왕건은 자신의 맏딸을 경순왕에게 시집보내어 사위로 삼았다. 경순왕의 장자인 마의태자는 이에 항거하여 금강산으로 들어가 버렸고 막내아들 범공은 화엄사에 들어가 승려가 되었다. 왕건은 경순왕에게 태자보다 높은 정승공으로 봉하였고 신라를 경주라 고치고 경주의 사심관으로 임명하였다. 이로써 일천 년을 이어온 신라는 대단원의 막을 내렸다.

❹ 가야국

가야는 금관가야, 대가야, 소가야, 아라가야, 성산가야, 고령가야의 6가야 연맹체로 형성되었는데 자료가 부족하여 왕조사를 기술하지 못한다. 다만 초기에는 금관가야(김해)를 중심으로 연합하였다가 후기에는 대가야(고령)를 중심으로 연합하였다. 금관가야는 김수로가 건국하였다고 알려져 있으며 가야는 모두 신라에 병합되었다. 6가야는 김해의 금관가야, 고령의 대가야, 함안의 아라가야, 고성의 소가야, 성주의 성산가야, 진주의 고령가야이다.

🌸 가야 건국신화

가야지역에는 간이라 부르는 부족장들이 있었다. 어느 날 하늘에서 '구지가'를 부르고 춤을 추라고 하여 9명의 간이 노래를 부르고 춤을 추자 하늘에서 붉은 보자기에 싼 황금상자가 내려왔다. 그 상자 안에는 6개의 알이 들어 있었는데 먼저 알에서 깨어난 이가 금관가야를 건국한 김수로왕이며 나머지 다섯 개의 알에서도 아이들이 태어나 각각 나라를 세워 6개의 가야가 건국되었다고 한다. 구지가는 가락국기에 나오는 노래로 가락국은 금관가야로 보는 것이 통설이다.

구지가
구하구하(龜何龜何) 수기현야(首其現也) 약불현야(若不現也) 번작

이끽야(燔灼而喫也)

거북아 거북아, 머리를 내놓아라, 만약 그렇게 하지 않으면, 구워
서 먹으리.

---

⑤ 발해 왕조사

발해의 경우 넓은 영토와 문화적 번영을 누렸지만 발해에
대한 자료가 약하여 상세한 기술이 어렵다. 중국의 동북공
정으로 역사자료에 비협조적일 뿐만 아니라 자료 역시 한반
도에 남아 있는 것이 거의 없어 겨우 왕조사를 기술할 정도
여서 기술에 한계가 있다.

1대 고왕(대조영, 698~719)

고구려가 멸망한 후 고구려 후예이던 걸걸중상과 말갈인 걸
사비우가 당에 억류되어 있던 자신의 부족들을 이끌고 동쪽
으로 이동하였다. 당에서는 이들을 회유하려 하였으나 이들
이 거부하자 걸사비우를 공격하여 와해시켰다. 걸걸중상은
와해된 말갈인들을 흡수하여 당의 부대를 물리쳤다. 걸걸중
상의 아들인 대조영은 당 저항군을 이끌어 당과의 전투에서
승리하였고 이를 기반으로 동모산에서 발해를 건국하였다.

2대 무왕(대무예, 719~737)

고왕의 아들로 '인안'이라는 연호를 사용하였다. 그는 영토 확장에 힘을 쏟았다. 일본에 사신을 보내기도 하였고 옛 고구려 영토 대부분을 차지하면서 강성해지자 이를 견제하기 위하여 당은 흑수말갈을 끌어들였다. 흑수말갈이 발해에 아무런 연락도 없이 당과 연결을 하자 무왕은 동생 대문예를 시켜 흑수말갈을 공격하게 하였다. 대문예가 당은 국력이 강하여 대적하지 말자고 하였으나 문왕이 밀어붙여 출전시켰다. 대문예가 국경 부근에 도착하여 다시 반대하자 문왕은 친척 형 대일하로 교체하고 대문예를 소환시켰다. 대문예는 처벌이 두려워 당으로 망명하였고 무왕은 당에 사신을 보내 대문예를 처벌할 것을 요청하였다. 당시 거란을 물리친 당은 발해에 대문예의 사면을 요구하였고 받아들여지지 않으면 침략하겠다고 하였다. 이에 무왕은 **장문휴**를 시켜 당의 전초기지인 등주를 공격하게 하였다. 당은 대문예를 보내어 발해군을 막게 하였다. 무왕은 자객을 보내어 대문예를 살해하려 했으나 실패하였고 거란, 돌궐 등과 연합하여 당을 공격하였다. 위급을 느낀 당은 신라에 원군을 요청하였으나 신라의 원군은 추운 날씨 때문에 제대로 싸워보지도 못하였다. 이후 거란을 대파하는 등 당의 국력이 다시 강성해지자 무왕은 당의 포로들을 돌려보내면서 화해를 요청하였고 당도 억류하였던 발해의 사신을 풀어주는 등 화해 분위기가 조성되었다.

3대 문왕(대흠무, 737~793)

무왕의 아들로 연호로 **대흥**(후일 **보력** - 다시 **대흥**)을 사용하였다. 문왕은 **수도를 중경현덕부 - 상경용천부 - 동경용원부로** 이전하였다. 당은 발해군에서 발해국으로 고쳐 불렀고 발해는 당과 사신 교환 등 긴밀한 관계를 유지하였다. 일본과도 수차례 사신 교환이 이루어졌으며 율령을 반포하고 중앙과 지방의 통치제도를 정비하였다.

4대 대원의(793~793)

문왕의 친척 동생으로 성격이 포악하고 의심이 많아 재위 1년 만에 국인에게 살해되었다.

5대 성왕(대화여, 793~794)

문왕의 손자로 대원의가 살해되자 왕위에 올랐다. 수도를 동경용원부 - 상경용천부로 옮겼다. 중흥이라는 연호를 사용하였으나 바로 죽었다.

6대 강왕(대숭린, 794~809)

문왕의 아들이자 성왕의 숙부로 성왕이 일찍 죽자 내분을 수습하였다. 당이 발해의 내분을 알고 발해군왕으로 격하시키자 적극적인 외교활동을 통하여 발해국왕으로 다시 책봉되었다. 강왕은 일본과의 교류도 활발하게 진행하였다. 일본은 발해의 사신의 편의를 위하여 일본 서북지역인 능등국에 객원을 설치하였다.

7대 정왕(대원유, 809~812)

강왕의 아들로 영덕이라는 연호를 사용하였다.

8대 희왕(대언의, 812~817)

강왕의 아들로 주작이라고 건원하였고 당과의 교분을 지속하였다. 당에 불상을 보냈다는 것 외에 특별한 사항은 없다.

9대 간왕(대명총, 817~818)

정왕과 희왕의 동생으로 연호를 태시라 하였으며 특이한 사항은 없다. 중국에서 2004~2005년 중국에서 발해왕실 고분군을 발견하였는데 묘지에 간왕황후태씨라고 적혀 있지만 더 이상의 내용과 출토물 공개를 하지 않고 있다.

10대 선왕(대인수, 818~830)

고왕 대조영의 동생 대야발의 4대손으로 건흥이라는 연호를 사용하였다. 선왕은 해북의 여러 지방을 쳐서 영토를 넓혔으며 발해의 정치조직을 **5경 15부 62주로 확정**하였다. 당에서 발해를 **해동성국**이라 부를 만큼 번영하였으며 당에 지속적으로 사신을 파견하였다. 일본과도 우호적인 관계를 유지하였다.

11대 대이진(830~857)

선왕의 손자로 연호는 함화를 사용하였다. 당과 일본과 우호관계를 계속 유지하였다.

12대 대건황(857~871)

대이진의 동생으로 당시 당에서 일어난 농민폭동 등으로 당과는 교류가 원활하지 못하였으나 일본과는 활발한 교류가 지속되었다.

13대 대현석(871~894)

대건황의 아들로 당과의 교류는 미약하였으나 일본과의 교류는 활발하였다.

14대 대위해(894~906)

대위해에 대한 자료가 없어 발해의 왕 계보에서 빠져 있었으나 '당회요'에서 그의 이름이 발견되어 14대 왕으로 인정되었다.

15대 대인선(906~926)

대인선의 즉위 연도에 대한 기록도 약하다. 당시 거란의 세력이 막강하여 신라 등 여러 나라와 결원하여 그들을 견제코자 하였으나 당시 신라는 후삼국시대로 발해를 도울 수 있는 입장이 아니었다. 요(거란)를 건국한 야율아보기가 발해를 침략하였고 발해는 힘 한번 써보지 못하고 멸망하였다.

해동성국이라는 칭호까지 받으며 강성했던 발해가 거란의 침입에 힘없이 멸망한 것을 두고 내분설, 지배층의 도덕적 해이와 사치설, 나약해진 사회 분위기와 기강 해이설, 백두산 폭발에 대하여 효과적인 대처를 하지 못했다는 설까지 있다. 그러나 최근의 연구 결과 발해와 거란은 요동의 패권을 두고 치열한 전투를 벌였다는 것이 밝혀졌다.

⑥ 후삼국시대

통일신라는 말기 왕위쟁탈전으로 왕권은 실추되고 지나치게 엄격한 골품제 등으로 특히 6두품을 비롯한 귀족들의 반발로 사회는 어지러웠는데 이러한 혼란한 틈을 타서 부정한 관리들은 자신의 배를 채우는 데만 혈안이 되어 백성들을 착취하였다. 국고가 부족해지자 진성여왕은 조세 독촉에 나섰는데 내재하고 있던 불만이 폭발하여 전국에서 난이 끊임없이 일어났고 호족들은 신라를 부정하며 자신들의 세력을 키워나갔다. 사벌주(현 상주)에서는 원종-애노가, 죽주(현 안성)에서 기훤이, 북원(현 원주)에서 양길이, 완산주(현 전주)에서 견훤이, 철원(현 철원)에서 궁예가 반란을 일으켰다.

1) 후백제의 성립

견훤은 사벌주 출신으로 방수군의 비장으로 있다가 나라가 어지러워지자 서남지방의 주현을 쳐서 세력을 확장하였다. 백성들의 호응에 힘입어 무진주(현 광주 및 전남 일대)를 점령하고 스스로 왕임을 선포하였다. 현지인들의 지원과 협조에 힘입어 현재의 전라도와 충남의 대부분을 차지한 후 수도를 완산주(전주)로 옮기고 백제를 부흥시킨다는 명분 아래 후백제라는 국가체제를 구축하였다.

2) 후고구려의 성립

궁예는 신라의 왕족 출신으로 태어나자마자 장차 나라를 해칠 인물이므로 죽여야 한다는 일관의 말에 따라 명령을 받은 관리가 차마 죽이지 못하고 다락 밑으로 아이를 던졌다. 유모가 이 아이를 받는 과정에서 한쪽 눈을 잃게 되었다. 아이를 받은 유모와 함께 도피 생활을 하던 궁예는 유모로부터 출생의 비밀을 듣게 되었고 절에 들어가 승려 생활을 하였다. 궁예는 어수선한 사회 분위기가 계속되자 뜻을 품고 절을 나와 양길의 부하로 들어가 많은 전공을 세우며 지지자들을 확보하였다. 궁예는 지지자들과 함께 양길을 죽이고 송악(현 개성)을 도읍으로 후고구려를 세웠다. 궁예는 이후 도읍을 철원으로 옮기고 국호를 마진으로 변경하였다가 얼마 안 되어 다시 태봉이라고쳤다. 송악의 호족 출신인 왕건도 궁예의 수하로 들어가 전투마다 연전연승하며 입지를 굳혀 나갔다. 궁예는 국가의 기틀이 잡히자 미륵불을 자처하면서 소위 '관심법'으로 사람의 마음을 꿰뚫어 볼 수 있다며 신하들을 마음대로 죽였다. 심지어 부인과 아들들까지 죽였다. 궁예의 횡포가 지속되자 홍유, 배현경, 신숭겸, 복지겸 박술희 등의 신하들이 궁예를 몰아내고 왕건을 옹립시켰다. 쫓겨난 궁예는 산속으로 도망쳤는데 먹거리를 찾아 민가에 내려왔다가 백성들에게 발각되어 죽음을 맞았다고 한다. 궁예가 축출된 후 궁예를 따르던 무리들의 반란도 수차례 일어났으나 성공하지 못하였다. 왕건은 국호를 고려라 하고 도읍을 다시 송악으로 천도하였다.

3) 후삼국의 통일

후삼국이라 하나 신라는 명분만 남아 전투능력을 완전히 상실한 상태였고 후백제의 견훤과 고려의 왕건 간의 다툼이었다. 후백제는 신라와 적대정책을 폈고 후고구려의 궁예 역시 신라에 적대정책을 폈지만 왕건이 장악하면서 고려는 친신라정책으로 전환하였다. 한반도의 패권을 두고 후백제와 고려는 잦은 전쟁을 치렀다. 일진일퇴의 공방전이 지속되던 도중 견훤이 경주를 침략하였다. 자체 방어능력이 부족한 신라가 고려에 지원을 요청하자 왕건은 친히 군대를 몰고 경주로 향하였다. 그러나 견훤은 이미 경주에 입성하여 경애왕을 자결하게 하고 왕비를 겁탈하는가 하면 역대 왕들의 문묘를 파헤치는 등 행패를 부린 후 경순왕을 옹립하였다. 신라 백성들은 견훤의 행위에 치를 떨었다. 원병으로 온 왕건과 물러가던 견훤이 공산(현 대구) 일대에서 만나 전투를 벌였다. 이 공산 전투에서 왕건은 대패하고 겨우 목숨만 붙여 개경으로 돌아갔다. 이들은 고창(현 안동)에서 다시 만났는데 이 전투에서는 왕건이 승리하였다. 이후 후백제는 견훤의 왕위계승을 둘러싸고 아들들 간의 싸움이 일어나 맏아들 신검이 이복동생 금강을 죽이고 견훤을 금산사에 유폐하는 사건이 일어났다. 금산사를 탈출한 견훤은 왕건에게 귀의하였고 왕건은 그를 상부로 모시고 극진히 예우하였다. 이어 신라의 경순왕이 왕건에게 항복하였고 왕건은 경순왕을 경주의 사심관으로 임명해 계속 경주를 다스리게 하였다. 왕건은 견훤과 함께 후백제를 공격하였고 신검은 일리천(현 구미)에서 최후의 일격을 맞고 패퇴하면서 멸망하고 말았다.

이렇게 후삼국은 왕건에 의해 평정되었다.

▇ 삼국시대 보충자료

삼국의 귀족회의

고구려는 제가회의(수장은 대대로), 백제는 정사암회의, 신라는 화백회의(특징은 만장일치제)가 있었다.

국가 운영

고구려는 대대로(막리지)가 국정을 총괄하였고 지방장관으로는 욕살, 처려근지 등이 있었다. 백제는 상좌평이 국정을 총괄하였으며 신라는 상대등(통일신라 시대에는 시중)이 국정을 총괄하였다. 특히 신라는 골품제가 있어 엄격한 신분제가 유지되었다.

3국의 수취제도

삼국 공히 조세, 공납, 역(요역과 군역으로 15세 이상 남자)이 있었다. 역은 국가에 노동력을 제공하는 요역과 군인으로 복무하는 군역이 있었다. 또한 농경사회였으므로 농업을 권장하는 정책으로 우경, 저수지 축조, 황무지 개간 등을 장려하였다.

시장은 신라에 동시가 있었고 관할관청으로 동시전을 설치하였다. 백제와 고구려의 경우 자료가 없다.

신분제는 귀족-평민-노비로 구성되었으며 귀족은 녹읍(공무수행의 대가로 지급)과 식읍(왕족이나 공을 세운 사람에게 특별히 지급)을 받았다. 녹읍과 식읍은 공히 토지에 대한 수조권을 지급하는 것으로 소유권을 주는 것은 아니었다.

유학

고구려는 수도에 태학을, 지방에는 경당을 설치하여 교육하였으며 백제는 오경박사(유학), 역박사(천문, 역법), 의박사(의학) 등의 제도가 있었다. 신라는 임신서기석(충성을 맹세하는 비석) 내용으로 유학이 유행하였다는 것을 유추해 볼 수 있다.

역사서

고구려는 이문진이 유기 100권을 정리하여 신집 5권(영양왕)을 저술하였으며 백제는 박사 고흥이 서기(근초고왕)를 편찬하였고 신라는 거칠부가 국사(진흥왕)를 편찬하였다.

삼국의 불교

고구려는 전진에서 순도(372, 소수림왕)가 전래하였으며 백제는 동진의 마라난타(384, 침류왕)가, 신라는 한참 뒤에 이차돈의 순교(527, 법흥왕)를 계기로 수용되었다.

도교

도교는 삼국 공히 수용되었는데 특히 고구려의 경우 연개소문이 불교를 견제하기 위하여 장려하였다. 강서대묘의 사신도(청룡, 백호, 주작, 현무)를 통하여 유추해볼 수 있다. 백제는 사택지적비, 산수무늬 벽돌, 금동대향로 문양 등에서 증거를 찾을 수 있으며 신라의 경우 남아있는 자료는 없으나 화랑도가 유교, 도교, 불교를 아우르는 것이었다고 한다.

천문학

고구려는 천문도와 고분벽화에서, 백제는 누각박사(천문학 담당), 역박사, 일관(천체, 기상관측) 등의 제도가 있었으며 신라는 첨성대가 남아 있다.

금동 기술

고구려는 철 생산, 철제 무기, 수레바퀴 제작 등을 하였고 백제는 칠지도, 금동대향로 등이, 신라는 금관 등 수많은 유물이 출토되었다.

고분 양식

고구려는 초기에는 장군총 등 돌무지무덤(적석총)이었으나 후기에는 강서대묘, 무용총, 각저총 등 굴식돌방무덤으로 바뀌었다.

백제는 초기에는 돌무지무덤(석촌동 고분)이었으나 중기에는 굴식돌방무덤(송산리고분), 벽돌무덤(무령왕릉)으로 바뀌었다. 후기에는 굴식돌방무덤(능산리고분군) 형식이었다.

신라는 돌무지덧널무덤(황남대총, 벽화 없음, 호우총)이 주류를 이루었다. 이 돌무지덧널무덤은 도굴이 어려운 특징이 있다.

고분 내의 벽화는 삼국이 공히 있었다. 고구려는 각저총과 무용총 벽화 등이 있으며 백제는 송산리, 능산리 고분벽화가 있으나 보존 상태가 나쁘다. 신라는 읍내리 고분벽화, 영주 순흥의 벽화고분, 가야는 고령의 고아동 벽화고분이 있다. 천마총에서 발견된 천마도는 벽화가 아니고 장니(말 안장)에 그려진 것이다.

건축

고구려는 장수왕 시절 안학궁을 건립하였다고 한다. 백제는 공주 공산성, 부여 궁남지, 익산 미륵사지 등이 있으며 신라는 신라 최대의 사찰 황룡사가 있었으나 지금은 터만 남아있다.

탑

고구려는 없으며 백제는 익산미륵사지(목탑 형식 석탑, 금제사리, 봉인기 등 유물 나옴), 부여 정림사지(목탑 형식 석탑, 소정방이 평제탑이라 새김)가 있다. 신라는 분황사 석탑(모전탑 - 석재를 벽돌과 같은 모양으로 가공하여 건조한 탑), 황룡사 9층 목탑이 있었으나 황룡사 9층 목탑은 몽골 침입 때 소실되었다.

불상

고구려는 연가7연명금동여래입상, 백제는 서산 용현리 마애여래삼존상, 신라는 경주 배동 석조여래 삼존입상이 있다.

삼국시대를 대표하는 유물인 금동미륵보살반가사유상은 일제강점기에 일본으로 밀반출되었던 것으로 출토지가 분명치 않아 어느 나라 유물인지 알 수 없다.

비석

고구려는 광개토대왕릉비, 충주 중원고구려비(남한강 진출 근거)가 남아 있으며 백제는 사택지적비가, 신라는 포항 냉수리 신라비, 울진 봉평 신라비, 단양 신라 적성비(한강상류 진출 근거), 진흥왕순수비(황초령비, 마운령비, 북한산비, 창녕비) 등이 남아 있다.

대일본 문화 전파

고구려는 담징이 종이와 먹을 전해 주었고 혜자는 쇼토쿠 태자의 스승이 되었다. 백제의 광범위한 문화 전파는 아스카 문화 형성에 기여하였는데 아직기는 태자에게 한자 교육을 하였고 왕인은 천자문과 논어를 보급하였으며 노리사치계는 불경, 불상을 전파하였다. 신라는 조선술과 축제술을 전파하여 일본에 신라의 연못이 있었다고 전해진다. 가야는 토기 제작술을 전하여 스에키 토기문화 형성에 영향을 주었다.

❽ 남북국(통일신라와 발해) 보충자료

1) 통일신라

수취제도

수취제도로 조세는 농업생산량의 1/10을 납부케 했고 공납은 촌락 단위로 징구하였으며 역(군역, 요역)은 16~60세 남자가 담당하였다.

민정문서는 3년마다 촌주가 작성하였는데 호구, 가축 수, 유실수 변동사항을 기재하였다.

토지제도

토지제도로 관료들에게 처음에 녹읍과 식읍을 지급하였다가 식읍을 제한하였으며 이후 녹읍을 폐지하고 관료전을 지급하였다. 백성들에게는 정전을 지급하였다.

상업, 무역

상업은 통일신라 시절 기존의 동시 이외에 서시와 남시도 설치하였으며 수공업은 관영 수공업이 중심이었다.

국제무역으로는 당과는 공무역이 주류를 이루었고 일본과도 교역하였다. 특히 울산항이 번창하여 이슬람 상인들도 왕래하였다.

장보고가 해적을 소탕하기 위하여 완도에 청해진을 설치하였는데 무역까지도 이루어졌다.

중국으로도 진출하여 산둥반도와 양츠강 하류에 신라방, 신라촌, 신라소, 신라관, 신라원 등을 설치하였다.

출판, 서예

출판으로는 김대문이 화랑세기, 고승전, 한산기를 저술하였고 강수는 외교문서 작성에 능하였다. 설총은 이두를 정리하고 화왕계를 저술하였다. 당에서 토황소격문을 쓴 당에 유학한 최치원은 신라로 돌아와 계원필경을 저술하였으며 시무십여조(현재 내용은 전하지 않음)를 품의하였으나 부결되었다.

불교

불교는 원효가 일심사상, 화쟁사상(모든 논쟁을 화합으로 바꾸는 사상), 아미타 신앙(아미타불을 외며 선행을 쌓으면 후일 아미타불이 통치하는 곳에서 성불을 할 수 있다는 신앙)을 설파하였으며 대승신기론서, 십문화쟁론을 저술하였다.

의상은 화엄사상(우주의 모든 사물은 서로 관련이 있다는 사상)과 관음신앙(관세음보살을 신봉하는 신앙)을 설파하였으며 화엄일승법계도를 저술하였다.

혜초는 인도를 다녀온 기행문인 왕오천축국전을 저술하였다.

통일신라 말기에는 참선을 중시하는 선종이 유행하였는데 선종의 유입으로 9개 종파로 나뉘어진 9산선문이 성립되었다.

- 장흥 보리사의 가지산문, 지리산 실상사의 지리산문
- 문경 봉암사의 희양산문, 창원 봉림사의 봉림산문
- 곡성 태안사의 동리산문, 보령 성주사의 성주산문
- 영월 흥령사의 사자산문, 강릉 굴산사의 사굴산문
- 해주 광조사의 수미산문

불교 유물로는 무구정광대다라니경, 성덕대왕신종, 상원사 동종 등이 있다.

풍수지리설, 무덤 양식

풍수지리설도 유행하였는데 승려 도선이 능하였다고 알려진다.

고분은 화장이 유행하였으며 해중릉으로 만들어진 문무왕릉, 그리고 둘레돌과 12지신상이 조각된 굴식돌방무덤이 있는데 김유신묘, 괘릉, 성덕대왕릉 등이 이에 속한다.

건축

건축물로는 불국사, 석굴암과 월지(안압지), 감은사지3층석탑이 있으며 승탑과 탑비가 다수 남아 있으며 석가탑, 다보탑, 양양 진전사지3층석탑 등이 있다.

기타
불상, 공예로는 법주사 쌍사자석등, 성덕대왕신종(비천상), 상원사 동종 등이 있다.

2) 발해

발해는 자료가 많지 않아 내용이 상당히 제한되어 있지만 고구려 유민이 세운 나라로써 더 많은 자료가 확보되어 발해의 역사를 더 연구할 수 있는 날이 오길 바라며 알려진 것을 중심으로 알아본다.

수취제도로는 곡물, 공물, 부역으로 통일신라와 엇비슷하였다. 밭농사가 중심이었고 일부 지역에서는 벼농사도 지었다. 말(솔빈부)이 주요 수출품이었으며 모피, 녹용, 사향 등도 수출하였다. 신라와는 신라도를 개척하여 거래하였고 당과는 등주에 발해관을 설치하는 등 활발하게 거래하였으며 일본과도 거래하였다.

고분으로 정혜공주묘는 굴식돌방무덤으로 돌사자상이 있으며 정효공주묘는 벽돌무덤양식으로 벽화가 그려져 있다. 건축물로는 영광탑, 상경성의 주작대로, 이불병좌상, 벽돌과 기와 무늬, 돌사자상, 석등 등이 있다.

제3장

고려시대

개요

    고려는 건국 초기 신라를 부흥하려는 세력과 각지의 호족 세력 등을 고려에 흡수시켜야 했으며 게다가 많은 태조의 자식들과 개국공신들이 호시탐탐 왕좌를 차지하기 위한 암투까지 일어났다. 결국 광종이 이들을 누르고 500년 역사의 디딤돌을 놓았다. 대륙의 신흥강호로 떠오른 거란과는 적대관계를 유지하여 세 차례에 걸친 거란의 침략을 받았으나 물리쳤다. 또한 왕비를 지속적으로 배출한 인주이씨 가문의 이자겸이 왕위를 찬탈하고자 난을 일으켰으나 실패하였고 묘청이 풍수지리설을 들먹이며 서경 천도를 주장하다가 뜻이 관철되지 않자 난을 일으켰다가 실패하였다. 거란을 멸망시킨 금과는 우호관계를 유지하였다. 중기 들어서 문신에 비하여 홀대를 받던 무신들의 누적된 불만이 보현원 사건을 계기로 폭발하여 무신의 난을 일으켰다. 무신의 난은 성공하여 허수아비 왕을 세우고 실권을 장악하여 100년간 고려를 지배하였다. 무신정권 기간 중에 중국 대륙은 몽골(원)이 평정하였고 고려를 침략하자 고려가 결사항전을 하기로 하고 왕과 대신들은 강화도로 피난하였다. 원은 지속적으로 고려를 침략하여 고려 강토를 유린하였고 많은 문화재들을 소실시켰다. 결국 고려는 원에 항복하였고 원의 부마국으로 전락하였으며 무신정권도 몰락하였다. 그러나 공민왕은 즉위 초기 원의 압제에서 벗어나고자 많은 개혁정치를 시도하였지만 부인이자 공민왕의 탈원정책을 지원하던 노국대장공주가 죽으면서 모든 개혁정치는 동력을 잃고 결국 공민왕은 측근인 자제위의 홍륜에게 피살되고 말았다. 특히 이 시기를 전후하여 중국에서 발호한 홍건적과 바다 건너 왜구들이 고려를 수시로 침략하여 사회는 많이 어지러웠다. 이성계는 최영과 더불어 이들을 막아내는 데 큰 공을 세우면서 입지를 다졌다. 이후 요동정벌을 놓고 이성계와 최영이 반목하게 되었고 우왕과 최영이 강행한 요동정벌 과정에서 이성계가 위화도회군을 하여 최영을 제거하고 실권을 잡았으며 이성계의 편에 선 신진사대부들과 함께 정몽주 등 개국 반대파들을 제거하고 조선을 개국하면서 고려는 멸망하였다.

① 고려 왕조사

1대 태조(918~943)

태조 왕건은 송악(개성) 출신으로 통일신라 말 후고구려를 세운 궁예의 부하로 들어갔다가 홍유, 배현경, 신숭겸, 복지겸 등과 공모하여 궁예를 몰아내고 연호를 천수라 하여 고려를 건국하였다. 궁예를 추종하는 세력인 환선길, 이흔암 등이 난을 일으켰으나 이를 평정하였다. 일리천(구미)에서 후백제를 격파하여 패망시키고 신라 경순왕이 스스로 항복을 해 옴으로써 후삼국을 통일하였다. 건재한 지방호족 세력을 회유하고자 **사심관제도**(지방호족 출신을 출신지에 호장을 추천하고 치안과 풍속교정, 공무조달 등의 역할을 하는 사심관으로 임명하는 제도)와 **기인제도**(지방호족의 자제를 볼모로 중앙에 머물게 하는 제도)를 시행하는 등 유화책과 강경책을 병행하여 실시하였다. 태조는 또한 지방호족 출신의 여식을 부인으로 맞는 **정략결혼정책**을 펴서 부인만 29명에 아들 25명, 딸 9명을 두었다. 많은 왕자와 공주들은 고려 초기 왕권 계승 문제 알력의 단초가 되기도 했다. 중국 대륙의 신흥강자로 떠오른 거란은 발해를 멸망시킨 족속이라며 **만부교 사건**을 일으키는 등 적대시하였다. 태조는 빈민들을 구제하기 위하여 **흑창**(춘궁기에 곡식을 빌려주었다가 추수기에 반납받는 것)을 운영하였고 개국공신들에게 토지의 수조권을 지급하는 **역분전**을 시행하였다. 신하들의 예법에 관한 서적인 '정계', '계백료서'를 남겼으며 후대 왕들에게 유훈으로 남긴 '**훈요십조**'가 있다. 당시 고려의 영토는 통일신라보다 넓어져 북으로 청천강부터 영흥만까지였다.

◉ 만부교 사건

발해를 멸망시킨 거란(요)은 주위의 나라들과 친선을 하고자 하였다. 고려에도 낙타 50필을 보내왔으나 태조 왕건은 거란이 발해를 멸망시킨 무례한 나라라 하여 사신들을 섬으로 유배하고 낙타는 모두 개성 보정문 안에 있는 만부교 다리 아래에서 굶겨 죽임으로써 거란과 고려의 관계는 악화일로를 걷게 되었다.

◉ 훈요십조

1조: 고려는 부처의 힘을 바탕으로 하니 사원을 짓고 승려를 파견하여 불도를 닦도록 하라.
2조: 도선이 선정한 곳 이외에는 사원을 짓는 것을 경계하라.
3조: 적자에게 왕권을 계승하는 것이 원칙이며 맏이가 어질지 못하면 신망이 있는 아들에게 계승시켜라.
4조: 당의 풍습을 억지로 맞출 필요는 없고 거란의 풍습은 본받지 말라.
5조: 서경은 지맥의 근본이니 100일 이상 서경에 체류하라.
6조: 연등회와 팔관회를 지속적으로 시행하라.

7조: 간언을 따르고 참소를 멀리하며 농업을 장려하고 세금을 가볍게 하여 백성의 신망을 얻도록 하라.

8조: 차현 이남 공주강 외의 사람은 등용하지 말라.

9조: 신료들의 녹봉은 현재 상태대로 하고 평화 시에도 군대를 양성하라.

10조: 경사를 읽어 옛날을 거울삼아 현재를 경계하라.

2대 혜종(943~945)

태조의 맏아들로 어머니는 장화왕후 오씨이다. 박술희의 도움으로 왕위에 오른 혜종은 즉위 당시 송악에는 왕규가, 서경(평양)에는 왕식렴이 막강한 세력을 가지고 있었다. 왕규는 호시탐탐 혜종의 목숨을 노렸고 이복동생들인 왕요(정종)와 왕소(광종) 형제 역시 왕위를 노리고 있었다. 혜종이 병석에 눕자 왕요가 왕식렴과 결탁하여 왕식렴을 개경으로 불러들여 왕규와 그의 무리들을 제거하였다. 혜종의 든든한 후원자였던 개국공신 박술희도 강화에 유배된 후 살해되었으며 얼마 있지 않아 혜종도 죽고 말았다.

3대 정종(945~949)

혜종이 죽은 뒤 이복동생인 왕요가 왕위를 이어 받았는데 혜종의 유언에 의한 것이 아니라 신하들의 추대를 받았다고 한다. 그의 어머니는 충주호족 유긍달의 딸 신명순성왕태후이다. 왕식렴과 함께 왕규, 박술희를 처단하였지만 그에 대한 개경의 호족과 백성들의 비난은 높았다. 불교를 숭상하여 여러 사원에 양곡 7만석을 내려 불명경보, 광학보를 설치하였다. 도참설에 따라 서경천도계획을 세웠지만 좌절되었다. 동생인 왕소(광종)에게 선위를 부탁하고 죽었다.

4대 광종(949~975)

정종의 동복동생으로 선위에 의하여 왕위를 물려받았다. 초기에는 호족세력이 건재하여 왕권강화와 관련된 어떤 정책도 취하지 않고 자신의 세력을 은밀히 키웠다. 세력을 불린 중기에는 호족세력을 견제하면서 후주인 쌍기를 등용하여 왕권강화 정책을 펴나갔는데 **노비안검법**(억울하게 노비가 된 자들을 평민으로 환원하는 제도), **과거제도**(문과, 잡과, 승과), **백관의 공복 제정** 등이 그것이다. 호족들의 반발도 만만치 않았으나 힘으로 제압하면서 왕권을 강화시켰다. 말기에는 권력에 대한 집착으로 정적들을 과감하게 제거하였을 뿐만 아니라 일단 의심이 가면 모두 처벌하였다. 심지어 혜종과 정종의 아들마저 죽어나갔고 자신의 아들인 경종까지도 죽음의 문턱을 넘나들었다. 광종은 스스로 개경을 황도라 칭하며 **황제**라는 호칭을 사용하고 '**광덕**', '**준풍**'이란 연호를 사용하였다. 국가 재정을 확보하기 위하여 **주현공부법**(매년 바치는 공물과 부역의 액수를 정하는 짓)을 실시하였다. 거란에 대해서는 강경책을 유지하였고 거란에 밀려난 송과는 지속적으로 통교하였다. 거란과 여진에 대한 방비도 게을리하지 않았다. 백성구제책으로 **귀법사**를 창건하고 이곳에 **제위보**(빈민의 구호 및 질병치료기관)를 설치하였다. 서경에도 관심을 기울여 개경을 황도, 서경을 서도라 하였다. 광종은 왕권을 강화하여 고려를 탄탄한 반석 위에 올려놓는 데 큰 역할을 하였다.

5대 경종(975~981)

광종의 장남으로 즉위 초에는 왕선을 집정으로 하여 정사를 맡겼다. 이즈음에 **복수법**을 만들어 광종 때 참소당한 사람의 자손들에게 복수를 허용하기도 하였는데 이로 인하여 사회가 시끄러웠다. 이를 빙자하여 왕선이 태조의 아들인 천안부원군을 죽이는 사태가 발생하자 왕선을 귀양 보내고 복수법을 폐지하였다. **전시과**를 제정하였는데 태조 때의 역분전을 변형한 것으로 관품과 인품에 의하여 지급하였고 이는 고려 토지제도의 기초가 되었다. 송과는 사신을 교환하는 등 국교를 돈독히 하였다. 왕승의 모반이 있었으나 최지몽의 예견을 좇아 평정하였고 오락과 여색을 좋아하였으며 병이 깊어지자 사촌동생인 개령군 치에게 선위하였다.

6대 성종(981~997)

성종은 태조의 손자로 아버지는 대종 왕욱이다. 성종은 최승로의 보필을 받았는데 유학자인 최승로가 시무 28조를 올리자 이를 받아들였다. 이는 불교 중심이었던 고려가 유교를 받아들였다는 큰 의미를 갖는다. **유교를 장려**하고 불교를 축소하고자 연등회와 팔관회를 폐지하였다. 또한 지방에 **12목을 설치**하고 절도사, 목사와 경학박사, 의학박사 1명씩을 파견하였다. 12목은 이후 10도, 12주로 편제되었다. 중앙통치체제를 정비하여 **2성6부제를 확립**하였으며 인재양성을 위하여 교육기관인 **국자감**과 빈민구제책으로 태조 때 시행되었던 흑창을 승계한 **의창**을 설치하였고 물가조절 기관으로 **상평창**을 설치하였다. 993년에는 거란(요)이 소손녕을 앞세워 고려를 침입하였으나 **서희**의 뛰어난 외교술로 오히려 강동6주를 차지하였다. 말기 병이 깊어지자 조카인 왕송에게 선위하였다.

🏵 서희와 강동 6주

거란이 강성하여 송을 밀어내고 중원을 차지하려는 야심을 품고 있던 시절 고려는 송에 사신을 보냈으나 왕래가 뜸한 고려에 대해 감정이 좋지 않던 송태조는 이들을 반갑게 맞아주지 않았다. 서희가 세 번째 사신으로 송을 방문하여 송태조에게 여진과 거란이 육로를 막고 있어 송과의 통교에 애로가 있다고 하자 송태조는 서희의 예의와 언변에 감탄하여 고려와의 통교를 수락하였다. 이 업적으로 서희는 검교부상서(현 국방부 장관)에 임명되었다. 이에 거란은 빈해여진과 정안국을 멸망시킨 후 소손녕을 대장으로 하여 고려를 침략하였다. 소손녕은 고려에 공문을 보내 항복을 종용하였다. 서희는 만약 고려를 멸망시킬 목적이었다면 군사를 몰고 내려왔을 터인데 공격을 보류하고 답을 기다리고 있다는 데서 거란이 무언가 거래를 하고 싶은 것이라 판단하였다. 고려는 이몽전을 보내 화의를 청하였으나 성과가 없었다. 거란의 지속적인 항복 요청에 고려 조정은 두 가지로 의견이 나뉘었다. 하나는 거란의 요구대로 항복하자는 것이었고 다른 하나는 서경 이북의 땅을 거란에게 주고 화의를 청하자는 할지론이었다. 고려 조정에서는 할지론이 우세하였다. 성종은 서경의 창고를 풀어 곡식을 백성들에게 나누어주고 남는 쌀은 대동강에 버리라고 하였다. 이때 서희가 나서서 할지론은 좋은 계책이 아니며 후에 거란이 삼각산 이북까지 달라고 하면 또 주겠느냐고 반문하면서 한번 결전을 치러 보고 논의하자고 하였다. 고려의 답신이 늦어지자 소손녕은 안융진을 공격하였는데 대도수와 유방이 이를 물리쳤다. 거란은 더 이상 남하하지 않고 항복만 독촉하였다. 고려는 합문사인 장영을 사신으로 보냈으나 소손녕은 더 직급이 높은 사람을 보내라고 하면서 돌려보내자 선뜻 나서는 자가 없었는데 이때 서희가 나섰다. 성종은 친히 서희를 예성강까지 배웅하였다.

서희는 국서를 가지고 소손녕의 진영으로 갔다. 소손녕은 서희에게 자신은 대국의 귀인이니 뜰 아래에서 절을 하라고 하였다. 이에 서희는 신하가 임금을 대할 때 절을 하는 것이고 대신들끼리 만나는 것이니만큼 그렇게 할 수 없다고 하자 소손녕이 노한 기색을 보였다. 그러자 서희는 숙소로 돌아와 숙소를 나오지 않았다. 결국 소손녕이 동등한 예를 갖추자고 하였고 서희가 이를 수락하여 둘은 대면하였다. 소손녕은 고려는 신라를 승계한 나라인데 어찌 고구려의 땅을 차지하고 있느냐고 하자 서희는 당당하게 고려는 신라를 승계한 것이 아니라 고구려를 승계한 나라이고 그래서 이름도 고려라 하였으며 도읍도 평양으로 하였다고 반격했다(서경에 분사제도를 실시하고 있었다). 오히려 거란이 고구려의 옛 영토를 침범하고 있다고 반박하였다. 소손녕은

이어 고려는 거란과 국경을 접하고 있음에도 불구하고 거란과는 통교
하지 않고 바다 건너 송과 통교하는 이유를 물었다. 서희는 거란과의
통교는 중간에 여진이 육로를 막고 있어 거란과 육로로 통교하는 것
보다 해로로 송과 통교하는 것이 용이하다고 하였고 나아가 거란과
통교하려면 먼저 여진을 내쫓고 거기에 성과 보를 쌓아 길을 통하게
한다면 통교가 가능할 것이라 하였다. 소손녕이 이 내용을 거란의 왕
에게 보내자 거란왕은 고려가 화친을 요청했으니 돌아오고 고려가 압
록강 280여 리(약 110㎞)의 영토를 개척하는데 동의한다는 내용도 보
냈다. 이에 고려는 거란에 일시적으로 사대의 예를 갖추었고 압록강
지역의 여진을 몰아내고 흥화진(의주), 용주(용천), 통주(선천), 철주(철
산), 귀주(귀성), 곽주(곽산)에 성을 쌓았으니 이것이 강동6주이다.

이후 거란은 강동6주를 내준 것을 후회하여 두 번이나 고려를 침략
하였지만 성공하지 못하였다.

(필자는 서희를 한반도 역사상 가장 훌륭한 외교관이라고 판단하여 자세히
기술하였다)

7대 목종(997~1009)

경종의 맏아들로 경종이 죽었을 때 어린 목종을 성종이
궁중에서 양육하여 후사로 지명하였으며 19세에 즉위하였
다. 목종의 모후인 천추태후가 정부 김치양과의 사이에서
태어난 아들을 왕위에 올리고자 태조의 유일한 적손인 대량
원군을 죽이려고 하자 서북면 순검사 강조를 입조케하여 이
를 막으려 하였다. 그러나 대량원군을 지키는 데는 성공하

였으나 **강조가 일으킨 정변**에 의하여 폐위되고 강조의 자객에 의해 죽임을 당하였다. 목종은 여색을 탐하였고 정사에 소홀하였다.

🌸 강조의 정변

목종의 부친인 경종에게 왕후가 둘 있었는데 목종의 생모인 헌애왕후와 헌정왕후였다. 고려 왕실에서는 초기부터 근친혼이 성행하였는데 두 왕후 모두 태조의 아들인 왕욱(王旭, 대종으로 추존)의 딸들이었다. 경종이 죽자 헌정왕후는 또 다른 왕욱(王郁, 안종으로 추존)과 사간하여 대량원군 왕순(현종)을 낳았다. 헌애왕후는 천추궁에 거처하였는데 헌애왕후의 외척인 김치양이 중의 복장으로 천추궁을 드나들었다. 헌애왕후와 김치양 간의 추한 소문이 나자 성종은 김치양을 장을 쳐서 유배 보냈다. 성종이 죽고 목종이 19세의 나이로 즉위하자 모친인 헌애왕후가 천추태후로 섭정을 하면서 김치양을 다시 불러들였고 이들 사이에 아들이 생기자 천추태후는 목종에게 아들이 없음을 이유로 김치양과의 사이에서 낳은 아들을 왕으로 옹립하려는 계획을 세웠다. 그러나 왕조의 적통인 대량원군이 걸림돌이 되자 대량원군을 강제로 출가시켜 개성 승경사로 보내고 수차례 살해를 시도하였으나 실패하였다. 이후 김치양 일파는 목종을 시해하고자 대궐에 불을 질렀으나 실패하였다. 목종이 병석에 눕자 목종은 후계자로 정한 대량원군을 궁궐로 데려오는 한편 서북면도순검사 강조에게 자신과 대량원군을 호위케 하였다. 목종의 명을 받은 강조는 개경으로 향하였는데 도중에 목종이 죽었다는 소문을 접하고는 서북면으로 돌아갔다. 그러나 강조는 정변을 실행코자 다시 개경으로 향하였다. 강조는 김치양과 천추태후를 제거하려면 목종을 폐위하여야 한다고 판단하였다. 강조는 개경으로 들어와 목종을 폐위하고 대량원군을 왕으로 옹립하였다. 김치양과 그의 아들을 죽이고 목종과 천추태후를 충주로 추방하였는데 강조는 자객을 보내 목종을 시해하였고 천추태후는 황주로 달아나 거기서 여생을 마쳤다.

8대 현종(1009~1031)

태조의 손자로 안종 왕욱의 아들인 대량원군이며 강조의 정변에 의해 왕위에 올랐다. 지방에도 **5도양계제를 확립**하여 지방에 대한 통제도 강화하였다. 5도에는 안찰사를, 양계에는 병마사를 파견하였다. 1차 침입 때 강동6주를 고려에 양보한 거란(요)이 강조의 정변을 구실 삼아 성종이 친히 군사를 몰고 2차 침입을 하였다. 강조가 통주(평북 선천)에서 대패하고 사로잡혔다. 개경이 함락되고 현종은 **나주로 피신**하였다. 거란은 현종의 입조를 조건으로 철수하였고 이후 현종이 입조를 거부하자 강동6주의 반환을 요구하며 소배압을 앞세워 3차 침입을 하였다. 그러나 고려군에게 연전연패하였고 **강감찬**에 의해 귀주에서 거의 전멸함으로써 거란의 침입은 막을 내렸다. 고려는 거란의 침입을 불력으로 막기 위해 6천여 권의 대장경을 만들었고(초조대장경) 성종대에 폐지된 연등회와 팔관회를 부활시켰다. 개경에는 나성을 축조하였고 외교문제를 담당하는 **도병마사**를 설치하였으며 **주현공거법**(향리에게 수조권을 위임하는 법)을 실시하였다.

9대 덕종(1031~1034)

현종의 장남이다. 거란에 사신을 보내 압록강의 성교를 헐고 억류된 사신을 돌려보내 줄 것을 요청하였으나 거란이 이를 받아들이지 않자 고려도 거란의 사신을 받아들이지 않는 등 관계가 좋지 못하였다. 덕종은 거란을 비롯한 북방 족들의 침입에 대비하여 삭주, 영인진, 파천에 성을 쌓았으며 평장사 유소에게 명하여 압록강 입구에서 도련포에 이르는 **천리장성**을 쌓게 하였다. 국자감시(과거 예비시험)를 처음으로 시행하였고 현종대에서 시작된 국사편찬사업을 완성하였다.

10대 정종(1034~1046)

덕종의 동생으로 형의 유명으로 즉위하였다. 국경지역에 추가로 성을 쌓았다. 그러나 압록강 일원에서 거란의 침입을 받자 그 이듬해부터 거란의 연호를 사용하고 책봉을 받았지만 덕종 때부터 시작된 천리장성을 완성하였다. **노비종모법**(어머니가 천민이면 자식도 천민이 되는 것)을 제정하였고 악공(주악에 종사하는 말단 잡직)과 잡류(관아의 말단 이속)들의 자손이 과거에 나가는 것을 금지하였으며 **장자상속법**을 제정하였다.

11대 문종(1046~1083)

정종에게 아들이 있었으나 정종의 유지에 의해 동생이었던 문종이 즉위하였다. 문종은 정비로 이복남매인 인평왕후 김씨가 있었으나 인주 이씨인 이자연의 딸 3명을 비로 취하였다. 대각국사 의천은 이자연의 딸을 어머니로 하는 문종의 아들이다. **공음전시법**(고위관료에게 지급된 전지와 시지를 세습할 수 있게 하는 것)이 시행되었고 **재면법**(천재지변으로 피해를 입은 농민에게 피해액에 따라 세금을 경감해 주는 것)도 시행하였다. 죄수 심문시 **삼원신수법**(죄인의 심문에는 반드시 3명의 심사관을 두는 것)을 적용하였고 **효교법**(국자감 학생들의 재학 기간 연장을 제한하는 법), **양전보수법**(결의 면적을 확정하는 법)도 시행되었다. **선상기인법**(향리의 자제를 수도에 인질로 삼는 법)을 실시하여 중앙집권체제를 강화하였다. 경기지역이 13현에서 50현으로 확대되었고 남반직(문반과 무반에 속하지 않은 국왕의 시종, 경비 등을 맡은 관직)은 최고위가 4품에서 7품으로 떨어졌다. 동여진의 침략이 여러 차례 있었으나 격퇴되었고 여진이 고려에 토산품을 바칠 만큼 평온하였다.

12대 순종(1083~1083)

문종의 맏아들로 어려서부터 허약하였으며 아우인 왕운에게 임시로 일을 맡기고 재위 3개월 만에 죽었다.

13대 선종(1083~1094)

순종의 동생으로 과거에 부정기적으로 실시하던 승과를

정기시험으로 전환하는 등 불교를 장려하였다. 회경전에 13층 금탑을 세웠으며 동생 의천이 송에서 2년간 불법을 공부하고 돌아와 흥왕사에 **교장도감** 설치를 건의하자 이를 받아들였고 **국청사**를 짓는 등 불교 부흥에 노력하였다. 또한 국자감의 벽에 유학자 72현의 상을 붙이는 등 유교의 진흥에도 노력하였다. 사탑의 건설 등이 모두 백성들의 노역에 의한 것이어서 백성들의 원망도 많았다.

14대 헌종(1094~1095)

선종의 아들로 병약하여 즉위 초기에는 태후가 섭정하였다. 이자연의 손자인 이자의가 반란을 일으켰으나 진압되었다. 난을 토벌한 공으로 계림공 왕희(숙종)가 중서령으로 임명되었고 왕희가 선위를 압박하자 헌종은 왕위를 물려주고 물러난 지 2년 만에 죽었다.

15대 숙종(1095~1105)

문종의 아들로 조카로부터 왕위를 찬탈한 숙종은 6촌 이내의 혼인을 금하였다. 주조관을 두고 주화를 만들어 통용하게 하였는데 고려의 지도를 본떠서 **활구**(은병)를 만들었고 고주법(풀무질로 금속을 녹여 거푸집에 넣어 화폐를 제조하게 하는 법)을 제정하여 **해동통보** 1만 5천관을 만들어 통용시켰으나 화폐유통이 활발하진 못하였다. 여진이 강성해지자 여진과의 다툼이 일어났는데 임간과 윤관이 연달아 패하였다. 윤관이 여진의 기병 때문에 이기기 어렵다고 하며 올린 건의를 받아들여 **별무반**(기병부대인 신기군, 보병부대인 신보군, 승병 부대인 항마군)을 구성하였다.

16대 예종(1105~1122)

숙종의 장남으로 즉위한 예종은 숙종 때 설치된 별무반으로 여진을 공략하여 대파하고 **북동9성**을 설치하였다. 그러나 여진의 침입이 계속되고 9성을 방비하는 데에도 어려움이 있어 이듬해 여진에 반납하였다. 최충, 김부식 등에 의하여 사학이 융성하자 국학에 전문강좌인 **7재를 설치**하여 관학의 진흥을 꾀하였으며 장학 재단인 **양현고**도 설치하였다. **혜민국**을 설치하여 빈민들에게 시약하였고 예의상정소(신분에 따른 의복, 공문서 양식, 예의 등을 제정하고자 설치된 관서)도 설치하였다. 1115년 여진 완안부의 추장 아쿠타가 여진족을 통일하여 금을 세우자 요(거란)가 고려와 함께 금을 정벌하자고 제의하였으나 이를 거절하였다. 송으로부터 대성악을 들여왔는데 이가 궁중음악인 아악이다. 금이 형제 관계를 들먹이며 화친 문서를 보냈으나 조정에서의 반대로 화답하지 않았다.

17대 인종(1122~1146)

예종의 장자인 인종은 15세의 나이에 왕위에 올랐다. 고려 전기부터 많은 왕비를 배출한 인주 이씨의 세력이 커졌는데 급기야 1126년 인종의 장인이자 외조부인 **이자겸이 난을 일**으키자 최사전과 척준경을 시켜 난을 제압하고 이자겸은 영광으로 유배하였다. 또한 척준경을 정지상 등의 탄핵에 의하여 유배하였고 묘청, 백수한, 정지상 등이 주장한 서경길지설을 믿고 임원역에 대화궁을 짓고 순행하였다. 묘청 등이 주장한 서경천도설이 김부식 등에 의해 좌절되자 **묘청이 난을** 일으켰는데 김부식이 이를 평정하였다. 또한 김부식으로 하여금 사마천의 '사기'를 본떠서 '삼국사기'를 편찬케 하였다. 금과 송과는 사신왕래 등 돈독한 관계를 유지하였다. 김부식의 아들 김돈중이 당시 견룡대정이던 정중부의 수염을 태우고 희롱하자 무신들이 김돈중을 폭행하였는데 김돈중의 부친인 김부식이 오히려 정중부를 나무라자 문신들에게 멸시를 받아온 무신들의 불만이 높았다. 그러나 인종이이를 중재함으로써 외형상 마무리되었지만 훗날 무신정변의큰 원인이 되었다.

🌸 이자겸의 난

인주 이씨는 고려 초기에 왕실과 혼인관계를 유지하던 제1의 외척세력이었다. 예종은 인주 이씨인 이자겸의 딸을 왕비로 맞았다. 예종이 죽고 태자 왕해가 14세에 불과하자 예종의 아우들이 왕권을 넘보기 시작하였다. 이때 이자겸이 나서서 왕해를 즉위시켰으니 왕해가인종이다. 이로써 어린 왕을 대신해 막강한 권력을 잡은 이자겸은 자기 세력을 정부 요직에 앉히고 반대파들을 제거하기 시작하였다. 그는 그의 셋째와 넷째 딸을 차례로 인종에게 시집보냈다. 이자겸은 군사권을 가진 척준경과는 사돈지간이었고 둘이 결탁하여 권세를 이용하여 치부를 하고 왕을 업신여기는 등 횡포를 일삼았다. 이자겸은 '十八子爲王'설을 믿고 왕이 되려 하였다. 인종을 독살하려고 독이 든 떡을 인종에게 주었으나 이자겸의 딸인 왕비가 이를 미리 알려 실패하였다. 인종은 척준경을 회유하여 거사를 도모케 하였는데 이자겸이 왕궁을 침범하려는 계획을 탐지하여 척준경에게 밀지를 보냈고 최사전에게 설득당한 척준경은 왕을 도우기로 하였다. 결국 이자겸의 계획은 수포로 돌아가 영광으로 유배를 갔고 이자겸의 딸들도 폐위되었다. 이자겸은 영광에서 죽었고 새로 실권을 잡은 척준경도 위세를 믿고 횡포를 일삼다가 정지상의 탄핵을 받아 유배길에 올랐다.

하나 더 '굴비의 유래'

영광으로 귀양 간 이자겸은 거기에서 소금에 절인 조기를 먹어보고는 그 맛에 감탄해 마지않았다. 그 맛에 반한 이자겸은 왕에게 보냈다. 생선의 이름은 굴비(屈非)라고 적어 보냈다. 그 의미는 맛있는 음식을 보내지만 외손자를 위한 선물일 뿐 비굴해지지 않겠다는 의미였다.

❀ 묘청의 난

이자겸의 난으로 정세는 불안정하였다. 궁궐이 불타고 정치 기강은 흐트러졌다.

일찍이 고려는 서경(평양)에 분사제도를 실시하여 작은 정부를 구성하고 있었는데 묘청은 개경의 지덕이 쇠약해졌기 때문이고 서경으로 천도하여야 융성할 수 있다는 풍수지리설을 강조하였다. 더구나 서경으로 천도하면 금이 항복하고 많은 국가들이 조공을 바쳐올 것이라고 도 하였다. 이러한 묘청의 주장에 백수한, 정지상 등 많은 대신들이 호응하였다. 인종은 이에 따라 서경을 자주 왕래하였고 임원역(평남 대동군)에 대화궁을 짓게 하였다. 그러나 바뀌는 것은 없었고 오히려 대화궁 인근에 벼락이 치고 인종이 서경으로 가던 중 폭풍우가 몰아쳐 많은 인명피해를 내기도 하였다. 특히 서경천도설을 반대한 김부식이 묘청 일파를 배척하였고 인종도 서경천도를 포기하였다. 서경천도운동이 실패하자 묘청과 서경파들이 난을 일으켰다. 서경파는 군대를 서경으로 집결시켜 국호를 대위, 연호를 천개, 군대를 천견충의군이라 하며 난을 일으켰다. 진압군의 책임자로 임명된 김부식은 먼저 개경에 있던 서경파인 백수한, 정지상 등을 처형하고 평정길에 올랐다. 가는 곳마다 도적의 토벌 격문을 보내자 많은 성들이 정부군에 협력하였다. 난군의 주요 실세인 조광은 형세가 불리해지자 주모자인 묘청, 유담 등을 죽여 윤첨에게 주어 개경으로 보냈으나 개경에서는 윤첨을 옥에 가두었다. 이에 조광 등은 항복해도 면죄를 하기 어렵다고 판단하고 끝까지 저항하였으나 정부군에 의하여 평정되고 말았다.

18대 의종(1146~1170)

인종의 장자로 인종 사후 즉위하였다. 인종 때 두 번의 난을 겪으면서 실추된 왕권을 회복하고자 하였고 문신들을 견제하기 위하여 무신들에 대한 대우도 향상시키고자 하였으나 결국 문신 위주의 조정으로 돌아가고 말았다. 유흥을 좋아하던 의종은 1170년 보현원에 거동하던 당시 정중부, 이의방, 이고 등의 **무신들의 정변**에 의하여 폐위되어 거제현으로 보내졌는데 명종 때 의종 복위를 획책하던 김보당의 난이 실패하자 이의민에 의해 죽임을 당하여 곤원사 북쪽 연못에 던져졌다.

❀ 무신정변

고려시대의 과거제는 4대 광종 때 실시되었으나 무과가 없었고 문벌귀족은 무반을 차별하였다. 문, 무반은 형식적으로는 같은 지위를 유지하는 단일체계였으나 문벌귀족이 정치권력과 병마권까지 장악하는 등 권력을 독점하여 무신들은 문신들의 호위병 역할을 하는 지경에까지 이르렀다. 명종 때 문신인 김부식의 아들 김돈중이 촛불로 무신 정중부의 수염을 태워버린 사건은 명종의 중재로 수면 밑으로 가라앉았으나 문신들이 무신을 업수이 여겼던 단적인 예라 하겠다. 무신을 호위병으로 이용하는 의종의 향락 생활은 무신들의 불만을 증폭시켰고 무신들은 호시탐탐 정변의 기회를 엿보고 있었다. 이런 와중에 의종은 보현원 행차 도중 무신들에게 수박놀이를 시켰는데 대장군 이소응이 젊은 무신을 이기지 못하자 젊은 문신 한뢰가 이소응의 뺨을 때리는 사건이 발생하였다. 이 사건을 기화로 보현원에 도착한 정중부, 이의방, 이고 등이 순검군을 모아 문관과 대소신료, 환관들을 모조리 죽였다. 이어 무신들은 궁궐로 돌아와 문신들을 닥치는 대로 살해하였다. 얼마나 불만이 많았으면 '문관을 쓴 자는 모두 죽이고 씨를 말리라'고 하였을까? 무신들은 의종을 폐하여 거제도로 귀양 보내고 태자는 진도로 내쫓았으며 의종의 동생을 명종으로 즉위시켰다.

무신들이 정권을 장악하자 정변세력 중 강경파인 이의방과 이고가 실권을 장악하였지만 둘 간의 권력 다툼이 일어나 이의방이 이고를 제거하였다. 의종 복위를 기치로 내건 김보당의 난을 진압하고 이의방은 그의 수하였던 이의민을 시켜 의종을 살해하였다. 그러나 이의방은 다시 정중부에 의해 살해되었고 정중부는 다시 젊은 무장 경대승에게 제거되었다. 경대승은 의종을 살해한 이의민을 죽이고자 하였고 이의민은 고향인 경주로 가서 숨어 살았다. 경대승은 문, 무반을 골고루 기용하여 정권의 균형을 잡고자 하였으나 젊은 나이에 병사하자 명종은 이의민을 다시 개경으로 불렀고 이의민이 모든 정권을 잡았다. 천민 출신이던 이의민의 인생역전이었다. 그러나 이의민도 최충헌에 의하여 제거되고 무신정권은 다시 최충헌 - 최우 - 최항 - 최의로 이어지는 최씨 무단정권의 시대가 도래하였다. 최우가 집권하던 시절 몽골이 고려에 쳐들어오자 최우는 개경을 버리고 강화로 들어가 몽골과의 결전을 준비하였다. 최씨 무단정권의 마지막 집권자인 최의가 김(인)준에게 살해되고 김(인)준은 다시 임연에게 피살되었다. 임연과 그의 아들 임유무로 이어졌으나 초기와 같이 막강하진 못하였다. 결국 임유무가 원종의 밀명을 받은 홍문계, 송승례 등에게 살해되면서 100년간에 걸친 무신정권도 끝이 났다. 고려는 몽골(원)에 항복하고 다시 개경으로 환도하였다.

19대 명종(1170~1197)

의종의 동생으로 무신정변에 의하여 권력을 차지한 무신들에 의하여 왕위에 올랐으니 허수아비 왕이었고 실권은 무신들이 독차지하였다. 이고가 반란을 도모하다가 실패하였고 동북면병마사 **김보당**이 무신정권 타도와 의종 복위를 내걸고 난을 일으켰으나 무인들에 의하여 평정되었다. 서경유수 **조위총**이 무신정권을 타도하고자 난을 일으켰으나 실패하였다. 정국이 무신들의 집권으로 어지러워지자 전국적으로 **민란이 발생**하였는데 공주 명학소의 망이, 망소이의 난, 경북 청도의 김사미, 효심의 난, 전주 관노의 난(죽동의 난) 등이 일어났다. 최충헌이 이의민을 죽이고 정치의 쇄신을 목표로 하는 **봉사십조**를 올리자 왕은 이를 받아들였다. 하지만 결국 최충헌에게 폐위당하고 말았다.

◉ 봉사십조

① 국왕의 정전(正殿) 사용, ② 함부로 설치된 관직의 정리, ③ 탈점된 토지의 환수, ④ 불법적 조세 과징의 억제, ⑤ 안찰사의 진상 중지, ⑥ 승려의 정치 간여 금지, ⑦ 향리에 대한 적정한 관리, ⑧ 관직의 사치풍조 억제와 검소한 기풍 진작, ⑨ 비보사찰 외의 남설된 원찰(願刹) 정리, ⑩ 대간의 활성화에 의한 언로 소통 등이다.

20대 신종(1197~1204)

명종의 동생으로 역시 허수아비 왕이었다. 이 당시에도 난이 끊임없이 일어났는데 명주(강릉), 동경(경주), 전주 등에서 난이 일어났고 탐라에서도 난이 일어났다. 특히 최충헌의 사노인 **만적**이 노비 해방을 기치로 걸고 난을 일으켰지만 실패하였다. 정권은 여전히 최충헌의 손아귀에 있었다. 등창이 심하여 태자에게 왕위를 물려주었다.

21대 희종(1204~1211)

신종의 장자로 즉위하였다. 내시 왕준명 등과 함께 최충헌을 죽이려다가 실패하고 오히려 최충헌에게 폐위되어 강화 – 자란도 – 교동을 거쳐 다시 개경으로 돌아와 딸 덕창궁주를 최충헌의 아들 최성과 혼인시켰다. 훗날 복위의 음모가 있다 하여 최충헌의 아들 최우에 의하여 다시 강화로 갔다가 교동으로 옮겨 그곳에서 죽었다.

22대 강종(1211~1213)

명종의 장자로 최충헌에게 쫓겨나 명종과 함께 강화에 갔다가 희종 때 소환되어 최충헌에 의하여 즉위한 허수아비 왕이었다.

23대 고종(1213~1259)

강종의 장자로 강종 역시 최씨 무단정권으로 인하여 실권이 없었으며 각종 민란과 거란, **몽골의 침략**으로 어지러운 시기였다. 최충헌이 죽자 그의 아들 최우가 실권을 잡았고 이후 김(인)준이 최씨 무단정권의 마지막 실권자 최의를 죽임으로써 왕권을 확보하는가 싶었으나 김(인)준 – 임연 – 임유무에게 실권이 돌아갔다. 또한 거란의 끊임없는 침략과 더불어 몽골까지 침략해 오자 **강화도로 천도**하여 28년간 항쟁하였다. 고려 강토는 몽골군의 말발굽에 짓밟혀 대구 부인사의 대장경판, 경주 황룡사의 9층탑 등 수많은 문화재가 잿더미가 되고 말았다. 불력에 의하여 몽골을 물리치고자 유네스코 지정 세계기록유산으로 지정된 **팔만대장경**을 조판하였다. 결국 몽골에 강화를 하고자 무인들의 반대에도 불구하고 태자 전(원종)을 몽골에 보냈다. 몽골의 침입에 조휘, 탁청 등이 동북면병마사 신집평을 죽이고 철령 이북의 땅을 몽골에 바치자 몽골은 통치기관으로 **쌍성총관부**를 설치하였다.

24대 원종(1259~1274)

고종의 장자로 강화 요청차 몽골에 갔다가 고종이 사망하자 귀국하여 즉위하였다. 재위 중에도 몽골이 친조를 요구하여 몽골에 다녀오기도 하였다. 또한 일본에 사신을 보내 해적이 고려를 침략하는 것을 단속해 달라고 하였다. 임연을 시켜 김준을 살해하였지만 임연이 실권을 장악하였다. 서북면병마사 최탄이 임연을 제거한다며 난을 일으켜 세력을 확장하여 원에 귀부하자 원은 여기에 **동녕부**를 설치하였다. 태자를 몽골에 보냈고 친몽정책과 개경 환도를 주장하다가 이를 반대하는 임연에 의하여 폐위되어 동생 왕창이 왕위에 올랐으나 원의 도움으로 4개월 만에 복위하여 임연을 살해하려다가 실패하였다. 이후 국왕폐위사건의 진상 해명차 원에 가서 태자 왕심의 혼인과 군대를 청병하였다. 원과 항전하려던 임연이 죽고 아들 임유무가 권력을 잡자 이때를 기회로 개경 환도를 결행하였고 홍문계, 송승례 등을 회유하여 임유무를 제거함으로써 100년간에 걸친 무신정권이 막을 내렸다. 이후 개경 환도를 반대하던 **삼별초**가 배중손을 중심으로 본거지를 진도로 옮겨 항몽하였으나 여원연합군에 패배하였고 남은 세력을 김통정이 이끌고 제주도로 이동하여 항거하였으나 역시 여원연합군에 의하여 평정되었다. 원의 매빙사가 남편이 없는 부녀자 140명을 요구하자 결**혼도감**을 설치하고 민간의 독녀, 역적의 처, 종의 딸 등을 원에 보내서 백성들의 원성을 받았다. 이후 고려의 태자는 원에 볼모로 가서 원의 공주와 결혼하는 **원의 부마국**으로 전락하였다. 양인이 노비화되는 것을 막고자 전민변정도감을 설치하였으나 효과는 미미하였다.

25대 충렬왕(1274~1298, 1298~1308)

원종의 장자로 원 세조의 결혼 허락을 받아 원 세조의 딸 제국대장공주와 혼인하였으며 원종이 죽자 고려로 돌아와 즉위하였다. 왕과 왕비가 몽고에서 생활한 탓에 몽고의 생활양식을 즐겼는데 이때부터 고려에 몽고풍이 유행하였다. 원 세조의 강요로 여원연합군이 결성되어 두 번에 걸쳐 일본 정벌을 시도하였으나 폭풍으로 실패하였다. 원은 일본을 정벌하고자 **정동행성**을 설치하였는데 이들의 횡포로 인한 피해가 극심하자 왕이 동정불가를 호소코자 원에 갔으나 원세조가 죽으면서 일본 원정 논란은 가라앉았지만 정동행성은 그대로 유지되었다. 원의 적대세력이던 내안의 잔여세력 합단이 쳐들어오자 왕은 원에 원병 요청과 천도 허가를 요청하고 강화로 피신하였다. 합단은 충주를 거쳐 연기까지 침입하였다. 그러나 원충갑, 한희유의 분전과 원의 도움으로 이들을 물리쳤다. 왜구의 침입도 있었으나 김방경 등이 이들을 물리쳤다. 최탄이 원에 바쳤던 동녕부를 돌려받고 탐라도 회복하는 등 영토보전에도 힘을 쏟았다. 원의 간섭으로 행정체제가 격하되었다. 왕의 호칭이 '종'에서 '왕'으로 격하되고 앞에 원에 충성한다는 '충'을 붙이게 하였으며 중서문하성과 상서성을 합쳐 첨의부로, 추밀원은 밀직사로, 어사대는 감찰사로 고쳐졌다. 일본 정벌용 기관인 정동행성을 그대로 두고 내정간섭까지 받았다. 왕을 호칭하던 폐하도 전하로 격하하였다. 또한 몽골 직제를 운영하면서 새로 생겨난 관부도 있었는데 여기에 속한 이들이 원의 세력을 등에 업고 횡포를 부리기도 하였다. 왕의 총애를 믿고 세도를 부리던 궁인 무비가 세자(충선왕)에게 죽임을 당하자 세자에게 왕위를 넘겼다. 그러나 충선왕이 왕비 계국대장공주의 질투에 의한 무고로 국인을 빼앗기고 원으로 압송되자 다시 복위되었다. 그러나 왕은 사냥과 가무에 빠져 정사를 돌보지 않았다. 이후 왕유소, 송린 등이 부자간을 이간질하여 계국대장공주를 서흥후 왕전에게 개가시켜 왕위를 잇도록 하자

심심풀이로 보는 한국사

는데 동조하여 이를 성사시키고자 원나라에 가기도 하였다. 그러나 원 무종의 즉위에 공을 세운 충선왕이 원에서 위상이 높아져 왕유소 일당은 처형되었다.

26대 충선왕(1298~1298, 1308~1313)

충렬왕의 아들로 모친인 제국대장공주가 죽자 이를 기회로 세도를 부리던 무비의 숙청으로 인한 부왕의 선위에 의하여 왕위에 올랐다. 총명했던 그는 고려 귀족들의 횡포를 바로잡는 정책을 폈다. 부당하게 뺏은 땅을 백성들에게 돌려주는가 하면 원과 관련하여 관직에 올라 권문세가가 되어 백성을 착취하는 것들을 바로잡는 개혁안 30항을 발표하였다. 또한 원의 간섭하에 고쳐진 관제를 복구하거나 새로이 정비하고자 하였다. 이런 와중에 평소 부부 사이가 좋지 못했던 계국대장공주가 또 다른 왕비 조비를 질투하여 원에 알린 조비무고사건이 터지자 충선왕에 의해 눌려있던 권문세가들이 계국대장공주편을 들었다. 결국 폐위되어 원으로 들어가고 충렬왕이 왕위에 복귀하였다. 이간질을 당한 충렬왕이 충선왕의 왕위 복귀를 반대하였지만 원에서 위상이 높아진 충선왕이 부왕 사망 후 복위되었는데 다시 한번 혁신정치를 표방하였으나 원의 생활에 익숙해져 있던 충선왕은 정치에 싫증을 느끼고 제안대군 왕숙에게 왕권 대행을 맡기고 원으로 가 버렸다. 조서를 통하여 정치하였고 재원 기간 동안 고려에 포 10만 필, 쌀 4,000곡과 많은 물자를 요구함으로써 불만이 높았다. 신하들이 귀국을 요청하고 원도 고려로 돌아갈 것을 권했으나 원에 계속 남아 있었다. 원에서 자택에 만권당을 지어 원의 학자들에게 학문을 연구하게 하였으며 고려의 대학자 이제현도 여기서 원의 학자와 교류하였다. 둘째 아들을 왕으로 즉위시킬 때 잠시 귀국하였다가 다시 원으로 돌아갔다. 원의 인종이 죽자 고려 출신 환관의 모함으로 토번에 유배되었다가 다시 원으로 돌아와 원에서 죽었다.

27대 충숙왕(1313~1330, 1332~1339)

충선왕의 둘째 아들로 부친을 따라 원나라에 가서 왕위를 받고 즉위하였다. 원의 강요로 귀천의 복색을 정하였고 상왕인 충선왕이 조카 왕고에게 심양왕의 지위를 물려주자 왕고는 고려 왕위를 넘보았다. 사용, 김성 등이 반란을 일으켰으나 평정하였고 탈이 많던 사심관제도를 폐지하였다. 심양왕 왕고가 무고하여 원에 불려가 5년간 원에 있었다. 고려의 국호를 폐하고 원에 흡수시켜 달라고 청원하기도 하였다. 충숙왕은 이러한 일에 염증을 느껴 심양왕에게 왕위를 넘겨주려 하였으나 한종유 등의 반대로 세자 왕정(충혜왕)에게 양위하고 원으로 갔다. 아들 충혜왕이 황음무도하자 원에 의해 폐위되고 충숙왕이 복위되기도 하였다. 원의 무리한 세공을 삭감하고 공녀와 환관의 징발을 중지하는 청원을 넣기도 하였다.

심심풀이로 보는 한국사

28대 충혜왕(1330~1332, 1339~1344)

충숙왕의 장자로 공민왕의 동복형이기도 한 충혜왕은 원에서 충숙왕의 전위를 받아 즉위하였다. 방탕한 생활로 원에 의해 폐위되어 원으로 압송되었다. 충숙왕이 죽자 조적 등이 심양왕 왕고를 고려의 왕으로 옹립하려 하였으나 원 내에서 왕고를 밀던 세력이 힘을 잃어 실패하고 충혜왕이 복위하였다. 후궁만도 100명에 달할 만큼 주색과 사냥을 즐기며 정사를 돌보지 않았고 반대를 무릅쓰고 삼현에 궁궐을 새로 지었다. 부친 충숙왕의 여인 수비 권씨, 외삼촌의 처 황씨를 범하는 등 패륜도 일삼았다. 심지어 부친의 첩인 쿠빌라이의 증손녀 백안홀도(경화공주)도 능욕하였다. 이 사건으로 심양왕 왕고를 왕으로 옹립하려는 조적 등이 충숙왕비인 경화공주와 함께 충혜왕을 없애려고 궁을 습격하였으나 실패하였다. 사무역으로 금전을 챙기고 무리한 세금을 징수하여 유흥으로 탕진하였다. 결국 방탕한 생활에 젖어있던 충혜왕은 다시 원으로 압송되었고 귀양을 가던 길에 죽었다.

29대 충목왕(1344~1348)

충혜왕의 장자로 충혜왕이 죽자 8세의 나이로 즉위하였다. 선왕이 지은 신궁을 헐고 숭문관을 지었으며 이제현의 건의를 받아들여 선왕의 악업을 되돌리고 악업을 일삼은 권문세가들을 숙청하였으며 권신들이 독점하였던 녹과전을 이전의 소유자들에게 돌려주었다. 또한 폐정을 바로잡기 위해 **정치도감**을 설치하였다. 그러나 민전을 측량하던 와중 고려 공녀 출신으로 황후의 자리에 오른 기황후의 친척 기삼만이 남의 토지를 빼앗고 불법행위를 한 것이 발각되어 기삼만을 옥에 가뒀는데 기삼만의 처가 정동행성이문소에 이를 고발하면서 원의 간섭으로 측량을 제대로 하지 못하였다. **진휼도감**을 설치하여 굶는 백성을 구제하는 등 선정을 베풀고자 노력하였으나 재위 4년 만에 죽었다.

30대 충정왕(1349~1351)

충혜왕의 서자로 충목왕이 후사 없이 죽자 이듬해 원에서 돌아와 즉위하였다. 왜구가 자주 침범하여 약탈하자 이권과 유탁을 내려보내 왜구의 침략에 대비하였으나 왜구의 침략은 지속되었다. 내부에서는 외척인 윤시우와 배전 등이 횡포를 부려 국정이 문란하였다. 윤택, 이승로 등이 왕이 나이가 어려 정사를 돌보지 못한다고 원에 청하자 원은 공민왕을 왕에 오르게 하고 충정왕을 강화에 유배하였다가 이듬해 독살하였으니 왕의 나이 열다섯이었다.

31대 공민왕(1351~1374)

충숙왕의 아들로 원에서 노국대장공주를 비로 맞이하였고 충정왕이 폐위되자 귀국하여 왕위에 올랐다. 당시 중국은 원명 교체기로 이 틈을 이용하여 공민왕은 탈원정책을 추진하였다. 몽고풍속을 폐지하고 몽고의 연호, 관제를 폐지하는 한편 **정동행중서성이문소를 폐지**하고 기황후의 친족으로 횡포를 일삼던 기철 일파를 숙청하였다. 또한 **쌍성총관부를 폐지**하여 영토도 회복하였다. 또 명과 연합하여 요동을 공략하였고 동녕부를 공격하여 오로산성을 점령하였다. 신돈을 기용하여 폐단의 온상이던 정방을 폐지하고 **전민변정도감**을 설치하여 권문세족들이 불법으로 빼앗은 토지를 백성들에게 돌려주었고 불법으로 노비가 된 사람들을 해방시켰다. 그러나 홍건적과 왜구의 잦은 침입과 김용의 반란, 최유의 반란 등이 일어나 사회가 불안하였다. 홍건적의 침입도 극심하였는데 홍건적의 침입으로 개경이 함락되고 공민왕이 **복주**(안동)까지 피난 갔으나 이성계, 최영, 이방실, 정세운 등이 개경을 탈환하였다. 이 와중에 왕비인 노국대장공주가 죽자 모든 정사를 신돈에게 일임하였는데 신돈의 횡포가 심해지고 왕의 목숨까지 위협하자 신돈을 수원으로 귀양 보낸 후 사사하였다. 말년에는 건강한 청년들로 구성된 **자제위**를 발족시켰다. 자제위의 홍륜이 익비를 범하여 임신시키자 이를 감추려고 홍륜과 밀고자인 환관 최만생을 죽이려 하였으나 이를 안 홍륜의 선공으로 공민왕은 그의 칼에 목숨을 잃고 말았다.

❀ 자제위

공민왕은 부인인 노국대장공주가 죽자 슬픔에 빠져 정사를 소홀히 하였다. 공민왕은 말년에 왕권의 강화와 요동문제 해결을 한다며 자제위를 설치하였다. 자제위 소속으로 젊고 잘생긴 청년들만 뽑았고 이들과 변태성욕을 즐기고 후사를 얻기 위하여 이들로 하여금 비빈들을 겁탈하게 하였다. 이 와중에 익비가 임신을 하자 공민왕은 익비를 임신시킨 자제위의 홍륜을 제거하기로 하였다. 이 사실을 들은 환관 최만생은 자신도 제거될 것을 염려하여 홍륜에게 이를 알렸고 홍륜과 최만생이 선수를 쳐 공민왕의 침실을 급습하여 공민왕을 살해하였다. 공민왕은 죽을 당시 뇌수가 벽에 뿌려졌다고 할 정도로 참혹하게 죽었다. 홍륜도 이인임에 의하여 공민왕을 시해한 것이 밝혀져 처형되었다.

32대 우왕(1374~1388)

어릴 적 이름이 모니노였던 우왕은 순정왕후 신씨의 아들이다(신돈의 시비인 반야의 아들이라고도 한다). 어릴 때부터 신돈의 집에서 양육되었다. 신돈이 실각한 뒤 공민왕은 모니노를 그의 아들이라 밝히고 궁으로 데려와 '우'라는 이름을 주었고 공민왕에게 다른 후사가 없었기에 공민왕이 시해되자 이인임 등에 의하여 즉위하였다. 왜구가 창궐하여 사회가 어지러웠으나 정사는 이인임과 최영이 맡아서 하였고 왕은 사냥과 유희에만 빠져 있었다(우왕 시절 왜구의 침략이 278회에 달하였다). 정몽주 등을 일본에 파견하여 해적의 단속을 부탁하기도 하였고 최무선에게 명하여 화통도감도 설치하였다. 왜구의 침입이 계속되자 수도를 한양으로 옮기자는 논의까지 있었다. 당시 북원과 명 사이에 외교문제가 발생하였

고 이 때 명에서 철령위 설치를 일방적으로 통고해오자 이
성계가 반대하였으나 최영의 건의에 따라 요동정벌을 단행
하였다. 그러나 이성계가 위화도에서 회군하여 이인임, 최영
을 제거하고 우왕마저 폐위하여 강화도로 안치하였다. 이어
여흥군(여주) - 강릉으로 옮겼다가 죽었다.

(모니노가 공민왕의 아들이 아니라 신돈의 자식이었다는 설은 이
성계 등에 의하여 제기된 것이고 폐위의 명분으로 삼았다)

🏵 위화도회군

　　당시 중국 대륙에서는 주원장이 명을 건국하여 세력을 확장하였고
원은 명에 밀려 북원으로 축소되었다. 명은 요양에 요동위를 설치하
여 요동으로의 영토확장을 노리고 있었다. 그러나 당시 요동의 주체
세력이었던 나하추가 명에 항복하자 명은 과거 쌍성총관부가 있던 철
령 이북의 땅에 철령위를 설치하겠다고 일방적으로 고려에 통보해 왔
다. 당시 실권자였던 최영은 이를 도발로 보고 강경한 자세를 취하였
지만 이성계는 명이 이미 강국이어서 명과의 싸움은 불가하다고 하였
으나 최영의 자세는 변함이 없었다. 결국 최영의 건의에 따라 요동정
벌군이 구성되었고 우왕과 팔도도통사인 최영은 서경에 머물렀다. 조
민수를 좌군도통사, 이성계를 우군도통사로 삼아 출병시켰다. 원정군
이 위화도에 당도하자 폭우가 내려 압록강 강물이 불어났고 무더위와
장마에 지쳐 이탈하는 군인들이 속출하자 이성계는 조민수와 상의하
여 4불가론(① 작은 나라가 큰 나라를 거스르는 건 옳지 않다. ② 여름철에 군

사를 일으키는 건 옳지 않다. ③ 전군을 동원해 원정을 가면 그 틈을 이용하여 왜적이 쳐들어올 염려가 있다. ④ 무덥고 비가 많은 계절이어서 활의 아교가 풀어지고 병사들이 전염병에 걸릴 염려가 있다)을 주장하며 조정에 철군을 요청하였다. 그러나 우왕과 최영은 이를 무시하고 진군을 명하였고 이성계는 조민수와 상의하여 회군을 결행하였다. 이에 놀란 우왕과 최영은 급히 개경으로 돌아와 반격을 준비하였으나 이성계에게 사로잡히고 말았다. 위화도회군으로 실권을 장악한 이성계는 우왕을 강화도로, 최영을 고봉(고양)으로 유배 보냈다. 우왕의 아들 창왕을 즉위시켰으며 최영을 처형하였다. 조민수와 이성계가 대립하였으나 군사력이 우위에 있던 이성계가 제압하여 조민수를 유배 보냈으며 창왕 역시 신돈의 핏줄이라 하여 폐위시키고 신종의 7대손인 공양왕을 왕으로 옹립하였다.

33대 창왕(1388~1389)

우왕의 아들로 부왕이 강화로 추방되자 조민수와 이색 등의 추천으로 왕위에 올랐는데 당시 나이 9세였다. 왜구가 침입하자 경상원수 박위로 하여금 대마도를 정벌케 하였다. 김저와 정득후가 폐위된 우왕을 여주에서 만나 이성계를 살해하라는 부탁을 받고 음모를 꾸미다가 발각되어 폐위되었다. 이 사건으로 우왕은 강릉에서, 창왕은 강화에서 살해되었다. 이성계 일파는 창왕 역시 우왕과 같은 신돈의 핏줄이기에 폐위하였다는 주장을 하였다.

34대 공양왕(1389~1392)

20대 신종의 7대손으로 이성계, 심덕부 등에 의하여 창왕이 폐위되고 왕위에 올랐다. 이미 실권은 이성계의 수중에 들어가 있었고 재위 기간 동안 제도개편을 단행하였지만 이는 이성계와 신진사대부들의 기반을 공고히 하는 것뿐이었다. 관제를 6부제로 개편하고 과거에 무과를 설치하였다. **배불숭유론**에 따라 주자가례를 시행하고 불사의 재산을 몰수하였다. 1390년 도선비기에 의거하여 한양으로 천도하였으나 민심의 동요로 이듬해 개경으로 환도하였다. 또한 조준의 건의에 따라 **과전법**(문무관료에게 나누어 준 분급수조지)을 시행하였다. 이성계의 반대세력인 정몽주가 살해되자 이성계가 모든 실권을 잡았고 정도전, 조준, 남은 등이 이성계를 추대하여 왕으로 세우면서 공양왕은 폐위되었다. 폐위된 공양왕은 원주 – 간성군 – 삼척부로 옮겨졌다가 삼척부에서 살해당하였다.

이로써 474년간에 걸친 고려왕조는 종말을 고하였다.

② 고려시대 보충자료

정치제도

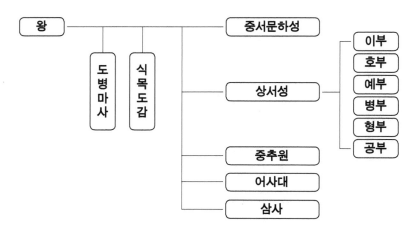

중서문하성은 2품 이상의 재신과 3품 이하인 낭사로 구성되었고 중추원은 2품 이상인 추밀과 3품 이하인 승선으로 구성되었다

대간은 중서문하성의 낭사와 어사대 관원으로 구성되었으며 서경권, 간쟁권, 봉박권을 가졌다.

- 서경권: 관리의 임명이나 법령의 제정에 서명을 하는 권리
- 간쟁권: 왕의 잘못을 논할 수 있는 권리
- 봉박권: 잘못된 왕명을 되돌려 보낼 수 있는 권리

도병마사와 식목도감은 중서문하성의 재신과 중추원의 추밀로 구성되었는데 도병마사는 국외 문제를, 식목도감은 국내 문제를 논의하는 기관이었다.

지방행정제도

지방행정제도는 초기 군사적 목적으로 분류했을 뿐 확립되지 못하다가 성종 때 전국에 12목을 설치하고 지방관을 파견하였다. 이어 12목을 12절도사체제로 개편하여 절도사를 파견하였고 현종 때에는 4도호 8목으로 정비하였다. 중기에 들어서서 전국을 5도양계제로 재편하여 5도에는 안찰사를, 양계에는 병마사를 파견하였다. 지방에는 지방관이 파견되지 않은 속군현들이 많았다. 향(농업 담당), 부곡(농업 담당), 소(수공업 담당)의 특수행정구역이 존재하였는데 이곳에 거주하는 주민들은 일반 양민보다 못한 대우를 받았고 거주이전이 제한되었다.

군대체계

중앙군으로는 2군 6위가 있었는데 여기에 속한 군인들은 직업군인으로 군인전을 지급받았다. 무신회의기관인 중방은 2군 6위의 상장군과 대장군으로 구성되었다.

지방군으로는 주진군과 주현군이 있었는데 평시에는 교대로 동원되다가 전시에는 모두 동원되는 예비군 성격을 띠었고 16~60세의 정남이 담당하였다.

관리 등용제도

과거제(문과, 잡과, 승과)가 있었는데 양인 이상이면 응시가 가능하였고 5품 이상 관료의 자제는 과거를 거치지 않고도 관리로 진출하는 음서제의 특권을 누렸다.

수취 제도

조세는 토지의 비옥도에 따라 3등급으로 구분하고 생산량의 1/10(공전은 1/4)을 징수하였다.

공물은 지역특산물을 징수하였는데 주, 현 – 속현과 향, 부곡, 소 – 각 가호의 단계로 징수하였으며 상공(정기적 징수)과 별공(특별한 일이 있을 때 징수)이 있었다.

16~60세의 평민 남자는 요역과 병역의 의무가 있었다.

전시과 제도

역분전(태조)은 개국 과정의 공신들에게 지급하였다.

시정전시과(경종)는 관직과 인품을 기준으로 전, 현직 관료에게 지급하였고 개정전시과(목종)는 관직 기준으로 전, 현직 관료에게 지급하였다가 경정전시과(문종)는 현직 관료에게만 지급하였다.

- 전시과는 전지(생활용)와 시지(땔감용)로 수조권을 지급하는 것이며 관직 만료 시 반납이 원칙이었다. 전시과는 시간이 지나 지급대상자가 많아지면서 지급해야 할 토지가 부족하자 그 규모를 줄였다.

심심풀이로 보는 한국사

토지의 종류는 일곱 가지로 나누며 다음과 같다.

공음전은 5품 이상 관료에게 지급하였는데 세습이 가능하였다.

한인전은 6품 이하 관리 자제가 대상으로 신분 세습이 가능하였다. .

군인전은 군역의 대가로 지급되었고 신분과 함께 세습이 가능하였다.

구분전은 하급 관리와 군인 유가족을 대상으로 하였다.

내장전은 왕실 소유로 직접 경영하는 토지이다.

공해전은 왕실, 관청, 궁원의 경비조달용 토지이다.

사원전은 불교사원에 소속된 토지이다.

토지 부족으로 전시과가 붕괴 위기를 맞자 원종 때에는 경기도의 8현에 한하여 토지를 분급하는 **녹과전**을 실시하였다.

고려 후기에는 권문세족들이 대농장을 경영하며 백성들을 착취하고 핍박하여 그들의 주머니를 채우며 기반을 탄탄하게 다졌다.

민전은 사유지로 매매, 상속과 증여, 임대가 가능하였다.

농업 기술

시비법(땅에 비료를 주는 것)이 발달하였고 고려 말 문익점이 들여온 목화를 재배하였다.

밭농사는 윤작법(토지를 세 등분하여 1/3씩 휴경지로 두는 것)

이, 논농사는 이앙법(못자리를 이용하여 옮겨 심기)이 보급되었다.

원의 농서인 '농상집요'가 이암에 의하여 소개되었다.

수공업

전기에는 관청수공업과 소수공업이, 후기에는 사원수공업과 민간수공업이 이루어졌다.

상업 활동

개경에는 시전, 대도시에는 관영상점이 있었는데 시전은 경시서에서 감독하였다. 행상이 후기에 규모를 확대하였고 소금은 전매제로 정부에서 주관하였다. 화폐는 건원중보(성종), 삼한통보, 해동통보, 은병(숙종) 등이 주조되었으나 유통이 부진하였다. 무역항으로 벽란도(예성강 하류)가 번성하였다.

신분제

귀족 – 중류층 – 양민 – 천민으로 구성되었다.

귀족은 왕족, 5품 이상으로 음서와 공음전의 혜택을 누렸다.

중류층은 잡류(관아의 말단 이속), 남반(궁궐에서 숙직하고 국왕을 시종하는 관리), 군반(일반 군사), 역리(역의 실무를 담당하는 자), 향리(지방의 행정실무를 담당하는 말단 관리) 등이었다.

양민은 일반 농민(백정)과 향, 부곡, 소 주민(양민보다 낮은 천민에 가까운 사람들이 거주하는 행정구역으로 거주 이전의 자유가 제한되었으며 세금도 가혹하였다)이 이에 속하였다. 조세, 공납,

역의 부과 대상이었다.

천민은 공노비(입역노비, 외거노비)와 사노비(솔거노비, 외거노비)가 있었으며 일천즉천제(부모 중 한쪽이 노비이면 자식은 자동으로 노비)가 시행되었다. 외거노비는 별도로 독립하여 생활하면서 신공을 바치는 노비였다.

농민의 조직으로는 향촌공동체의 신앙 활동인 매향에서 유래된 향도가 있었는데 조선시대에 들어서는 두레로 발전하였다.

✿ 매향

서해안과 남해안을 중심으로 주민들이 공동으로 귀한 향이나 약재로 사용하는 침향을 얻기 위하여 향나무, 소나무 등을 해안가에 묻어두는 것으로 왜구의 침입 등으로 불안한 사회 상황에서 미륵신앙에 근거하여 미륵의 구원과 공동체의 안녕과 발전을 비는 의미도 컸다.

사회 제도

의창(빈민구제), 상평창(물가조절기관), 동, 서 대비원(의료구제기관), 혜민국(질병치료기관), 제위보(빈민의 구호 및 질병치료기관) 등이 있었다.

법률

당률을 참고한 법률을 기준으로 관습법을 적용하였으며 지방관에게 사법권이 있었다. 반역죄와 불효죄는 중죄로 다스렸고 태형(작은 형장으로 볼기를 치는 형벌)−장형(큰 형장으로 볼기를 치는 형벌)−도형(강제노동형)−유형(유배형)−사형 의 형벌이 있었다.

여성의 지위

정계 진출 등을 제외하고는 상속, 가족제도 등에서 남성이랑 대부분 동일하였다.

유학

초기에는 6두품 계열이 주도하였다. 과거제도도 유교를 바탕으로 시행하였으며 시무28조를 올린 최승로도 유학자였다. 유학을 익히고 교육하기 위하여 국자감과 향교가 설치되었다.

중기에는 문벌귀족이 세운 사학이 융성하였는데 최충의 9재학당이 유명하였고 삼국사기를 지은 김부식의 명성도 드높았다.

후기에는 안향이 성리학을 전래하였고 신진사대부들이 수용하여 조선개국에 중요한 역할을 하였을 뿐만 아니라 조선시대에는 정신적 지주역할을 하였다.

교육기관

관학으로 국자감과 향교가 있었고 사학으로는 최충의 9재학당, 사학12도 등이 유명하였다. 사학이 융성하자 정부에서는 관학을 진흥시키고자 노력하였는데 예종 때에는 국자감에 전문강좌기관인 7재를 두었고 장학재단인 양현고, 경연과 장서 보관을 위하여 청연각과 보문각을 설치하였다. 인종 때에는 형부의 율학을 국자감으로 옮겨 경사6학을 설치하였다.

역사서

전기에는 왕조실록과 7대실록을, 중기에는 김부식이 삼국사기를, 후기에는 해동고승전(각훈), 동명왕편(이규보의 동국이상국집 내에 소재), 삼국유사(일연), 제왕운기(이승휴)가, 말기에는 이제현이 사략을 저술하였다. 안타깝게도 고려 왕조에 관한 서적인 왕조실록과 7대실록은 현재 전하지 않는다.

불교

전기 태조가 훈요10조에서 연등회와 팔관회의 개최를 당부하였고 광종은 과거제에 승과를 실시하였다. 국사, 왕사 제도도 시행하였으며 균여의 화엄종을 받아들여 귀법사를 창건하였다. 그러나 성종은 최승로의 건의를 받아들여 연등회와 팔관회를 중지하는 등 불교를 축소시키고 유학 보급에 노력하였지만 현종 때에 부활하였고 불교는 고려를 지탱하는 힘이 되었다.

중기에는 대각국사 의천이 교종 중심으로 선종의 통합에

노력하였고 국청사에서 해동천태종을 창시하였으며 교관겸수(교리체계인 교와 실천수행법인 지관을 함께 닦아야 한다)를 주장하였다.

후기에는 지눌이 송광사에서 세속화되어가는 불교의 폐해를 바로잡고 불교의 신앙 본질에 충실하자는 수선사 결사를 조직하였고 정혜쌍수(선정의 상태인 정과 사물의 본질을 파악하는 혜를 함께 닦아야 한다), 돈오점수(깨달음을 얻은 후에도 수행을 계속해야 한다)를 주장하였다. 또한 선종 중심으로 교종을 통합하고자 노력하였다.

혜심은 유불일치설(유교와 불교는 하나)을 주장하였고 요세는 강진 만덕사에서 백련사결사를 조직하였다.

대장경은 초조대장경 – 교장(속장경) – 제조대장경(팔만대장경)의 순으로 조판되었다.

도교

도교는 초제를 거행하는 등 민간에 퍼져 있었고 풍수지리설은 태조의 훈요십조에서도 나타나며 묘청의 난도 풍수지리설에 근간을 두는 등 사회 전반적으로 널리 퍼져 있었다.

과학 기술

목판인쇄술은 대장경 조판이 대표적이며 금속인쇄술은 상정고금예문(1234년), 직지심체요절(1377년)이 있으나 상정고금예문은 현재 남아 있지 않고 직지심체요절은 세계 최초의 금속활자로 제작된 책으로 현재 프랑스 국립도서관에 있다.

천문학 관련으로는 사천대(서운관)를 설치하였고 역법은 초기에는 당의 선명력을 사용하였으나 후기에는 원의 수시력을 사용하였다.

의학서적으로 향약구급방이 만들어졌으며 왕실의 의약과 치료를 담당하는 태의감을 설치하였다

화약은 고려 말 우왕 때 최무선이 화통도감을 설치하여 제조하였다.

건축, 조각 기타

건축은 초기 주심포 양식(주심의 끝에 공포를 설치하는 것)에서 후기 들어 다포양식(주심의 끝 이외에도 많은 공포를 설치하는 것)으로 변화하였다. 주요 건축물로는 안동 봉정사의 극락전(주심포 양식), 영주 부석사의 무량수전(주심포 양식), 예산 수덕사의 대웅전(주심포 양식), 황해도 봉산 성불사의 응진전(다포 양식) 등이 있다.

석탑으로는 개성 불일사 5층 석탑, 평창 월정사 8각9층탑, 개성 경천사지 10층석탑 등이 있다. 승탑과 탑비도 만들어졌는데 여주 고달사지 승탑, 원주 법천사지 지광국사탑 등이 있다.

불상은 여러 형태로 만들어졌는데 하남 하사창동의 철조석가여래좌상, 논산 관촉사의 석조미륵보살입상, 안동 이천동의 마애여래입상, 영주 부석사의 소조아미타여래좌상 등이 있다.

청자는 11C 순수청자에서 12C 중엽부터 상감청자(그릇 표면에 무늬를 음각하여 유약을 발라 무늬가 나타나도록 만든 청자)로 발전하였고 공예로는 은입사 기술(청동이나 철, 구리 등 금속 그릇에 은실을 사용하여 문양을 넣는 세공기법)이 발달하였다.

얇게 간 조개껍데기를 여러 형태로 오려서 기물의 표면에 장식하는 나전칠기도 고려 때부터 만들어졌다.

글씨는 전기 구양순체, 왕희지체에서 후기에는 송설체가 유행하였고 그림으로는 이령의 예성강도, 공민왕의 천산대렵도, 혜허의 수월관음도 등이 그려졌다.

음악으로는 아악(궁중의식에서 연주하는 음악)과 향악(궁중음악)이 있었다.

제4장

조선시대

개요

고려의 공양왕을 몰아내고 조선을 개국한 이성계는 개국세력들과 새로운 국가의 면모를 갖추고자 하였다. 그러나 두 명의 부인에게서 태어난 왕자들 간의 왕위계승을 두고 이방원(태종)이 두 차례에 걸친 왕자의 난을 일으켜 왕위에 올랐다. 태종은 국가 존립의 초석을 닦았고 이를 바탕으로 조선 최대의 성군이라 불리는 세종이 한글 창제와 많은 과학기구의 발명, 영토 개척 등 수많은 업적을 남겼다. 그러나 세종의 아들인 세조가 조카인 단종을 제거하고 왕위에 올랐으며 이후 폭군 연산군이 반정에 의해 폐위되는 사건도 일어났다. 이 시기에 중국에서는 원을 몰아낸 명이 들어섰고 명과는 화친을 맺어 큰 마찰이 없었다. 고려 말부터 대대적으로 대마도를 근거지로 한 왜구들은 생필품이 부족하여 이를 보충하고자 지속적으로 한반도를 침략하였다. 일본은 조선에 무역을 간청하여 이들의 요구를 일부 수용하였으나 그들의 약탈은 그칠 줄 몰랐다. 일본을 통일한 토요토미가 조선을 거쳐 명을 정벌하려는 야욕을 앞세워 조선을 침략한 임진왜란과 정유재란이 일어났다. 이순신, 권율 등의 분전과 명의 지원으로 이들을 막았으나 토요토미가 죽자 일본군들이 철군하면서 왜란은 끝이 났다. 그 이후 중국에서는 명이 쇠퇴하고 후금(청)이 강성해지자 명이 청을 물리치고자 조선에 원군을 요청하였다. 광해군이 중립 외교를 펴 이 사태는 무리 없이 해결하는가 싶었으나 인조가 폐모살제를 들어 반정에 성공하여 조정은 청에 대한 적대적인 관계로 돌변하였다. 이에 분개한 청은 정묘호란, 병자호란을 일으켰고 결국 인조는 삼전도에서 항복을 하고 청의 간섭을 받게 되는 치욕을 겪었다. 왜란과 호란이 끝나자 토지는 황폐화되었고 곳간은 비었으며 민심은 크게 동요되었다. 게다가 조정에서는 성리학을 앞세워 상대편을 끌어내리고 집권을 하려는 붕당정치가 이어졌는데 숙종의 3차례에 걸친 환국은 이러한 상황에 기름을 붓는 상황까지 만들고 말았다. 결국 영조와 정조가 이를 종식시키고자 탕평책을 실시하였으나 크게 효과를 보지는 못하였다. 정조가 죽고 즉위한 순조부터는 왕의 외척인 안동 김씨와 풍양 조씨의 세도정치로 조선 백성들의 삶은 더욱 곤궁해졌다. 고종이 집권하면서 섭정을 맡은 흥선대원군이 세도정치를 종식시키기 위하여 노력하였다. 그러나 이 시기는 서양에서 산업혁명이 일어나 원료의 확보와 생산제품을 판매하기 위한 시장을 개척하고자 서구 열강들이 식민지 개척에 열을 올리던 시기였다. 결국 청과 일본이 영국과 미국에 의하여 개항하였으며 조선도 개항 압력을 받았다. 흥선대원군이 물러나고 고종의 친정이 이루어지자 부인인 명성황후의 친족들이 대거 입각하였고 이들과 대원군 간의 세력 다툼도 벌어졌는데 고종은 이들을 중재하지 못하고 열강의 틈바구니 속에서 생존방법만 모색할 뿐이었다. 일본은 조선을 장악하기 위하여 명성황후를 시해하는 악행을 벌였고 신변에 위협을 느낀 고종은 러시아 공사관으로 피신하였다. 왕이 없는 조선의 강토는 열강들의 먹잇감이 되었고 여론에 밀려 환궁한 고종은 원구단에서 대한제국을 선포하였다. 그러나 일본은 이에 아랑곳하지 않고 청일전쟁, 러일전쟁을 일으켜 승리하였다. 전쟁의 승리를 발판으로 1905년 을사늑약, 1910년 한일병합조약을 맺어 조선을 일본의 식민지로 전락시킴으로써 조선도 역사 속으로 사라졌다.

❶ 조선 왕조사

1대 태조 이성계(1392~1398)

이성계의 집안은 원래 원의 벼슬을 했었는데 부친 이자춘은 공민왕이 쌍성총관부 탈환 시 도움을 준 인연으로 고려의 벼슬을 받아 기반을 다져서 동북면의 실력자가 되었다. 이성계는 부친을 도와 어릴 적부터 용맹을 과시하였다. 1361년 박의의 난을 진압하였고 홍건적에 의하여 개경이 함락되자 친히 병사를 이끌고 개경 회복에 공을 세웠으며 원나라 나하추의 침입을 물리쳤을 뿐 아니라 최유가 원에 의해 고려왕에 봉해진 덕흥군을 앞세워 침입하였으나 이도 물리쳤다. 또한 잦은 여진족의 침입을 평정하여 동북면의 안정을 가져왔다. 고려에 쳐들어온 왜구를 물리치는데도 혁혁한 공을 세웠으며 특히 황산대첩은 그의 이름을 드높이는데 크게 기여하였다. 왜구의 침범이 잦자 김사형을 시켜 대마도 정벌에 나서기도 하였다. 여진족 호바투가 빈번하게 침략하였는데 이를 궤멸시키기도 하였다. 그는 최영과 함께 당시 횡포를 부리던 임견미, 염흥방을 제거하였다. 그러나 명의 철령위 설치 문제로 최영과 사이가 벌어졌고 우왕과 최영이 이성계의 반대에도 출정시키자 위화도에서 회군하여 최영과 우왕을 몰아냈다. 이어 **신진사대부**들인 정도전, 조준 등과 함께 고려의 마지막 왕인 공양왕을 몰아내고 조선을 건국하였다. 도읍도 개경에서 한양으로 옮겼으며 명에는 사대정책을 썼다. 조선을 건국하기 전 정도전, 조준 등을 위시한 신진사대부와 이색, 정몽주 등이 주축이 된 온건사대부가 있었는데 이성계와 힘을 합친 신진사대부들이 고려를 부흥시키려는 온건사대부들을 제거하고 새 왕조를 열었다. 조선 개국의 일등공신인 정도전은 '조선경국전', '경제문감', '불씨잡변' 등을 남겼다.

이성계의 후계를 두고 일어난 두 번에 걸친 왕자의 난으로 화가 난 이성계는 왕위를 아들 방과(정종)에게 넘겨주고 함흥으로 가버렸다. 정종으로부터 선위 받은 태종(이방원)이 왕위에 오르자 태종은 이성계를 한양으로 모셔오기 위해서 함흥으로 사자들을 보냈고 이성계는 사자들을 모두 죽였다. 함흥차사란 단어가 이때 생겼다. 결국 이성계는 무학대사의 간청에 의하여 한양으로 돌아왔다.

🌸 왕자의 난

1차 왕자의 난(무인정사)

이성계에게는 두 명의 비가 있었는데 신의왕후 한씨와 신덕왕후 강씨이다. 신의왕후는 동북면에 있을 때 혼인한 사이로 슬하에 방우, 방과(정종), 방의, 방간, 방원(태종), 방연의 여섯 명의 아들이 있었고 신덕왕후 소생으로는 방번과 방석의 두 아들이 있었다. 왕자들 중 신의왕후 한씨의 다섯째 아들 이방원은 야심도 컸고 조선 개국에 가장 큰 공을 세웠다. 왕도정치를 꿈꾸던 개국공신의 핵심 정도전과 강력한 왕권을 추구하려던 이방원은 그 의견을 좁히지 못하고 대립하였다. 그러던 중 세자책봉문제에서 개국공신들의 논의 끝에 막내인 방석이 세자로 책봉되자 이성계를 따라 전장을 따라 누볐던 신의왕후 자식들의 불만이 대단하였는데 특히 이방원의 노여움은 극에 달하였다. 결국 이방석을 세자로 책봉하는 데 앞장섰던 정도전, 남은 등을 죽이고 방번마저 살해하였다. 세자였던 방석은 귀양을 보내고 귀양 가는 도중에 살해하였다. 이방원과 뜻을 같이 하였던 조준, 하륜 등이 이방원을 세자로 책봉하려 하였으나 이방원의 고사로 결국 둘째인 이방과(정종)가 세자로 책봉되었다.

2차 왕자의 난(방간의 난, 박포의 난)

이방원의 세력이 커지고 있었지만 아직 이방원의 동복형제들도 각자 사병을 거느리고 있었기에 그 세력도 만만치 않았다. 그중 넷째인 이방간도 야심에 찬 인물이었다. 박포는 1차 왕자의 난 때 정도전이 이방원을 제거하려 한다는 것을 알려주는 등 공이 많았으나 1차 왕자의 난에 대한 논공행상에 불만을 표출하다가 죽주(영동)로 귀양 갔다. 박포는 이방간 역시 논공행상에 불만이 많다는 걸 알고 이방원이 이방간을 제거하려 한다는 거짓밀고를 하여 이방간을 충동질하였다. 이방간은 이를 듣고 자신의 사병을 동원하여 이방원을 겨누자 정종이 이를 말렸다. 그러나 이방간이 듣지 않고 이방원을 제거하려 하자 이방원도 사병을 동원하여 두 세력은 개경 시내에서 시가전이 벌어졌다. 결국 이방원이 승리하여 박포는 처형되었고 이방간은 유배되었다.

2대 정종(1398~1400)

태조의 둘째 아들인 방과이다. 이성계가 1차 왕자의 난 이후 후계를 정할 당시 정종이 후보로 거론되었으나 정종이 동생인 정안군 이방원이 공이 많아 그를 후계로 삼아야 한다고 했으나 이방원이 양보하여 왕위에 올랐다. 실권은 이방원이 쥐고 있어 이방원의 의중대로 정치가 흘러갔다. 이방원은 2차 왕자의 난을 진압한 뒤 왕세제로 임명되었고 이방원의 건의에 따라 사병을 혁파하였다. 이후 정종은 왕위를 이방원에게 물려주고 상왕으로 물러났다. 집현전(세종 때의 집현전과 다름)을 설치하였고 향약제생집성방을 편찬하였다.

3대 태종(1400~1418)

태조 이성계의 다섯 번째 아들인 태종은 부친 이성계의 조선 건국에 큰 공헌을 하였다. 이성계가 사냥 도중에 낙마하여 병치레를 하는 동안 이성계를 제거하려던 정몽주를 격살하였다. 명에서 왕자를 입조시키라고 하자 왕자의 신분으로 명에도 다녀왔다. 그러나 계비 강씨와 정도전 등이 태종을 배척하자 2차례에 걸친 왕자의 난을 일으켜 왕위에 올랐다. 1차 왕자의 난 때 잠시 개경으로 옮겼던 도읍을 한양으로 천도하였으며 무엇보다 조선 초기 왕권 안정에 역점을 두었다. 왕비의 형제로 세도를 부린다는 이유를 들어 처남들인 민무구, 민무휼 등 처남들을 죽이고 개국공신 이숙번도 축출하였다. 이후 나머지 처남인 민무질, 민무회도 죽였다. 이로써 부인인 원경왕후와의 갈등은 깊어졌다. **육조직계제**(6

부가 의정부를 거치지 않고 왕에게 직접 보고하는 제도)를 시행하여 왕─6조의 체제를 시행하였고 지방은 **8도체제**를 확립하였다. 유학을 숭상하고 불교를 억제하는 조선의 시책에 따라 사원을 대폭 축소하고 **도첩제**(승려가 출가했을 때 정부가 허가증을 발급하여 신분을 공인한 제도)를 실시하였으며 각종 부역에 승려를 동원하기도 하였다. 서운관에 설치된 비기도참서도 불태웠다. 사간원을 독립시키고 **양전사업**(토지조사사업), **호패법**(16세 이상 양인 남자에게 호패를 발급하여 지니게 하는 법), **신문고 제도**를 실시하였다. **주자소**를 설치하여 계미자를 주조하였으며 세계지도인 '혼일강리역대국도지도'를 만들었다. 당시 대외적으로는 명에게는 사대정책을, 여진과 왜에게는 강온정책을 적절히 폈다. 여진에 대해서는 경성과 경원에 무역소를 열어 통교케 하기도 하였으나 약탈과 침략에는 강하게 응징하였다. 왜에는 왜인들의 출입을 엄격하게 적용하여 통교자에게는 행장을 발급하여 지니게 하였고 일본 선박의 내항을 부산포와 내이포로 제한하였다. 이후 염포도 추가되었으나 출입제한에는 엄격하였다. 장남인 양녕대군이 무절제하고 방탕하다고 하여 양녕대군을 세자에서 폐하고 셋째인 충녕대군(세종)을 세자로 삼아 왕위를 물려주었다.

4대 세종(1418~1450)

태종의 셋째 아들로 세자였던 양녕이 폐세자되고 태종의 양위로 왕위에 오른 세종은 즉위 초 상왕 태종이 강상인의 옥사와 연계하여 세종의 장인인 심온을 처형하여 외척의 권력에 대한 접근을 철저히 막았다. 조선 최고의 성군이라 할 수 있는 세종은 특유의 포용력으로 왕과 신하 간의 분위기가 부드러워졌고 이를 바탕으로 수많은 치적을 남겼다. **집현전**을 설치하여 인재를 양성하였고 이를 기반으로 **훈민정음**을 제정하여 '한글'을 탄생시켰다. 6조직계제를 폐지하고 **의정부서사제**(6조가 의정부를 통하여 왕에게 보고하는 제도)를 실시하였으며 농업과 과학기술의 발전, 의약 기술과 음악 및 법제의 정리, 공법의 제정, 국토 확장 등 그가 이룩한 업적은 놀라울 정도이다. 이천, 이순지, 장영실 등과 함께 **과학기술** 관련 기구로 혼천의(천체관측기구), 앙부일구(해시계), 자격루(물시계), 측우기(강우량측정기)를 제작하였으며 역법서인 칠정산 내·외편도 만들어졌고 계미자보다 안정된 갑인자도 만들어졌다. 무기로는 각종 화포와 신기전 등도 만들어졌으며 박연 등과 더불어 아악의 부흥, 악기 제작, 향악의 창제와 더불어 악보인 정간보도 만들었다. 농서로 농사직설이 편찬되었고 의학서적으로는 향약집성방, 의방유취 등이 편찬되었으며 예절서인 삼강행실도와 효행록 등을 백성들에게 널리 읽도록 권장하기도 하였다. 죄인은 삼복법(죄인을 심리한 문서와 함께 해당 조문을 왕에게 세 번 올려 결재를 받아 집행하는 것)을 적용하여 남형을 금지하고 옥사환경을 개선하였다. 조세제도로 기존의 답험손실법(과전법을 행할 때 시행된 것으로 조세로 1/10로 정하고 흉년이 들면 감해 주는 법)이 관리의 부정 등으로 백성에게 고통을 주고 있다 하여 폐지하고 전분6등법(토지의 비옥도에 따라 등급을 매겨 차등 조세를 매기는 것), 연분9등법(농사의 풍흉에 따라 과세를 차등화하는 것)을 시행하였다. 불교에 대해서는 관용적인 정책을 펴 왕실의 기우, 구복 등에는 불사를 하였다. 당시 변방을 수시로 침략하던 여진족을 몰아내고 **최윤덕**으로 하여금 4군을, **김종서**로 하여금 6진을 개척하여 현재의 국토를 완성하였다. 조선의 해안가를 노략질하던 왜구들을 응징하고자 이종무로 하여금 **쓰시마섬 정벌**을 단행하였고 통교를 중단하였다. 식량과 생활필수품이 부족해진 일본의 간청에 의하여 **계해약조**를 맺어 삼포(부산포, 제포, 염포)를 개항하였다. 왜인의 수, 체류지, 연간 무역량을 규정하였다.

✿ 계해약조

왜구의 침입이 잦아지면서 대마도를 정벌하고 왜와의 통교를 금하자 생필품이 절대적으로 부족하였던 대마도주가 왜구의 금압을 서약하면서 조선에 통교를 간청하였다. 조선에서는 그들의 간청과 통교 금지에 따른 또 다른 문제가 발생될 수 있다고 염려하여 삼포를 개항하고 왜관 설치를 허용하였다. 그리고 그곳에서만 왜인들의 숙박과 무역을 허용하였으며 또한 대마도주가 만들어주는 행장(입국증명서)을 소지하도록 하였다. 그러다가 일본에 통신사로 갔던 변효문이 대마도주와 정식으로 조약을 체결하였다. 그 내용으로는 ① 세견선은 50척으로 한다. ② 삼포에서 체류 기간은 20일, 배를 지키는 자는 50일로 하며 이들에게 식량을 배급한다. ③ 세사미두(조선에서 대마도주에게 1

년간 하사하는 쌀)는 200석으로 한다. ④ 특별한 사정 발생 시 특송선을 파송할 수 있다. ⑤ 고초도(여수와 완도로 추정)에서 고기잡이하는 자는 지세포만호의 문인을 지녀야 하고 어세를 내야 한다.

● 강상인의 옥사

세종 즉위 초 상왕인 태종은 병권에 관하여서는 자신에게 보고하도록 하였는데 강상인이 이를 어기자 강상인을 처벌해야 한다는 주청이 있었으나 강상인이 원종공신인 까닭에 처벌하지 않았다. 그러나 심온의 동생인 심증과 강상인, 박습이 사석에서 호령이 두 곳에서 나와서 불편하다는 발언을 한 것이 태종의 귀에 들어가자 태종은 심증, 박습, 강상인을 처형하였고 이에 연루되었다 하여 세종의 장인인 심온마저 처형하였다.

5대 문종(1450~1452)

세종의 장자로 세종 사후 왕위에 올랐다. 학문을 좋아하였고 특히 집현전 학자들과 친하였다. 세종 말기 잦은 병치레로 고생하던 세종은 세자인 문종에게 섭정을 맡겼다. 세종대보다 왕권이 다소 약화되어 동생들인 수양대군, 안평대군 등의 세력이 강건하였고 이를 경계하는 신하들의 견제 등으로 왕실과 신권의 알력이 싹트고 있었다. 체질이 허약했던 문종은 결국 재위 2년 4개월 만에 병사하였다.

6대 단종(1452~1455)

문종의 아들인 단종은 문종이 죽자 불과 11세의 나이에 왕위에 올랐다. 의정부와 6조에 정치를 맡겼으며 문종의 고명대신인 황보인, 김종서 등이 그를 보필하였고 또한 집현전 학사 출신인 성삼문, 박팽년 등도 힘을 보탰다. 그러나 숙부인 수양대군(세조)이 한명회, 권람 등과 손잡고 **계유정난**을 일으켰다. 김종서 일파가 안평대군과 함께 역모를 꾀하였다 하여 황보인, 김종서 등과 안평대군까지 사사하고 실권을 장악하였다. 결국 단종은 왕위를 숙부인 수양대군에게 물려주고 상왕으로 물러났다. 그러나 집현전 학자들을 중심으로 수양대군을 폐하고 단종을 복위하려던 계획이 김질의 밀고로 무산되고 집현전 학사들과 성삼문, 유응부 등이 죽임을 당하는 **사육신 사건**이 일어났다. 이 사건으로 단종은 노산군으로 강등되어 영월로 유배되었다. 단종의 숙부인 금성대군의 **단종 복위** 운동이 발각되었고 계유정난에 불만을 품은 **이징옥의 난** 등이 실패하자 단종은 서인으로 강등되어 죽음을 맞았다.

✿ 계유정난

문종이 죽고 단종이 11세의 나이로 즉위하였다. 보통 어린 왕이 즉위하면 수렴청정을 하여야 하나 단종의 모후인 현덕왕후는 단종을 낳고 바로 죽었고 이후 문종은 왕후를 들이지 않았다. 자연스럽게 권력은 문종의 유명을 받은 고명대신인 황보인, 김종서에게로 옮겨갔다. 세종의 적자로는 문종 이외에도 둘째 수양대군, 셋째 안평대군, 여섯째 금성대군 등 일곱 명이 있었다. 황보인은 유약하여 실권은 김종서가 행사하였다. 김종서는 왕실 사람의 궁궐 출입을 못마땅하게 여겨 배척하려 하였고 수양대군은 김종서 일당이 종친의 접근을 막고 정사를 전횡하려 한다고 판단하였다. 수양대군은 김종서 등이 단종에게 결재를 받는 글에 결재 여부에 황색 표시를 하여 왕을 농락하고 있다고 하여(황표정사) 권람, 한명회, 홍윤성 등 뜻이 맞는 인사들과 함께 김종서를 제거할 방법을 세웠다. '살생부'를 만들어 김종서, 황보인 등과 국정에 관여한 대신들을 살해하였다. 또한 동생인 안평대군은 김종서 일파와 연결되었다 하여 강화도에 안치하였다가 사사하였다. 또한 함길도 절도사 이징옥이 김종서와 공모하였다 하여 파면하고 박호문을 임명하자 이징옥이 박호문을 죽이고 난을 일으켰으나 진압되었다. 이렇게 무단으로 권력을 잡은 수양대군은 권람, 한명회 등을 정난공신으로 임명하고 단종의 선위를 받아 세조로 즉위하였다. 단종은 선위한 후 상왕이 되었으나 집현전 학사 출신인 성삼문 등이 단종 복위 운동을 벌이다 처형되었다(사육신 - 성삼문, 박팽년, 하위지, 이개, 유성원, 유응부). 이 일로 인하여 단종은 노산군으로 강등되어 강원도 영월로 유배되었다. 이후 수양대군의 동생이었던 금성대군이 경상도 순흥에서 단종의 복위를 도모하다가 발각되어 사사되자 노산군에서 서인으로 강등되었으며 정부에서 보낸 사약이 온다는 소식을 접하자 유배지인 영월에서 자살하였다.

7대 세조(1455~1468)

세종의 둘째 아들이자 문종의 아우인 수양대군은 계유정 난에 의하여 조카인 단종을 몰아내고 왕위에 올랐다. 사육 신 사건 이후 **집현전을 폐지**하고 **경연도 중단**하였다. 관리들에 게 지급할 토지가 부족해지자 현직, 산직 관원에게 지급하 던 과전을 현직으로 제한하는 **직전법**을 시행하였다. 지방을 관할하는 병마절도사에 해당 지방 출신을 배척하고 중앙에 서 파견하는 것으로 바꾸자 이에 반기를 들고 함경도 회령 에서 **이시애가 난**을 일으켰으나 진압되었다. 상명하달식의 정 치를 하였으며 자신에게 불손한 신하는 가차 없이 처단하였 고 자신 편에게는 한없이 너그러웠으며 의정부서사제를 폐 지하고 **육조직계제**를 부활하였다. 삼중신(신숙주, 한명회, 구치 관)을 상시 출근시켜 왕세자와 국정을 상의하여 처리하도록 하는 **원상제**를 실시하였다. 또한 조선의 기본법전인 경국대 전의 편찬을 시작하였다. 왜인에게 물자를 주어 회유하였고 여진족을 토벌하였다. 또 명의 요청에 따라 건주위의 이만 주를 척결하였다. 말기 병이 위급해지자 왕세자에게 전위하 고 다음 날에 죽었다.

🏵 사육신 사건(병자사화)

집현전 학자들은 세조가 계유정난을 일으켜 단종을 밀어내자 이에 불만을 품고 있었는데 창덕궁에서 명의 사신을 맞이하는 자리에 성승, 유응부 등이 왕을 호위하는 별운검으로 참여하게 되자 그 자리에서 세조를 제거하기로 하였다. 그러나 장소가 좁아 별운검이 들어가지 못하게 되어 거사를 다음으로 미루었는데 정창손의 사위 김질이 이를 고변함으로써 70여 명이 화를 입었다. 이들 중 성삼문, 박팽년, 하위지, 이개, 유성원, 유응부를 특히 사육신이라고 부르는 것은 생육신의 하나로 추정되는 남효온의 저서 '추강집'에 이들의 내용이 소상히 적혀 있기 때문이다. '조선왕조실록'에는 유응부 대신에 김문기가 상세히 기록되어 있어 현재 노량진 사육신 묘역에는 김문기를 포함한 일곱 명의 패가 모셔져 있다.

8대 예종(1468~1469)

세조의 둘째 아들로 형인 의경세자가 즉위하기 전에 죽자 19세의 나이로 왕위에 올랐으나 허약한 체질로 재위 1년 2개월 만에 사망하였다. 남이, 강순 등이 반역을 도모했다는 이유로 처형되었다. 삼포에서 왜와의 공무역 이외의 사무역을 엄격히 금지하였고 둔전(군량에 충당하기 위하여 변경이나 군사 요지에 설치한 토지)을 농민이 경작하도록 허락하였다.

❀ 남이의 옥

남이는 태종의 외손으로 무예에 능하여 무과에 장원급제하였다. 세조 때 일어난 이시애의 난을 평정하고 건주야인을 토벌한 공로로 세조의 총애를 받아 공조판서와 병조판서를 역임하는 등 무인으로서 탄탄대로를 걸었다. 세조가 죽고 예종이 즉위하자 남이를 못마땅하게 여긴 훈구파 강희맹, 한계희 등이 그가 병조판서에 적합하지 못하다 하자 예종 역시 그를 탐탁지 않게 여기던 터라 해임하였다. 이때 혜성이 나타나자 남이가 혜성이 나타남은 묵은 것을 몰아내고 새로운 것이 나타나는 징조라고 하였는데 유자광이 이를 엿듣고 예종에게 고변하였고 또한 유자광은 남이의 한시를 문제 삼기도 하였다. 이를 빌미로 남이와 그의 측근인 강순 등에 대한 문초가 시작되었다. 유자광과 문효량 등은 그들이 영순군과 구성군을 몰아내고 왕이 되려 한다고 말하였고 문초 끝에 남이와 강순이 이를 인정하는 자백을 하자 이들을 처형하였다.

남이의 한시

白頭山石磨刀盡(백두산석마도진) 백두산 돌은 칼을 갈아서 없어지고
豆滿江波飮馬無(두만강파음마무) 두만강 물은 말이 마시어 말랐구나.
男兒二十未平國(남아이십미평국) 사나이 스무 살에 나라를 평정하지 못 하면
後世誰稱大丈夫(후세수칭대장부) 후세에 누가 대장부라 일컬으리.

9대 성종(1469~1494)

세조의 장자인 의경세자(덕종으로 추존)가 왕세자였으나 왕위에 오르지 못하고 20세의 나이로 죽었고 세조의 뒤를 이은 예종마저 일찍 죽자 예종의 아들이 어리다는 이유로 덕

종의 아들이 후보에 올랐다. 성종의 형인 월산대군은 몸이 약하다 하여 잘산군이던 성종이 왕위를 계승하였다. 성종은 13세의 나이로 즉위하였는데 초기에 세조비인 정희대비가 수렴청정을 하였으나 실제적으로는 신숙주, 한명회 등 9명의 원로대신들이 원상으로 국정을 이끌어갔다. 성종이 20세가 되자 친정체제에 들어갔고 이때부터 성종의 모친인 인수대비의 영향력이 커졌다. 효자였던 성종이 모친의 말을 거역하지 못한 것도 인수대비의 힘을 키우는 데 일조하였다. 왕비인 한명회의 딸 공혜왕후가 후사 없이 죽자 윤기견의 딸 숙의 윤씨를 왕비로 승진시켰다. 윤씨는 원자(연산군)를 낳았지만 다른 비빈들을 질투하고 왕에게 불손하다 하여 폐비시켜 서인으로 강등되었다가 결국 사사되었다. 이 사건은 훗날 갑자사화의 원인이 되었다. 세조 때부터 간행이 시작된 **경국대전을 완성**하여 반포하였다. 직전법에 따른 세습과 비리를 바로잡고자 **관수관급제**(수조권을 관청에서 담당하는 제도)를 실시하였으며 **홍문관**을 설치하여 집현전을 부활시켰다. 또한 신하들의 반대에도 불구하고 재가녀 자손의 관리 등용을 제한하였다. 세조 때의 공신들인 훈구파를 견제하기 위하여 김종직 등 사림파를 등용하여 균형을 맞추고자 노력하였다. 국방에도 힘을 쏟아 조선을 수시로 침략하던 야인들을 응징하였는데 윤필상 등이 압록강 건너 건주야인의 본거지를 궤멸시켰으며 허종을 시켜 우디거의 부락을 정벌하여 사회를 안정시켰다. 조선왕조의 안정기를 가져온 시기로 홍문관을 확충하고 독서당을 설치하여 젊은 관료들에게

휴가를 주어 독서제술에 전념케 하였으며 편찬사업에도 노력을 기울여 '동국통감', '악학궤범', '동국여지승람', '동문선' 등이 편찬되었다.

◈ 폐비 윤씨 사건

윤씨는 성종의 후궁으로 간택되어 숙의에 봉해졌다. 숙의 윤씨는 성종의 사랑을 받으면서 정비인 공혜왕후가 죽자 왕비로 책봉되었고 아들(연산군)을 낳았다. 왕비가 된 후 질투가 심하여 부도덕한 일들이 자주 일어났다. 이러한 일들은 성종의 모후인 인수대비의 심기를 불편하게 하였다. 이 와중에 비상을 숨겨 후궁들을 독살하려 한다는 혐의로 빈으로 강등되었다. 윤씨는 성종과의 다툼 도중 성종의 얼굴에 손톱자국을 내는 사건이 발생하였다. 이에 성종과 인수대비는 격노하였고 대신들의 반대에도 불구하고 폐비되어 친정으로 쫓아내고 외부와 격리시켜 일체의 접촉을 금하도록 하였다. 윤씨는 반성하면서 근신하였다. 조정에서는 그녀의 아들을 세자로 책봉하였다. 세자의 생모를 서민으로 살게 해서는 안 된다는 대신들의 상소가 이어졌는데 인수대비를 비롯하여 성종의 후궁들인 숙의 엄씨, 숙용 정씨 등은 이를 반대하였다. 세자가 성장하자 성종은 다시 폐비 윤씨 문제를 논의하여 폐비에게 사약을 내리기로 결정하고 사사시켰다. 훗날 연산군이 일으킨 갑자사화의 원인이 된 사건이었다.

10대 연산군(1494~1506)

조선 최악의 왕이라 할 수 있는 성종의 맏아들이며 폐비 윤씨를 어머니로 둔 연산군은 어릴 때부터 포악하고 왕으로서의 자질이 없었으나 그럼에도 중종이 태어나지 않은 시점이라 성종 사후 왕위에 올랐다. 즉위 초에는 전조들이 닦아 놓은 토대 위에서 평온하였으나 재위 4년이 지나면서 연산군의 광기가 시작되었다. 김종직의 '조의제문'을 문제 삼아 **무오사화**를 일으켜 궁중에 피바람을 몰고 오더니 모친인 폐비 윤씨 사사사건을 문제 삼아 **갑자사화**를 일으켜 사림파들을 대거 숙청하였다. 이 두 사화로 김종직과 한명회 등은 부관참시를 하였고 폐비의 복위를 반대하였던 엄씨와 정씨, 두 숙의도 때려죽였다. 할머니인 인수대비에게도 행패를 부려 인수대비는 화병으로 죽었다. 문신들의 직간을 귀찮아하여 사간원과 홍문관을 없애고 대신들에게 신언패를 착용하게 하여 직언을 막았다. 채청사, 채홍사를 두어 전국에서 유흥도구로 여자들을 마구 조달하였고 성균관, 원각사 등을 주색장으로 만들었을 뿐만 아니라 선종의 본산인 흥천사도 마구간으로 바꾸어버렸다. 어릴 때부터 자신을 자식처럼 보살펴주던 환관 김처선도 직언을 고하였다가 죽임을 당하였다. 연산군의 곁에는 장녹수가 있었다. 이미 자식까지 있었던 흥청이라는 기생 출신의 장녹수는 연산군의 총애를 받아 후궁의 자리에까지 오르고 사적으로 재물을 모으는가 하면 연산군의 배경을 믿고 정치까지 쥐락펴락하였다. 이런 광기 어린 연산군도 성희안, 박원종, 유순정 등이 일으킨 중종반정으로 폐위되어 유배당하였다. 물론 장녹수도 참형을 당하였다.

🌸 무오사화(1498)

　성종은 학문을 좋아하였다. 훈구관료(세조의 계유정난에 가담했던 관료들)를 견제하기 위하여 사림들을 등용하였는데 특히 길재의 학풍을 이어받은 영남사림파의 종사 김종직을 중용하였고 그의 제자 김굉필, 정여창, 김일손 등도 입각하였다. 이들은 훈구파를 불의에 가담하여 권세를 잡고 사리사욕을 채우는 소인배라고 하며 공격하였고 이에 훈구파는 사림들이 자신들만 고결하다고 하는 경솔한 무뢰배라며 비난하였다. 훈구파는 '성종실록'에 실릴 사초를 정리하다가 김일손의 사초에서 김종직의 조의제문(중국 진나라 시절에 항우가 초의 의제를 폐위한 것)을 발견하였는데 이를 세조의 단종 폐위와 연결시켰고 또한 세조의 비인 정희왕후의 국상 때 훈구파인 이극돈이 전라감사로 있으면서 기생들과 어울렸다는 기록도 발견하였다. 성종 사후 연산군이 즉위하면서 성종실록 편찬을 위한 실록청이 개설되었고 이극돈이 당상관으로 임명되었다. 이극돈은 사림파의 이러한 사초내용을 유자광에게 알렸고 유자광은 이를 연산군에게 보고하였다. 직언을 고하는 신하들을 싫어하고 자신의 사치와 향락을 부추기는 자를 좋아했던 연산군은 김일손 등을 심문한 끝에 이는 모두 김종직이 사주한 것이라 결론을 내리고 김종직에게 대역죄를 물어 부관참시하고 김일손, 권오복 등을 능지처참하는 등 사림파에 대한 대대적인 박해를 하였다. 이

극돈도 문제의 사초를 보고하지 않았다 하여 파면되었고 이 사건으로 인하여 유자광의 입지는 더욱 단단해졌다.

✿ 갑자사화(1504)

연산군은 즉위 후 사치와 방탕한 생활로 국고가 바닥나자 공신들의 재산 일부를 몰수하려 하면서 공신들과 마찰을 빚었다. 한편 임사홍은 연산군비 신씨의 오라비 신수근과 교분을 쌓고 있었다. 이 와중에 공신들을 몰아내고 권력을 잡을 기회를 노리던 임사홍에게 연산군의 생모인 폐비 윤씨의 모친 신씨가 폐비 윤씨의 폐출과 사사사건의 전말을 임사홍에게 알렸고 임사홍은 다시 이를 연산군에게 밀고하였다. 신하들을 탄압할 기회를 노리던 연산군에게 큰 기회가 생긴 것이다. 연산군은 폐비윤씨에 가담하였거나 동조한 자들을 척결하였다. 먼저 정숙의, 엄숙의를 궁중에서 때려죽이고 그들의 아들들을 귀양 보냈다가 사사하였다. 또 병석에 누워있던 조모 인수대비에게도 한패라 하면서 난동을 부리자 인수대비가 화병으로 사망하였다. 연산군이 폐비 윤씨를 왕비로 추승하려 하자 권달수, 이행 등이 이를 반대하였는데 권달수는 참형하고 이행은 귀양 보냈다. 윤씨의 폐출과 사사에 관련된 자들 중 한명회, 정여창 등 이미 죽은 자들은 부관참시하고 살아있는 자들은 참형하였으며 가족과 제자들까지 처벌하는 등 대대적인 탄압을 자행하였다.

✿ 중종반정

무오사화와 갑자사화를 거치면서 연산군의 학정은 점점 심해졌다.

경연을 폐지하고 성균관을 향연의 장소로 만들었다. 채청사, 채홍사를 동원하여 유흥에 동원할 전국의 미녀들을 한양으로 불렀고 사냥터를 만든다며 도성 밖 30리의 민가를 철거하는 등 학정이 거듭되자 연산군의 실정에 대한 불만이 높아져 갔다. 성희안과 박원종 등은 당시 이조판서 유순정, 군자감부정 신윤무 등의 호응을 얻었다. 이들은 연산군이 석벽으로 유람을 가는 날을 거사일로 잡았다. 그러나 유람이 중지되자 난관에 봉착하였는데 호남에서의 거사격문이 한양에도 전해지자 거사를 진행하였다. 먼저 신수근, 임사홍 등 연산군 측근세력들을 죽이고 연산군을 폐출시켰다. 성희안 등은 진성대군의 모친인 윤대비의 허락을 받아 연산군을 강화도로 보내고 진성대군(중종)을 왕위에 올렸다.

11대 중종(1506~1544)

성종의 둘째 아들로 중종반정에 의하여 왕위에 올랐다. 연산군 때의 폐해를 바로잡고 이상정치를 실현하고자 신진사류인 **조광조**를 등용하여 그의 건의에 따라 **현량과**를 실시하여 사림을 대폭 등용하였는데 이는 훈구파의 견제를 받았다. 위훈삭제사건으로부터 발발한 **기묘사화**로 개혁정치의 싹은 사라지고 말았다. 부마의 아버지로 권력을 남용한 김안로도 심정의 탄핵을 받아 귀양 갔다. 이어 신사무옥, 작서의 변 등으로 경빈 박씨와 복성군이 쫓겨나고 김안로가 다시 복직되었다. 김안로는 복직하자 자신의 뜻에 맞지 않는 자들을 축출하는 여러 차례 옥사를 일으키는 등 조정을 공포로 몰아넣었다. 김안로의 공포정치가 계속되자 중종은 외척인 윤원로, 윤원형 형제를 등용하여 김안로를 다시 파직시키고 사사하였다. 이는 또 다른 훈구와 척신 간의 권력 싸움으로 발전되었다. 풍기군수 주세붕이 최초의 서원인 **백운동서원**을 세우자 소수서원이라는 현판을 만들어 주어 최초의 사액서원이 되었다. 또 다른 한편으로 삼포의 왜인들이 대마도주의 지원을 받아 **삼포왜란**을 일으켰고 이 사건으로 조선은 왜와 통교를 단절하였다. 대마도주의 간청으로 **임신약조**를 체결하였으나 세견선과 세사미두를 반으로 줄였고 내이포만 열어 통교하게 하였다. 그러나 왜구들의 약탈은 계속되었다. **사량진왜변**까지 발생하자 조선은 임신약조를 파기하고 왜인의 내왕을 금지하였다. 북쪽에서는 야인들의 침략이 잦았다. 갑산, 창성에서 야인들이 침략하자 4군에 있던 야인을 몰아내고 6진에는 순변사를 파견하였다. 의주산성을 수축하여 압록강 지역을 방비하였다. 그러나 야인들은 끊임없이 침략하여 만포첨사가 살해되는 일까지 벌어졌다. 이처럼 왜와 야인들의 침입이 계속되자 조정에서는 왕권호위를 강화하기 위하여 **정로위**를, 왜구에 대비하여 **비변사**(외침이 있을 때 재상들이 모여 방어를 논의하는 임시 기관)를 설치하였다. 무학을 설치하고 편조전, 벽력포 등을 제작하여 국방력 강화에 노력하였지만 방군수포가 만연하는 등 정치의 혼란이 사회 전체를 어지럽게 만들었다.

🌸 기묘사화(1519)

중종반정으로 연산군이 폐위되고 중종이 즉위하였다. 연산군의 폭정 잔재물을 제거하고 훈구세력과 균형을 맞추고자 신진사류들을 다시 등용시켰다. 조광조는 김굉필의 제자로서 신예 학자였지만 성균관 유생들의 전폭적인 지지를 받아 관직에 올라 중종의 신임을 받았다. 혁신파였던 조광조는 성리학을 정치의 근본으로 삼는 왕도정치를 실현하고자 하였다. 먼저 현량과를 설치하여 신진사류들을 대거 조정으로 불러들였고 도교의 제사를 관장하던 소격서를 폐지하였다. 그러나 그의 왕도정치 추진과정은 훈구파 등 반대파들의 반목을 가져왔고 중종에게도 철인군주를 요구하는 등 간섭으로 비치자 중종도 조광조를 식상하게 여겼다. 이 와중에 '**반정공신 위훈 삭제사건**'은 훈구파 대신들을 폭발하게 만들었다. 이는 중종반정 공신 중 자격이 없는 자들의 공신호를 박탈해야 한다며 공신의 3/4에 해당하는 76명의 공신호를 박탈하고 토지와 노비를 몰수하였다. 조광조에 의해 소인배로 지적된 남곤과 공훈이 박탈된 심정, 조광조의 탄핵을 받았던 희빈 홍씨의 부친 홍경주가 의기투합하여 조광조를 밀어내기 위한 계략을 꾸몄다. 희빈 홍씨를 이용해 조광조가 반역의 기미가 있다며 중종의 마음을 흔들었고 이 기회를 틈타 궁중의 나뭇잎에 꿀을 발라 벌레가 갉아먹게 하여 나뭇잎마다 주초위왕(走肖爲王)이 새겨지게 하여 이를 중종에게 보여주었다. 또한 홍경주, 남곤, 심정 등은 왕에게 조광조가 파당을 형성하여 국정을 독단하려 하니 치죄해야 한다고 하자 중종이 이를 받아들였다. 조광조가 투옥되자 이장곤, 안당 등과 성균관

심심풀이로 보는 한국사

유생 1,000여 명이 조광조의 무죄를 호소하였으나 조광조는 치죄 후 귀양 갔다가 사사되었고 조광조를 지지하던 많은 사림파들이 화를 입었다.

❀ 신사무옥

성균관 출신인 안당의 아들 안처겸이 이정숙, 권전 등과 함께 간신들을 척결하여야 한다고 하였는데 그 자리에 참석한 송사련이 간신은 기묘사화로 득세한 남곤, 심정 등이라고 이를 밀고하여 안당, 안처겸, 권전 등이 처형되었다.

❀ 작서의 변

세자가 거처하는 동궁에 죽은 쥐를 잡아서 걸어두는 사건이 발생하였다. 이 사건의 수사에 난항을 겪었는데 이 사건의 배후로 경빈박씨가 지목되어 중종반정의 공신 박원종의 누이인 경빈박씨와 그녀의 아들 복성군이 폐서인이 되어 쫓겨났다. 이후 동궁의 가상을 만들어 나무패를 걸고 흉서가 걸리는 사건이 발생하자 경빈박씨와 복성군을 사사하였다. 그러나 이 사건은 이종익의 상소에 의하여 진범이 김안로가 아들 희를 시켜 일으켰다는 것이 밝혀졌다.

❀ 삼포왜란

태종과 세종 때 삼포를 개방하여 왜관을 설치하고 60여 명의 왜인들을 거주하게 하였으나 거주 왜인의 수가 늘어나 세종 말년에는 약 2,000명이나 되었다. 심지어 대마도주는 삼포에 자치기구를 만들어 공물을 받아 가기도 하였다. 이에 조정에서는 왜관에 거주하면서 농사를 짓는 왜인들에게 세금을 거두자는 여론도 있었으나 교린차원에서 면세해 주었다. 중종이 즉위하자 삼포에 대하여 강경책으로 돌아섰다. 세금을 부과하고 대마도주에게 초과된 왜인들의 철수를 요구하였으며 또한 왜의 선박 검사를 철저히 하였다. 이에 내이포에 거주하던 왜인 오바리시 등은 약 4천~5천의 무장한 왜인들을 거느리고 성을 포위하고 민가에 불을 지르는 등 만행을 저질렀다. 조정에서 황형, 유담년을 좌, 우도 방어사로 하여 진압군을 내려보내 주모자인 대마도주의 아들 등을 죽이자 남은 왜인들은 대마도로 도주하였다. 이 왜란으로 조선 백성 270명이 살상되고 민가 796채가 파손되었으며 왜인은 295명이 죽고 왜선 5척이 침몰되었다. 이 왜란으로 일본과의 통교는 중단되었다. 이후 대마도주가 왜란을 일으킨 주모자들을 처형해 바치고 포로로 데려간 조선인들을 돌려보내며 통교를 간청하자 임신약조를 체결하여 내이포만 통상을 허용하였고 세견선도 대폭 축소시키고 세사미두도 절반으로 줄였다. 이 삼포왜란을 겪으면서 조정은 국가의 비상사태 시 열리는 회의기관인 **비변사**를 설치하였다.

🏵 사량진왜변

200여 명의 왜인들이 20여 척의 왜선을 몰고 사량진에 침입하여 성을 포위하고 수군 1명을 죽이고 10여 명을 부상당하게 하고 물러갔다. 이 당시 일본은 전국시대로 정세가 혼란하여 왜구가 다시 고개를 들었는데 조정에서는 일본과 통교 여부를 놓고 고심하던 중 조선과 관계가 원활한 일부에만 허용하고 대마도는 제외하였다. 이에 일본에서는 대마도와 통교를 간청하자 명종 초기 **정미약조**를 체결하여 세견선 25척으로 제한하였고 철저한 통제를 가하였다.

12대 인종(1544~1545)

중종의 장자로 부친으로부터 양위 받았다. 기묘사화로 없어진 현량과를 복구하고 조광조의 신원을 회복시켰다. 인종은 검약하고 효심과 우애가 깊었다. 또한 계모인 문정왕후의 권력욕에 시달림을 받았다. 세자 자리에 25년간 있었지만 정작 왕위에 오른 지 9개월 만에 이복동생 경원대군에게 양위하고 죽었다.

13대 명종(1545~1567)

인종은 후사가 없었다. 자연스레 동생이던 명종이 왕위를 물려받았다. 즉위 당시 명종의 나이 12세여서 모친인 문정왕후가 수렴청정을 하였다. 인종을 낳은 장경왕후는 인종을 낳고 산후통으로 죽었다. 인종이 세자로 있을 때 문정왕후가 명종을 낳자 장경왕후의 동생인 윤임은 김안로 등과 함께 세자를 보호해야 한다고 주장하여 문정왕후와 알력이 있었다. 즉위부터 순탄치 못했던 인종을 보호하려는 대윤과 명종을 옹립하려는 소윤의 갈등이 인종의 즉위로 조용해지는가 했으나 인종이 일찍 죽고 명종이 즉위하자 소윤은 대윤을 몰아내는 **을사사화**를 일으켰다. 명종은 을사사화로 권력을 잡은 윤원형 일파를 견제하고자 이량 등을 등용하였으나 어지러운 정국은 수습되지 아니하였다. 이러한 혼란기에 양주에서는 **임꺽정**이 황해도와 경기도 일대를 소란스럽게 하였다. 명종 초기 일본과 맺은 정미약조로 조선과 교역이 줄어든 왜가 전라도로 침입하는 **을묘왜변**이 발생하였다. 모후인 문정왕후가 독실한 불교신자여서 문정왕후는 보우를 신임하여 봉은사 주지로 삼았고 과거에 승과를 설치하기도 하였다. 문정왕후 사후 보우는 귀양 갔다가 살해당하였고 윤원형도 삭탈관직되어 유배 갔다가 죽었다. 명종은 이후 선정을 펴려고 하였으나 실패하였고 아들이 있었으나 일찍 죽었다.

✿ 을사사화(1545)

기묘사화 이후 사림이 물러간 자리를 놓고 김안로와 심정 간의 정권 다툼이 일어났는데 김안로가 심정 등의 탄핵을 받아 귀양을 갔다. 그러나 귀양지에서 정신 등과 내통하여 심정 등이 유배 중인 경빈 박씨를 왕비로 책립하려 한다고 탄핵하였는데 탄핵이 성공하여 김안로가 복귀하였고 김안로는 허항, 채무택 등과 결탁하여 자신의 뜻을 거스르는 대신들은 몰아내겠다고 하며 공포 분위기를 조성하였다. 김안로는 중종의 제2계비인 문정왕후 윤씨를 폐출하려는 계획을 세웠다가 문정왕후의 숙부인 윤안임의 밀고로 귀양 가서 사사되고 허항, 채무택 등도 처형되었다. 중종의 정비인 신수근의 딸 신씨는 즉위 직후 폐비되었고 제1계비 장경왕후 윤씨는 세자 호(인종)을 낳은 뒤 죽었다. 이후 제2계비가 문정왕후로 책립되어 경원대군(명종)을 낳았다. 이에 문정왕후의 형제인 윤원로와 윤원형 형제는 경원대군을 세자로 책봉할 움직임을 보였지만 중종이 죽고 인종이 즉위하자 이 문제는 수면 밑으로 가라앉았고 인종의 외숙인 윤임 등의 대윤파가 득세하였다. 인종은 유관, 이언적 등 사림들을 다시 기용하였는데 등용되지 못한 사림들은 윤원형 일파의 소윤에 가담하였고 이기도 소윤에 가담하였다. 그러나 인종이 재위 9개월 만에 죽고 12세의 명종이 즉위하면서 문정왕후가 수렴청정을 하게 되자 문정왕후의 일족들인 윤원형 등 소윤이 득세하였다. 윤원형 일파는 윤임 등의 대윤세력을 제거하고자 윤원형의 첩 난정을 문정왕후에게 보내 대윤이 역모를 획책하고 있다고 고변하게 하였다. 또한 양재역에 익명으로 '위로는 여주, 아래로는 간신 이기가 있어 권력을 휘두르니 나라가 곧 말할 것'이라는 벽서가 붙었다(**양재역벽서사건**). 이 사건의 배후가 대윤이라 하며 대윤일파를 대대적으로 숙청하였다. 윤원형은 득세 후 형인 윤원로가 공신에 참여하지 못함에 불평을 하자 심복인 병조좌랑 윤춘년에게 탄핵을 하게 하여 유배시킨 후 사사하였다.

을사사화까지 겪게 되자 많은 사림파들은 정치에 염증을 느끼고 낙향하여 은둔생활을 하면서 성리학을 더욱 연구하였다.

❀ 을묘왜변

일본은 전국시대로 정국이 혼란스러웠고 서쪽 해안가의 왜인들은 조선과 명까지 노략질하였다. 게다가 정미약조로 교역량이 줄어들자 왜구는 70여 척의 배를 몰고 전라도 남해안을 필두로 달량도, 어란도, 장흥, 영암, 강진 등에서 약탈과 노략질을 하였다. 왜구 토벌 과정에서 절도사 원적, 장흥부사 한온이 전사하고 영암군수 이덕견이 생포되는 등 왜구의 저항은 거셌다. 이에 조정에서는 이준경, 김경석, 남치훈 등으로 하여금 왜구를 토벌케 하여 왜구는 물러갔다. 을묘왜변 토벌 이후 조정에서 대마도주에게 강경한 무역통제 등을 시행하자 대마도주는 왜변을 일으킨 왜구의 목을 잘라 보내며 무역확대를 요청해 왔다. 이에 조정에서는 그들의 상황을 감안하여 세견선 5척까지 허용하였으나 일본 내의 혼란으로 왜구의 약탈은 여전하였는데 이는 임진왜란 시까지 지속되었다. 삼포왜란 이후 설치되었던 임시 기관인 비변사를 을묘왜변 후 상설기구화하였다.

14대 선조(1567~1608)

명종이 후사 없이 죽자 중종의 아홉 번째 아들 덕흥대원군의 셋째 아들인 선조가 왕위를 이어받았다. 선조는 일찍이 명종의 총애를 받았고 왕실의 방계에서 왕이 된 첫 인물이다. 선조는 훈구파들을 경계하여 사림들을 대폭적으로 기용하였다. 명유였던 이황과 이이를 극진히 예우하고 사화와 연루된 조광조를 증직하였을 뿐만 아니라 사림들의 신원을 회복시켜 주었으며 가해자인 남곤 등의 관직을 삭탈하는 등 사림을 위하는 분위기를 만들었다. 정국의 주도권을 잡은 사림들은 이조전랑직을 두고 김효원과 심의겸의 알력으로 **동인과**

서인으로 갈라졌다. 이이는 양파를 조정하고자 하였으나 실패하였고 서인이지만 동인과 친분이 두터웠던 **정여립 모반사건**으로 동인의 세력은 위축되고 서인이 득세하였다. 광해군을 왕세자로 세우려는 왕세자 **건저의 문제**가 불거지자 동인들은 건저의 문제를 제기한 정철을 비롯한 서인들을 몰아내었다. 실권을 잡은 동인은 다시 건저의 사건을 일으킨 서인에 대한 처벌 문제로 온건파인 **남인**과 강경파인 **북인**으로 분파하였다. 한편 이탕개를 중심으로 한 야인이 두 차례에 걸쳐 침략하였으나 신립, 신상절을 시켜 그들을 소탕하였다. 당시 일본은 토요토미 히데요시가 전국시대를 통일하고 조선을 거쳐 명까지 정벌하려는 계획을 갖고 있었다. 일본의 이러한 움직임을 대마도주가 조선에 알렸고 이에 조선은 황윤길, 김성일, 허성 등을 통신사로 보내 일본의 의도를 파악하려 하였으나 상반된 의견을 내어 결론을 내리지 못하였다. 1592년 일본은 부산과 동래를 공격하면서 **임진왜란**을 일으켰다. 조선의 강토는 순식간에 그들의 발굽에 짓밟혔으며 선조는 개성, 평양을 거쳐 의주까지 피난을 가야 했다. 다행히 바다에서 **이순신**이 재해권을 장악하여 그들의 행보는 지연되었으나 육지에서 일본은 평양까지 진출하였다. 선조는 피란 중 명에 도움을 요청하였고 명은 지원군을 보냈다. 일본에서 토요토미가 죽자 일본군이 철수하면서 왜란은 끝이 났다. 임진왜란 중 선조는 광해군을 세자로 책봉하여 분조하였는데 이후 인목대비가 영창대군을 낳자 선조는 측근들에게 영창대군을 잘 보필해 달라고 유언하고 죽었다.

✿ 정여립 모반사건(기축옥사)

정여립은 과거 급제로 조정에 입성하여 이이와 성혼을 지지하는 서인들 편에 서 있었다. 그러나 수찬이 된 후에는 이이와 성혼을 비판하는 등 동인에 동조하자 서인들이 정여립을 비판하였다. 동인들이 정여립을 보호하였으나 정여립은 사직하고 고향인 전라도로 낙향하였다. 그가 낙향하자 그의 명성을 듣고 찾아오는 이들이 많았다. 정여립은 진안 죽도에 서재를 만들고 활쏘기 등 무력을 수반한 대동계를 조직하였다. 이 대동계는 손죽도에 침입한 왜구를 물리치기도 하였다. 대동계가 세력을 확장하여 전국적인 조직으로 발전하자 안악군수 이축과 재령군수 박충간의 연서로 황해도 관찰사 한준에게 정여립이 반란을 모의하고 있다는 보고서를 올렸고 한준이 이를 조정에 알렸다. 관련자들이 줄줄이 잡혀갔고 정여립은 아들 옥남과 함께 죽도로 도망갔다. 관군이 포위망을 좁혀오자 자살함으로써 반역이 사실로 굳어졌다. 이 사건의 처리를 서인이 주도하였고 일부 동인들이 정철과 가깝다는 이유로 처형되는 등 동인의 세력이 위축되었다. 기축옥사 이후 전라도 지역을 반역향이라 하여 호남인들의 등용을 제한하였다.

✿ 건저의 문제

선조는 왕비에게서 후사가 없었고 후궁 소생의 왕자들만 있어서 왕세자 책립에 논란이 생기자 좌의정 정철은 이 세자 책봉 문제를 동인인 우의정 유성룡, 영의정 이산해와 논의하였다. 그러나 이산해는 당시 선조의 총애를 받고 있던 김빈의 오라비 김공량과 회동하여 정철이 건저를 주청한 후 김빈과 아들 신성군을 죽이려 한다고 음모를 꾸몄다. 이를 들은 김빈이 선조에게 울면서 이 내용을 호소하였다. 이 사실을 모르는 정철이 선조에게 건저의 문제를 제기하자 왕이 대노하였고 유성룡과 이산해는 침묵을 지켰다. 정철은 삭탈관직되었고 많은 서인들이 외직으로 강등되었다.

❀ 임진왜란과 정유재란

토요토미 히데요시가 일본을 통일하였고 나아가 조선을 거쳐 명까지 정벌하려는 야심을 품고 있었다. 이러한 내용을 대마도주가 조선에 알려 통신사 파견을 요청하였고 조선은 그 진의를 파악하고자 정사 황윤길, 부사 김성일, 서장관 허성을 일본에 파견하였다. 황윤길과 허성은 일본이 침략할 것이라고 하였고 김성일은 침략이 없을 것이라는 상반된 보고를 하자 정부는 혼란에 빠졌고 결국 조선은 김성일의 불침략을 받아들였다. 일본은 정명가도(명으로 가는 길을 터라)를 들어 명 정벌을 구실로 조선을 침략하였으니 이것이 곧 임진왜란이다.

먼저 동래와 부산을 함락시킨 왜군은 크게 세 갈래로 나누어 한양으로 진격하였다. 충주를 사수하던 신립이 패하였다는 소식을 듣자 선조는 개성으로 피난을 갔고 한양까지 순식간에 함락되자 평양을 거쳐 의주까지 피난을 갔다. 피난길 도중에 평양에서 광해군을 세자로 임명하여 분조하였고 일본군은 평양까지 점령하였다. 육지에서 조선군이 연전연패를 하는 사이 바다에서는 이순신이 옥포, 사천, 당포, 한산도 등에서 연전연승하면서 일본군의 진격을 지체시켰다. 이에 힘입어 육지에서도 권율의 행주대첩, 김시민의 진주성 싸움 등에서 전과를 올렸다. 곽재우, 고경명, 김천일, 조헌, 유정 등의 의병활동도 활발하였다. 선조는 급히 명에 원군을 요청하였고 명의 원군과 조선군 간의 조명연합군이 결성되었다. 명에서 파견된 조승훈이 평양성 탈환에 실패하자 명은 다시 이여송을 파견하여 평양성을 탈환하였고 한양 탈환을 목표로 진격하다가 벽제관 전투에서 패하고는 개성에 머물며 군사를 움직이지 않았다. 명과 일본 간의 강화회의가 열렸으나 결렬되자 왜군은 다시 조선을 침략하였는데 이가 곧 정유재란이다. 바다를 장악한 이순신은 다시 명량대첩, 노량대첩을 승리로 이끌었으나 안타깝게도 노량해전에서 전사하고 말았다. 육지에서는 조명연합군이 직산 전투를 승리로 이끄는 등 분전하였다. 그러던 중 토요토미 히데요시가 죽자 일본 내부의 권력 다툼을 우려한 일본군이 철수하면서 왜란은 끝이 났다. 선조는 정유재란 중에 바다를 장악한 이순신을 옥에 가두는가 하면 명의 원군에만 의존하려 하였고 왜란이 끝난 후 의병장 김덕령을 고문 끝에 죽게 만들기도 하는 등 군주로서의 자질이 부족하였다.

❀ 붕당정치

을사사화 이후 고향에 칩거하던 사림파들에게 선조는 조광조를 증직하고 화를 입은 사림들의 신원을 회복시켜 주는 등 사림에 대한 유화정책을 펴면서 다시 정계로 불러들였다. 성리학의 거두인 이황과 이이도 이때 입조하였다. 이황을 따르는 사림들은 영남지방 출신이 많아 영남학파로 계승되었고 이이의 학풍을 따르는 사림들은 기호지방 사람들이 많아 기호학파로 계승되었다. 선조는 장원급제한 김효원을 이조전랑으로 내정하였다. 이조전랑직은 이조의 정랑(정5품)과 좌랑(정6품)을 통합해서 부르던 자리로 관직은 높지 않았으나 자대권(현임 전랑이 후임 전랑을 천거하는 권한), 통청권(삼사의 요직을 선발하는 권한), 낭청권(과거에 급제하지 않은 자를 추천하여 관직에 오르게 할 수 있는 권한)을 가진 요직이었다. 그러나 명종비 인순왕후의 동생인 심의겸이 과거에 윤원형의 식객 노릇을 했던 김효원은 부당하다고 반대하였지만 김효원이 임명되었다. 이후 김효원이 경흥부사로 가게 되었을 때 그 자리에 심의겸의 동생 심충겸이 천거되자 김효원이 왕의 외척에게 맡길 수 없다며 반대하였다. 두 사람 간에 불화가 생기자 사림들은 김효원과 심의겸을 지지하는 무리들로 갈라졌다. 당시 김효원의 집이 동쪽, 심의겸의 집이 서쪽에 있었기 때문에 김효원을 지지하는 세력을 동인, 심의겸을 지지하는 세력을 서인이라고 한다. 동인에는 주로 영남학파가 가담하였다. 이이는 이러한 일들로 발생할 정쟁을 막기 위해 김효원과 심의겸을 모두 외지로 보내자는 소를 올렸다. 이 소가 받아들여져 김효원은 경흥부사, 심의겸은 개성유수로 부임하였다. 심의겸은 도시로, 김효원은 시골로 보낸다며 이 처분에 불만을 품은 동인의 정인홍이 심의겸을 탄핵하였으나 이이가 중재하여 수면 밑으로 가라앉는 듯했다. 그러나 이이가 죽자 이발 등이 심의겸을 탄핵하여 파직시켰고 서인의 세력은 위축되었다. 그러던 와중에 동인과 친교가 두텁던 정여립 모반사건이 일어났다. 서인의 영수 정철이 국옥을 주관하여 서인의 세력이 커지는 듯하였으나 정철이 광해군을 세자로 책봉하자는 의견을 경연에서 거론하자 이를 못마땅하게 여긴 선조가 정철을 삭탈관직하고 서인들을 대거 쫓아냈다. 이 건저의 문제와 관련된 서인들의 처벌 문제를 놓고 동인은 강경파인 북인과 온건파인 남인으로 갈라졌다. 광해군 시절에는 광해군을 전폭적으로 지지한 북인이 득세하였다. 그러나 인조반정으로 인조의 편에 섰던 서인이 대거 들어오면서 동인들이 밀려났다. 서인들은 훗날 숙종 때 경신환국과 관련된 남인에 대한 처벌 문제로 강경파인 노론과 온건파인 소론으로 분열되었다.

또한 효종과 효종비의 죽음과 관련하여 조대비의 상복 문제로 인한 남인과 서인의 갈등, 정조시대 시파와 벽파로의 분파는 뒤에서 다루기로 한다.

당파정치를 보는 시각

조선시대는 마치 당파싸움으로 인하여 정치가 소용돌이친 것처럼 비친다. 조선 초기에는 훈구파가 사림파를 탄압한 사화, 중기부터는 사색당파를 내세우는데 동서고금을 막론하고 절대왕정 시대에는 왕을 중심으로 하는 계파와 그를 견제하는 계파가 존재하였고 계파들 간의 음모와 암투 그리고 이합집산은 항상 존재하였다. 강도의 차이는 있을지언정 야당과 여당이 존재함으로써 정치는 발전해 나가는 것이라는 면에서 보면 조선시대의 붕당정치라고 하는 사색당파도 그러한 정치발전의 일환이라는 시각에서 바라보면 이렇게까지 많은 부분을 당파론에 할애할 필요는 없을 것이다. 이것이야말로 일제 강점기 시대 식민사관에 의거 당파성론을 부각시키기 위하여 침소봉대하여 기술한 것을 우리가 수렴하여 역사를 기술하는 것이 아닐까 싶어 안타깝다.

15대 광해군(1608~1623)

선조의 정비에게서 아들이 없자 제1서자인 임해군을 세자로 내세우자는 의견도 있었으나 성격이 포악하다고 해서 보류되었다. 임진왜란 중 피난지인 평양에서 세자에 책봉된 광해군은 분조의 업무를 성실하게 수행하였고 선조가 죽자 왕위에 올랐다. 그러나 즉위하기 2년 전 인목왕후에게서 선조의 유일한 적손인 영창대군이 태어나서 선조는 영창대군을 내심 생각하고 있었지만 너무 어려 선조가 병석에서 광해군에게 선위하는 교서를 내렸는데 소북파인 유영경 등이 이를 감추었다가 대북파인 정인홍 등에 발각되어 유영경이 사사되었다. (광해군을 옹립하려는 파를 대북파, 영창대군을 옹립하려는 파를 소북파라고 한다). 명에서 왕위 서열을 문제 삼자 임해군을 유배시키고 사사하였다. 세자시절 총명했던 광해군은 대북파의 책략에 판단력이 흐려져 이후 김직재의 무옥으로 남아있던 소북파를 몰아내고 강변칠우의 하나인 박응서를 잡아 허위자백을 받아서 인목왕후의 부친 김제남을 사사하였으며 또한 영창대군을 폐서인으로 하여 강화에 위리안치했다가 죽였다. 계속적으로 반대세력을 제거하고 이이첨의 '폐모론' 건의에 따라 인목대비를 서궁에 유폐시켰다. 전쟁으로 인한 백성들의 고통을 줄여준다며 공납제도를 전환시켰다. 선혜청을 설치하여 경기도를 대상으로 **대동법**(토지 결수에 따라 쌀 12두 징수, 면포 동전도 가능)을 실시하였다. 대동법은 공납의 전세화로 지주들의 반대가 거셌지만 강행하였다. 대동법의 실시로 공인이 출현하고 상품, 화폐경제가 발달하였다. 또한 양전사업을 실시하여 세원을 확대하였다. 선조 말에 시작한 창덕궁을 준공하였고 경덕궁(경희궁), 인경궁을 중건하였다. 북쪽에서는 여진족이 세력을 키워 **후금**을 건국하여 명을 위협하자 명은 조선에 파병을 요청하였다. 이에 광해군은 왜란 때 도와준 명의 청을 거절하기도 힘들었지만 신흥강국인 후금과도 적대관계를 갖는 것이 불편하여 강홍립에게 군사를 주어 거짓 싸움을 하면서 양쪽 모두에게 명분을 쌓는 중립 외교를 강구하였다. 강홍립은 명을 위해 싸우는 척하다가 후금에 항복하였다. 일본과는 **기유약조**를 맺어 왜란 이후 끊겼던 외교가 재개되었다.

재위 기간 동안 권력을 독점해 온 대북파를 몰아내고자 서인 김류, 이귀, 김자점 등이 '폐모살제(어머니를 폐하고 동생을 죽였다)'를 들어 일으킨 **인조반정**에 의해 폐위되었고 강화 – 제주도로 유배되어 그곳에서 사망하였다. 허균의 홍길동전, 허준의 동의보감이 저술되었고 담배가 류쿠로부터 들어왔다.

✿ 김직재의 무옥

병조의 문서를 위조하다가 체포된 김경립의 발설로 김직재가 친국을 받게 되었는데 김직재가 고문에 못 이겨 덕흥대원군의 증손인 진릉군을 추대하여 반란을 일으켜 대북파를 제거하려 했다는 사건으로 김직재 등이 처형되고 김영경을 따르는 소북파가 축출되었다.

✿ 강변칠우 사건(계축옥사)

영의정 박순의 서자 박응서를 비롯한 고관대작의 서자 7명은 관계에 진출하지 못하는 것에 불만을 품고 북한강변에 모여 신세 한탄을 하면서 여주 북한강변에 '무륜'이라는 정자를 짓고 술과 시로써 시간을 보냈다. 이들은 중국의 죽림칠현을 본떠서 스스로를 강변칠우라 불렀다. 이들은 광해군 초기에 서자들도 관직에 오를 수 있게 해달라는 상소문을 올렸으나 허사로 돌아가자 이들의 불만은 점점 높아졌고 도적 질도 서슴지 않았다. 이들은 조령에서 은상인을 죽이고 은을 약탈하였다가 검거되었다. 대북파의 이이첨, 정인홍 등의 꾐에 빠져 김제남이 영창대군을 옹립하려는 거사 자금을 마련하기 위해서 일을 벌였다고 거짓 자백을 하였다. 이 사건으로 영창대군과 김제남이 죽임을 당하였다.

✿ 기유약조

왜란 이후 조선은 일본과 절교하였다. 일본에서는 토요토미 히테요시가 죽은 뒤 실권을 잡은 토쿠카와 이에야스가 에도막부를 세우고 조선에 통교를 간청해 왔다. 대마도주에게 외교권을 주어 세 차례에 걸쳐 사신을 파견하는 등 통교를 간청하였다. 조정에서 찬반의 논란이 일었고 진의를 파악하기 위하여 조건을 내걸었다. ① 국서를 정식으로 보내올 것 ② 왜란 중 왕릉을 파헤친 범인을 압송해 보낼 것 ③ 피로인들(왜란 때 일본군에 의해 일본으로 끌려간 조선인들)을 송환할 것을 통보하였다. 일본이 이를 이행하자 제한적인 통교를 허용하였고 이후부터 조선은 일본에 통신사를 파견하였다.

✿ 인조반정

　광해군이 즉위하였으나 임해군과 영창대군을 경계할 수밖에 없었다. 임해군에게 법을 어겼다는 죄목으로 귀양 보냈고 현감 이직을 시켜 살해하였다. 계축옥사를 일으켜 영창대군의 외조부 김제남을 죽이고 영창대군을 강화에 유폐시켰다. 영창대군을 죽여야 한다는 주장이 일어나자 이이첨이 강화부사 정항을 시켜 영창대군을 살해하였다. 이어 인조의 아우인 능창군을 교동에 금고하였다가 살해하였다. 인목대비 김씨에게도 압박을 가하였고 서궁에 유폐하였다. 이에 서인이던 김류, 이귀, 김자점, 이괄 등은 폐모살제론을 들어 능양군을 앞세워 반정을 일으켜 광해군을 축출하고 인목대비의 승인을 받아 능양군이 인조로 즉위하였다. 광해군은 귀양에 처해졌으나 죽이지는 않았다.

16대 인조(1623~1649)

　선조의 손자로 정원군(원종으로 추존)의 아들이다. 반정에 성공한 김류, 이귀 등이 추대하여 서궁에 유폐되어 있던 인목대비의 윤허를 받아 왕위에 올랐다. 반정에 공이 있는 자들을 논공행상하였는데 논공행상에 불만을 품은 **이괄이 난**을 일으켰다. 이들의 세력은 대단하여 한양을 접수하였고 인조는 공주까지 피신하였다. 도원수 장만에 의하여 난은 진압되었고 살아남은 잔당들은 후금으로 도망쳤다. 명, 청에 대한 정책이 중립에서 친명배금으로 급선회하였다. 이와중에 후금으로 도망간 이괄의 잔당들이 충동질하여 후금은 군사를 몰고 조선으로 쳐들어왔다(**정묘호란**). 인조는 강화도로 들어갔고 최명길의 주장에 따라 후금과 형제관계를 맺고 후금은 철수하였다. 1636년 후금은 국호를 청으로 바꾸고 조선에 군신관계를 종용하였다. 조선이 거부하자 청은 다시 군대를 몰고 와 **병자호란**을 일으켰다. 조선은 청군을 대적할 힘이 없었다. 봉림대군, 인평대군과 비빈 등을 강화로 보내고 인조도 가려 했으나 이미 청군이 길을 막아 가지 못하게 되자 남한산성으로 피신하였다. 결국 소현세자와 봉림대군을 볼모로 보내고 군신관계를 인정하는 **삼전도의 치욕**을 겪었다. 볼모생활을 끝내고 돌아온 소현세자가 의문의 죽음을 당하자 봉림대군을 세자로 책봉하였다. 이어 소용 조씨를 저주하고 수라상에 독약을 넣었다는 혐의로 소현세자의 빈 강씨를 사사하였다.

대동법 실시를 경기도에서 범위를 넓혀 나갔고 전세의 감경을 위하여 세종 때의 전분6등법, 연분9등법을 폐지하고 실시한 **영정법**(풍흉에 관계없이 최저세율인 쌀 4~6두 징수)을 실시하였으며 또한 군역의 세납화를 실시하였다. 상평청을 설치하여 상평통보를 주조하였으며 서양의 역법인 시헌력도 청으로부터 들어왔다. 벨테브레가 표류해 온 것도 이때인데 벨테브레는 박연이라는 한국 이름으로 고치고 대포의 제작법과 사용법에 큰 기여를 하였다.

❀ 이괄의 난

　이괄의 난에 대해서는 이괄이 실제로 반역을 도모한 것인지 어쩔 수 없이 일어난 것인지에 대한 논란이 많다. 어쨌든 내용을 들여다보자.

　이괄은 인조반정에 큰 공을 세웠으나 2등정사공신에 봉해졌다. 도원수 장만은 청을 견제하고자 능력 있는 그를 평안병사 겸 부원수로 임명하자고 추천하여 영변에 주둔하면서 청의 동태를 살피게 하였다. 이후 문회, 허통, 이우 등이 이괄이 역모를 꾀한다고 발고하여 리스트에 올라간 인물들을 문초하였다. 이에 이괄까지 잡아다가 문초해야 된다고 하였으나 인조는 이를 승인하지 않았고 대신 이괄의 아들 이전을 한양에 압송하도록 하였다. 금부도사와 선전관이 영변에 오자 이괄은 아들이 반란죄로 처벌되면 자신도 무사할 수 없다고 판단하여 금부도사와 선전관을 죽이고 반란을 일으켰다. 이괄은 도원수 장만이 있는 평양을 피하여 한양으로 진격하였다. 장만도 병력이 적어 이들의 반란을 알았어도 막을 수가 없었다. 이에 조정에서는 이괄의 아내와 동생 이돈을 능지처참하였다. 이괄의 군대가 예성강을 넘어오자 인조는 명에 파병을 요청하고 공주로 피신하였다. 한양에 입성한 이괄은 선조의 아들 흥안군 이제를 왕으로 세웠다. 이즈음 도원수 장만은 군사들을 규합하여 이괄을 쫓아 한양으로 와 전투가 벌어졌는데 이괄이 크게 패하였다. 이괄과 잔당들은 광주를 거쳐 이천으로 도망하였고 이 와중에 이괄군은 뿔뿔이 흩어졌다. 관군의 추격이 계속되자 부하 장수였던 이수백, 기익헌에게 살해되었고 이제도 죽음을 면치 못하였다. 인조의 환궁이 이루어지면서 이괄의 난은 끝을 맺었다.

● 정묘호란과 병자호란

왜란으로 조선사회는 황폐해졌고 선조의 뒤를 이어 15대 광해군이 즉위하였다. 이 당시 중국은 신흥세력인 후금이 명을 압박하며 새로운 강자로 떠오르고 있었다. 후금의 힘에 밀린 명은 조선에 파병을 요청하였다. 왜란 때 도움을 준 명의 청을 거절하기도 어려웠지만 그렇다고 신흥강자인 후금과 적대관계를 만드는 건 옳지 못하다고 판단을 한 광해군은 강홍립을 수장으로 하여 13,000명을 파견하였다. 이때 광해군은 강홍립에게 상황에 따라 판단하라는 밀명을 내렸고 결국 강홍립은 명을 도와 후금과 전쟁을 치르다가 후금에 항복하였다. 인조반정으로 왕위에 오른 인조는 대 중국정책을 친명배금정책으로 전환하였다. 인조반정의 논공행상에 불만을 품은 이괄이 난을 일으켰다가 난이 진압되면서 살아남은 잔당들이 후금으로 달아났고 이들은 광해군 폐위가 부당하다고 후금에 알렸다. 이에 후금이 조선을 침략하였으니 이것이 정묘호란이다. 후금이 침략해오자 인조는 강화도로, 소현세자는 전주로 피난을 갔다. 결국 조선은 후금과 형제관계를 맺고 철수하였다.

그러나 후금이 조선에 식량, 병선 등을 요구하고 민가를 약탈하는 등 만행을 저지르자 조선 내부에는 척화의 분위기가 형성되었다. 후금이 국호를 청으로 변경하고 조선에 군신관계를 요구하여 왔고 조선이 이를 거절하자 청 태종은 친히 12만 대군을 이끌고 조선을 침략하였는데 이것이 병자호란이다. 청군은 거침없이 한양으로 진격하였다. 이에 놀란 인조는 아들과 세자빈 등을 강화도로 먼저 피신시키고 자신도 강화도로 가려고 하였는데 청군이 이미 강화도로 가는 길을 점령하여 갈 수 없게 되자 남한산성으로 피신하였다. 청은 남한산성을 포위하였고 남한산성 내에서는 식량난과 추위 등으로 백성들의 고통은 심해져 갔다. 김상현을 위시한 척화파와 최명길을 비롯한 주화파가 대립하였는데 결국 주화파의 건의에 따라 인조는 삼전도에서 청 태종에게 항복하는 삼전도의 굴욕을 겪었다. 청은 척화파였던 삼학사(윤집, 오달제, 홍익환)와 소현세자, 봉림대군(훗날 효종) 등을 데리고 철수하였다. 이때부터 시작된 조선에 대한 청의 간섭은 훗날 청일전쟁 시까지 지속되었다. 인조는 호란으로 피폐해진 백성의 삶을 돕고자 전세를 낮추는 영정법을 실시하였다.

소현세자와 봉림대군이 조선으로 돌아온 후 소현세자가 의문사하고 봉림대군이 17대 효종으로 왕위에 올랐다. 효종은 송시열, 이완 등과 청을 응징하고자 북벌론을 준비하였으나 청은 더욱 강성해졌고 여러 가지 문제로 실행에 옮기지는 못하였다.

17대 효종(1649~1659)

인조의 둘째 아들로 봉림대군 시절 병자호란이 끝나고 형인 소현세자와 함께 청에 볼모로 갔으며 청에서 소현세자를 적극적으로 보필하였다. 소현세자가 먼저 조선으로 돌아왔지만 의문사하자 귀국하여 세자로 책봉되었고 인조가 죽자 왕위에 올랐다. 소현세자에게 아들 석청이 있었으나 인조가 원손에서 폐하고 봉림대군을 세자로 세웠는데 이는 훗날 예송논쟁의 불씨가 되었다. 효종은 청에 볼모로 있는 동안 청에 대한 보복을 가슴에 품고 있었다. 김자점 등 친

심심풀이로 보는 한국사

청파를 파직시키고 김상헌, 송시열 등을 등용하여 은밀하게 북벌계획을 수립하였다. 그러나 김자점 등의 밀고로 청에 이 일이 알려져 고초를 겪기도 하였다. 한편 청에서 조선에 대하여 강경책을 펴던 도르곤이 죽고 청의 대조선정책이 완화되자 이를 기회로 김자점이 인조의 후궁 조귀인과 결탁하여 조귀인의 아들인 숭선군을 왕으로 옹립하려는 계획이 폭로되어 조귀인과 김자점 등을 죽이고 이완, 원두표 등의 무장들과 북벌을 위한 군비 확충에 들어갔다. 때마침 제주에 표류해 온 하멜과 그 일행들에게 서양식 무기를 제조하게 하였다. 그러나 북벌계획에 많은 재정이 투입되었고 이로 인한 백성들의 고통이 가중된다며 송시열 등이 비난하는 등 사대부들의 반대에 부딪치기도 하였다. 게다가 청의 세력이 강성해져 이행하기가 더욱 어려워졌다. 이러한 군비 확충은 청이 러시아와 분쟁이 일어나자 조선에 원군을 요청하였고 실제로 2회에 걸쳐 청을 도와 나선정벌에 나서는 데 이용되었다. 대동법은 전라도까지 확대 실시되었다. 효종은 재위 기간 동안 북벌에 초점을 맞추었으나 재원 부족, 정세가 따라주지 않는 등으로 인하여 그 뜻을 펴지 못하였다.

18대 현종(1659~1674)

효종의 장자로 효종이 청에 볼모로 있을 때 심양에서 출생하였으며 효종 사후 왕위를 승계하였다. 예종은 재위 기간 내내 서인과 남인 간의 **예송논쟁** 속에서 지냈다. 현종이 즉위하자마자 효종의 상에 인조의 계비인 자의대비 조씨가 상복을 얼마 동안 입느냐는 1차 예송논쟁에 이어 왕대비가 죽자 다시 조대비의 상복 문제로 2차 예송논쟁이 벌어졌다. 현종대에는 대동법이 호남 지방으로 확대되었다. 제주도에 표류하여 조선에 왔던 하멜일행이 전라좌수영을 탈출하여 조선에 대한 내용이 기술된 '하멜표류기'를 남겼다.

❀ 예송논쟁

1차 예송: 효종이 죽자 효종의 모친인 조대비가 얼마나 오랫동안 상복을 입어야 하는가에 대하여 서인은 효종이 인조의 둘째 아들이기 때문에 기년설(1년), 남인은 둘째 아들이긴 하나 왕위계승자이므로 3년을 주장하였다. 서인의 기년설이 받아들여졌다.

2차 예송: 이번에는 효종비가 죽었다. 시어머니인 조대비의 복상문제를 놓고 남인은 기년설(1년), 서인은 대공설(9개월)을 주장하였다. 남인의 기년설이 받아들여졌다.

19대 숙종(1674~1720)

현종의 외아들로 현종이 사망하자 왕위에 올랐다. 숙종 시절은 서인과 남인의 정쟁이 격화되었을 뿐만 아니라 숙종도 당파싸움에 기름을 부었다. 현종 말기 2차 예송논쟁에서 승리한 남인이 권력을 잡았지만 숙종의 변덕에서 촉발된

3번의 환국으로 남인과 서인이 교차 집권하였다. 이 과정에서 실각한 유생들이 낙향하여 사원을 세우는 등 전국적으로 서원이 남설되기도 하였다. 한편 광해군에 의해 실시된 대동법을 경상도와 황해도까지 확대하여 시행된 지 약 100년만에 전국적으로 시행되었다. 양전사업도 완성하였다. 활발한 상업활동을 지원하고자 **상평통보**를 대량으로 주조하여 통용시켰다. 이민족의 침략에 대비하여 대흥산성, 황룡산성 등 국경지역에 성을 쌓고 도성을 수리하였으며 강화도에는 49개의 돈대를 쌓았다. 또한 북한산성을 대대적으로 개축하여 남한산성과 함께 한양수비의 거점으로 삼았다. 금위영을 신설하여 5군영체제를 완성하였다. 이렇게 국방에 노력을 많이 기울였으나 대체로 평온한 시기였다. 양정 1인당 군포를 2필로 확정하였다. 압록강 연변에서 조선과 청간의 국경분쟁이 벌어지자 청과 협의하여 국경선을 정하는 **백두산정계비**를 세웠다. 일본에는 두 차례에 걸쳐 통신사를 파견하여 왜관무역에 관한 조례를 확정 지었고 어부였던 **안용복**이 일본에 건너가 왜인들의 울릉도 침범을 항의하자 왜의 막부로부터 왜인의 울릉도 출입금지를 보장받아 조선의 영토임을 확실히 하였다. 명에는 은공을 갚는다는 의미로 대보단을 세웠다. 성삼문 등 사육신을 복관하고 노산군을 단종으로 묘호를 올렸다.

🌸 숙종의 변덕 3번의 환국

경신환국(경신대출척)

남인의 영수인 영의정 허적이 조부 잠의 시호를 맞이하는 잔칫날에 비가 오자 숙종은 용봉차일(기름을 먹인 종이)을 보내라고 하였다. 그러나 허적이 이미 가지고 갔다고 하자 숙종은 진노하여 남인을 대거 축출하고 서인을 등용하였다. 이 일이 있고 얼마 안 있어 허적의 서자 허견이 종실인 복창군, 복선군, 복평군과 함께 역모를 꾀한다고 고변하는 삼복의 변이 발생하여 윤휴, 허적 등 그나마 남아있던 남인이 대거 축출되었다. 이를 경신환국 또는 경신대출척이라고 한다. 경신환국에서 화를 입은 남인들의 처리 문제를 놓고 서인도 강경파인 노론과 온건파인 소론으로 분파되었다.

기사환국

숙종의 왕비였던 인현왕후가 후사가 없자 궁녀인 장옥정(희빈 장씨)이 아들(경종)을 낳았고 그 아들을 세자로 세우려 하였다. 인현왕후가 젊으니 좀 더 기다려보자는 서인들은 극렬히 반대하였지만 남인들은 찬성하였다. 결국 인현왕후를 내쫓고 장옥정의 아들이 세자로 책봉되었다. 장옥정이 희빈으로 승격되면서 송시열 등 서인들이 대거 몰락하고 남인들이 그 자리를 채웠다. 이를 기사환국이라고 한다.

갑술환국

이후 희빈 장씨는 중전의 자리에까지 올랐다. 숙종은 왕비 장씨의

방자한 행동에 염증을 느끼고 있었는데다가 무수리 출신 궁녀 최씨에게 호감을 갖고 있었다. 게다가 숙종은 노론의 김춘택, 소론의 한중혁 등이 인현왕후 복위 운동을 벌이자 오히려 이에 동조하기까지 하였다. 결국 인현왕후를 복위시키고 장옥정을 희빈으로 강등시켰다. 그러나 인현왕후는 희빈 장씨와 화기를 도모하면서 살았으나 35세의 나이로 죽었다. 그러나 희빈 장씨가 취선당에 신당을 차리고 인현왕후를 저주한 일이 발각되어 희빈 장씨를 사사하였다. 이 갑술환국으로 서인이 다시 집권하게 되었다. 한 궁녀(추정)가 기록한 '인현왕후전'에 인현왕후의 이야기가 전한다.

숙종의 변덕이 당쟁을 격화시키는 결과를 초래하였다.

❀ 백두산정계비

압록강과 두만강을 사이에 두고 조선과 청간에 종종 국경분쟁이 일어났다. 거의 빈 땅이던 이 지역에는 인삼을 캐거나 사냥을 하던 사람들이 내왕하면서 충돌이 잦았다. 그러다가 청의 관원이 백두산 지역을 답사하다가 인삼을 캐던 조선인들의 습격을 받는 사건이 발생하였고 이후에도 분쟁이 계속되자 청이 조선에 국경을 정하자는 공문을 보내기에 이르렀다. 이에 조선에서 관리를 파견하여 청과의 협의를 거쳐 '西爲鴨綠(서위압록) 東爲土門(동위토문) - 서쪽으로는 압록, 동쪽으로는 토문 - 으로 하는 국경에 관한 백두산 정계비를 세웠다. 조선 후기 토문강의 해석에 관하여 청은 두만강, 조선은 쑹화강의 지류라고 해석하여 동간도 일대가 조선 땅이라 하였다. 1883년 어윤중과 김우식을 보내어 정계비를 조사하고 간도가 조선 땅이라 하였지만 청은 이를 인정하지 않았다. 그러나 1909년 일본이 남만주의 철도부설권을 얻는 대가로 간도 지방을 통째로 청에 넘겼다. 현재는 없어진 이 정계비의 해석으로 인한 간도 지방의 소유권에 대한 문제는 중국이 자국영토로 사용하고 있으며 게다가 북한이 간도와 접하고 있는 등 여러 이유로 해결되지 못하고 있다.

20대 경종(1720~1724)

숙종의 장자이며 생모는 희빈 장씨이다. 희빈 장씨의 사사 이후 잦은 병치레를 하였다. 세자의 다병무자를 걱정하여 숙종이 연잉군(영조)을 후사로 정할 것을 이이명에게 부탁하기도 하였다. 노론이 연잉군을 지지하였으나 숙종이 지시한 대리청정을 문제없이 소화해낸 덕에 소론이 지지한 경종이 즉위하였다. 즉위 후 경종의 병이 깊어지자 건저논의를 통하여 연잉군을 세제로 책봉하였다. 소론은 신임사화를 일으켜 이이명, 김창집, 이건명, 조태채등 노론4인방이 왕권교체를 기도한다 하여 몰아내고 소론의 정국을 만들었다. 연잉군(영조)도 연루되었다고 하자 연잉군이 왕세제를 사양하였으나 경종은 결국 병에서 회복하지 못하고 죽음으로써 영조가 왕위를 승계하였다.

신임사화(임인삼수옥)

김일경이 지관인 목호룡을 매수하여 노론이 경종을 시해하려 한다고 고변하여 노론의 수장들이 대거 처형되었는데 훗날 영조가 즉위하자 이 사건이 무고에 의한 것이라 하여 **목호룡**을 당고개에서 효수하였다.

21대 영조(1724~1776)

숙종의 둘째 아들로 경종의 이복동생이다. 모친은 무수리 출신의 숙빈 최씨이다. 경종이 무자다병하자 뒤를 이을 왕재를 숙종의 유지인 삼종혈맥(효종, 현종, 숙종)에서 찾았는데 유일하게 맞아떨어진 것이 영조이다. 연잉군을 지지하던 노론이 소론에게 밀려나자 연잉군도 고립무원이 되었고 왕세제의 지위를 위협받기도 하였으나 경종 사후 왕위를 받았다. 그러나 간장게장사건(경종이 죽기 전날 영조가 경종에게 간장게장을 먹게 한 사건)으로 영조는 경종 독살설로 곤욕을 치러야 했다. 영조는 당쟁의 격화를 무마시키고자 **탕평책**을 시행하였고 첫 당파의 원인이 된 이조낭관통청권을 폐지하였다. 자신을 연루시켰던 김일경과 목호룡을 처형하였으며 그와 관련되어 처벌된 자들의 죄를 없애고 노론을 중용하였다. 노론에 밀린 소론은 역시 정권에서 밀린 남인 일파와 모의해서 **무신란**(이인좌의 난)을 일으켰으나 곧 진압되었다. 대거 입각한 노론은 신원 회복에 그치지 않고 소론에 대한 보복까지 요구하자 영조는 이광좌를 중심으로 하는 소론 정국을 구성하기도 하였다. 이후 영조는 노론과 소론의 연합정권을 구성하였지만 노론을 중심으로 한 연합정권이었다. 또한 대탕평을 표방하고 오광운, 체제공 등의 남인과 북인도 등용하였다. 그러나 아들인 사도세자에 대하여 불만을 나타낸 김상로, 홍계희 등과 사도세자의 장인 홍봉한 간의 알력과 정성왕후가 죽고 정순왕후가 계비가 됨에 따라 부상한 정순왕후의 부친 김한구 등이 또 다른 세력을 구성하는 등 노론 위주의 연합정권은 곪고 있었다. 이 와중에 사도세자가 뒤주에 갇혀 죽는 **임오화변**이 발생하였다. 세자가 뒤주에 갇히는 큰 사건임에도 목숨을 걸고 왕에게 부당함을 간하는 신하가 없었다. 군신관계의 균열이 커지자 노론과 소론 등은 각자 명분을 쫓아 이합집산하는 양상을 보였다. 영조 말기에는 격화된 당쟁 속에서 세손인 정조의 안위를 지키는 데 급급하였다. 대리청정을 시켜 순조롭게 왕권을 이어받게 하려 했다.

　영조는 가혹한 형벌인 자자형(이마에 글씨를 새기는 형벌), 낙형(발바닥을 지지는 형벌), 압슬형(꿇어앉은 상태에서 무릎 위에 무거운 물건을 놓아 압력을 가하는 형벌)을 폐지하였고 사형수에게는 **삼복법**을 엄격히 적용케 하였으면 사문에서의 용형도 금지하는 등 인권보호에 노력하였다. 또한 **신문고제도를 부활**하여 백성의 억울함을 듣고자 했으며 청계천을 준설하여 하수처리 문제를 해결하였다. 영조는 양역의 부담을 경감코자 군포를 1필로 경감하여 징수토록 하는 **균역법**을 시행하였고 부족한 세금은 선무군관포, 여염세 등으로 보충하였다. 통신사로 일본에 갔던 조엄이 고구마를 들여와 구황작물로 유용하게 사용되었다. 서얼 차별에서 오는 서자들의 관리 등용을 허용하는 **서얼통청법**을 시행하였고 서원을 당쟁의 근원이라 여겨 서원의 남설을 금지하였다. 과거 시험에 탕평과를 시행하였으며 재야에서는 실학이 확산되었다. 영조는 어머니가 무수리 출신이라는 점, 경종독살설에 관련되었다는 점과 심지어 숙종의 아들이 아니라는 소문에 평생을 시달렸으며 감정의 기복이 심하고 애증이 극단적이었다. 재위 기간 52년은 조선 왕조사에서 가장 긴 재위 기간이었다.

✿ 무신란(이인좌의 난)

경종의 죽음으로 권력에서 밀려난 소론은 역시 밀려난 남인들을 포섭하여 경종의 사인과 영조가 숙종의 아들이 아니라는 것을 내세워 소현세자의 증손인 밀풍군 탄을 왕으로 추대하려고 하였다. 은밀히 세력을 규합하였으나 영조가 온건소론을 등용하면서 세의 확대가 주춤하였고 이들의 모의가 알려지자 남인의 명문가 출신인 이인좌가 청주성을 함락시키면서 시작되었다. 청주성을 함락시킨 이인좌는 창고를 풀어 곡식을 백성들에게 나눠주었으며 경종을 위한 깃발을 올리고 안성, 죽산으로 향하였다. 이 반란에 영남 지방과 호남 지역에서도 동조하였다 그러나 관군에 의하여 안성, 죽산에서 대패하였고 청주성도 관군에게 뺏겼으며 영남과 호남 지방에서도 관군에게 패하였다. 반란에 연루된 자들은 처형을 당하였고 이인좌도 농민들에게 붙잡혀 관군에 인계되었고 영조의 친국을 받은 후 처형되었다.

❀ 임오화변

영조의 아들인 사도세자는 어려서 매우 총명하였다. 그러나 사도세자의 생모인 영빈 이씨는 3명의 공주들도 생산하였는데 특히 화완옹주와 화평옹주를 총애하고 사도세자와 화협옹주는 매우 미워하였다. 그러나 부왕을 대신하여 대리청정을 하게 되자 그를 싫어하는 노론과 일부 중신들이 무고하였다. 이에 영조는 수시로 세자를 문책하였는데 그는 정신질환을 앓아 궁녀를 죽이고 여승을 궁궐에 들이는가 하면 왕궁을 빠져나가 평양에 다녀오는 등 기행을 일삼았다. 이를 심각하게 여긴 영조는 사도세자에게 자결을 명하였는데 사도세자가 자결을 거부하자 뒤주 속에 가두어 죽게 만들었다. 그러나 임오화변의 직접적인 원인에 대하여서는 영조와의 갈등설, 노론과 소론간의 당쟁 결과물이라는 등 논란이 많다.

22대 정조(1776~1800)

정조는 사도세자와 세자빈 혜경궁 홍씨 사이에서 태어났으며 임오화변으로 사도세자가 죽자 10세에 죽은 영조의 맏아들 효장세자의 후사가 되어 왕통을 이었다. 영조가 대리청정을 명하자 정조의 외척이던 홍인한과 화완옹주의 양자인 정후겸 등이 극렬하게 반대하였다. 정조는 죄인의 아들이라며 그의 왕통을 부정하는 세력들과도 힘든 싸움을 해야 했는데 홍국영의 도움으로 이를 극복하였다. 즉위 후 그의 즉위를 반대하던 정후겸, 홍인한 등을 제거하였다. 홍국영은 누이를 정조와 혼인시켜 탄탄한 입지를 굳혔다. 그러나 홍국영은 누이 원빈홍씨가 죽자 자신의 권력을 지키기에 급급하였고 원빈홍씨가 효의왕후에 의해 살해되었다 믿고 음식에 독약을 타서 왕후를 독살하려다가 발각되어 정조에 의하여 축출되었다. **규장각을 설치**하여 문화정치를 표방하고 **초계문신제**(규장각 관료 중 37세 이하의 관료를 재교육하는 것)도 시행하였다. 왕권을 강화하고 편전을 탕탕평평실이라고 하는 등 **탕평책도 지속**하였다. 정조는 세손 시절부터 정적으로부터 암살 위협에 시달리자 친위부대인 **장용영**을 설치하기도 하였다. 정조의 정책을 반대하는 노론 중심의 **벽파**와 정조의 시책에 동조하는 **시파**로 다시 쪼개지는 모습을 보였다. 노론 중에서 북학사상을 가진 자들의 학문적 소양을 중히 여겨 규장각에 검서관을 신설하고 이덕무, 유득공, 박제가 등을 등용하였다. 이들 대부분이 서얼이었는데 이들은 서얼통청운동을 전개하기도 하였다. 서학이 보급되자 정조는 정학의 보급이 이를 막는 최선이라 하여 정학을 권장하고 중국을 벗어난 조선의 독자적 문화를 발전시키려 노력하였다. 정조는 비명에 죽은 아버지 사도세자의 묘를 수원으로 옮기고 사도세자의 복권과 모친 혜경궁 홍씨에 대한 효를 근거로 **수원에 신도시를 건설**코자 하였다. 이 신도시 건설에 관여한 정약용은 한강에 대규모 인원이 한강을 건널 수 있도록 하기 위하여 한강에 배다리를 설치하였고 수원 화성 공사 시 기중기를 만들어 성벽을 용이하게 쌓을 수 있도록 하는 등 크게 기여하였다. 천주교에 대한 탄압의 서막을 알리는 **신해박해**도 있었다.

✤ **신해박해**(진산사건)

16세기 말부터 사회에 확산된 천주교의 교세 확장으로 1784년 한국 천주교회가 창설되었다. 조상에 대한 제사는 교의적인 것은 아니지만 교황청에서 잠정적으로 금지하였다. 진산에서 독실한 천주교 신자인 윤지충이 모친상을 당하여 천주교식에 의거 제사도 지내지 않고 신주를 불태우는 사건이 일어나자 윤지충은 강상의 죄를 범하였다며 맹비난을 받았고 친척인 권상연은 윤지충을 옹호하였다. 이 사건이 한양에까지 알려지자 천주교를 배척하는 파(공서파)에서 천주교를 묵인하는 파(신서파)에 대하여 맹비난을 하면서 정치적 문제로 번졌다. 이에 조정에서는 진산군수 신사원으로 하여금 윤지충과 권상연을 체포하여 사형시키고 더 이상 확대시키지 않았다. 윤지충은 신유박해 때 귀양을 간 정약용과는 외가 친척이었다.

23대 순조(1800~1834)

정조의 둘째 아들로 형인 문효세자가 일찍 죽어 왕세자로 책봉되었다. 정조가 죽자 11세의 나이로 즉위하였다. 영조의 계비인 정순왕후가 수렴청정을 하였고 김조순의 딸을 왕비로 맞았다. 정조의 측근인 정약용 등이 천주교도였고 정조는 천주교에 비교적 관대하였다. 노론을 경계하던 사도세자와 정조를 못마땅하게 여겼던 정순왕후는 정조를 지지하던 시파에 대한 보복으로 **신유박해**를 일으켜 천주교 신자들을 탄압하였다. 또 이를 북경에 있는 프랑스 선교사에게 알리려 하다가 발각되어 능지처참을 당한 **황사영백서 사건**도 일어났다. 정조의 정책도 모두 그 이전으로 회귀시켰다. 또한 혼란해진 신분질서에 편승하여 세수를 확보하고자 66,000명의 공노비를 해방시켰다. 이후 순조의 친정이 시작되자 벽파를 몰아내고 그 자리에 장인 김조순 등을 기용하였고 암행어사를 파견하는 등 사회질서 유지에 노력하였다. 그러나 정조 때부터 세력을 유지해온 소수 가문들에 대한 평정은 하지 못하였고 안동 김씨의 **세도정치**가 시작되었다. 사실 왕의 장인인 김조순은 요직을 맡길 때마다 사양하여 파벌에 대해 경계를 하였으나 그의 친척들이 득세하면서 안동 김씨 세도가 시작되었다. 천주교에 대한 박해는 지속되어 **을해박해**가 일어났다. 안동 김씨 세력은 전횡과 뇌물을 일삼았고 과거제까지 문란하게 만들었다. 민생은 도탄에 빠지고 각종 비기와 참설이 번졌으며 평안도에서는 홍경래의 난이 일어나기도 하였다. 제주도에서는 양제해가, 용인에서는 이응길이 반란을 일으켰다. 액예와 원예의 모반, 청주에서의 괘서사건 등이 줄을 이었다. 또한 서부지방에서는 전염병이 돌아 10만여 명이 목숨을 잃었다. 수재 등의 천재지변도 수없이 일어나 세도정치의 폐해와 맞물려 혼란스러운 나날의 연속이었다. 조만영의 딸을 효명세자의 세자빈으로 맞아 풍양 조씨 일문을 등용하여 안동 김씨의 세도를 견제하려 했으나 효명세자가 일찍 죽음으로써 실패하고 말았다.

◉ 신유박해

정조는 천주교에 관하여 온건적이었으며 청의 신부 주문모도 조선에 입국하여 천주교 활동을 하였다. 그러나 정조 사후 수렴청정을 하게 된 정순왕후는 천주교를 겨냥하여 가부장적 권위와 유교의 의례, 의식을 거부하는 사교, 서교 금지령을 내려 남인들이 많이 믿고 있던 천주교를 박해하였다. 이 박해로 주문모를 비롯한 천주교도 100여 명이 처형되고 정약용, 정약전 등은 유배되었다. 주문모에게서 세례를 받은 황사영은 이 사실과 교회를 재건하고 포교의 자유를 얻기 위해 프랑스 함대를 파견해 조선에 압력을 넣어달라는 내용의 편지를 명주천에 작성하여 북경의 프랑스 선교사에게 전달하려다 적발되어 능지처참을 당하는 황사영백서사건을 초래하였다. 편지의 원본은 교황청에 소장되어 있다.

◉ 을해박해

신유박해 이후 천주교 신자들은 그들의 신변 노출을 염려하여 경상도, 강원도 등의 산골로 피신하여 교우촌을 이루고 살았다. 전국에 극심한 가뭄이 들어 백성들이 고통을 받자 일부 사람들이 천주교 신자들의 금품을 노리고 천주교도들을 약탈하였다. 일부 지방관들도 마음대로 천주교도들을 박해하였다. 경상도 청송, 진보, 영양 등에서 천주교도들을 체포하여 천주교를 탈퇴하는 자들은 방면하고 고수하는 자들은 대구감영에 입감하고 조정에 처형을 요청하는 계를 올려 승인을 받아 처형하였다. 대구 감영에서 계를 올릴 당시 33명이던 천주교도 중 26명이 옥사하고 7명만 처형되었다. 원주에서도 천주교도들을 체포하였는데 대부분 천주교에서 탈퇴하였고 1명만이 남아 옥사하였다.

24대 헌종(1834~1849)

순조의 손자로 효명세자의 아들이다. 효명세자가 젊은 나이에 죽음에 따라 순조사후 8세의 나이로 왕위에 올랐다. 순조비 순원왕후 김씨가 수렴청정을 하였다. 안동 김씨를 견제코자 입각한 효명세자의 장인 조만영을 필두로 한 **풍양 조씨**가 효명세자의 대리청정 시 세도를 잡았으나 내부의 알력과 조만영의 죽음, 그리고 순원왕후의 대리청정으로 권력은 다시 안동 김씨에게로 돌아갔다. 순원왕후가 수렴청정을 거두면서 친정체제로 들어섰으나 삼정의 문란은 여전하였다. 천주교에 대한 탄압도 이어져 **기해박해**가 있었으며 **오가작통법**(다섯 집을 하나로 묶어 서로 감시하는 것)을 시행하였다. 한국인 최초의 신부 김대건이 처형되기도 하였다. 수재가 계속적으로 발생하였고 남응중의 모반사건, 이원덕, 민진용의 모반사건이 이어졌으며 수시로 서양의 이양선이 나타나 횡포를 부리면서 민심은 더욱 어수선해졌다.

❀ 기해 박해

안동 김씨는 천주교에 대하여 관대하였다. 그러나 천주교를 적대시하던 이지연이 우의정에 되자 천주교에 대한 박해를 진행하였는데 앵베르, 모방, 샤스탕 등 외국인들과 정하상, 유진걸 등이 처형되었다. 이 박해를 계기로 헌종은 천주교를 금지한다는 척사윤음(사도를 물리치고자 임금이 내린 윤음)을 발표하였다.

25대 철종(1849~1863)

헌종이 후사 없이 죽자 왕위계승자를 물색하던 중 영조의 남은 유일한 후손은 이원범뿐이었다. 하지만 그는 형인 회평군 명의 옥사로 가족과 함께 강화도에 유배되어 있었는데 강화도에서 나무꾼으로 연명하던 그가 졸지에 왕이 되자 대왕대비인 순원왕후가 다시 수렴청정을 하였다. 철종은 순원왕후의 근친인 김문근의 딸을 왕비로 맞음으로써 안동 김씨 세도는 더욱 강해졌다. 이후 철종이 친정을 하였으나 철종은 왕으로서의 자질이 부족하였고 여전히 실권은 안동 김씨가 틀어쥐고 있어 삼정의 문란, 탐관오리의 횡포 등으로 백성들의 삶은 피폐해져 갔다. 선혜청의 자금을 진대하고 자연재해로 피해를 본 백성들을 구휼하고자 노력하였으나 민심의 동요를 잠재우진 못하였다.

1862년 **임술농민봉기**를 비롯해 곳곳에서 민란이 발생하였다. 이에 철종은 **삼정이정청**을 설치하여 삼정의 폐해를 바로잡고자 하였지만 세도정치의 벽에 가로막혀 별 효과를 보지 못하였다. 이 시기에 최제우가 **동학을 창시**하였는데 동학이 세를 확장하자 최제우를 혹세무민의 죄를 물어 처형하였다. 철종은 주색에 빠져 살다가 33세의 나이에 죽었다.

🌸 **임술농민봉기**(진주민란)

세도정치가들의 불법 수탈로 일반 백성들의 고통은 이루 말할 수 없을 정도로 피폐해져 있었다. 그러던 와중 진주에서 불법수탈곡인 도결 84,000여 냥을 호구별로 배당하여 징수하려고 하였다. 이전에도 농민을 수탈하여 사욕을 채운 전력이 있는 백낙신이 이 기회를 틈타 환포 72,000여 냥을 백성들에게 부담시키려고 하였다. 이에 항거하여 유계춘이 김수만, 이귀재 등과 농민운동을 계획하였고 스스로 초군이라 부르며 시위에 불참하는 자들에게는 벌금을 물렸고 반대하는 자들의 집은 부숴버리면서 세를 불려 진주성으로 몰려갔다. 시위대는 백낙신과 진주목사 홍병원으로부터 통환과 도결을 혁파한다는 확약을 받았지만 흥분한 시위대는 죄상을 들추어 관리들을 살해하고 피해를 입혔다. 또한 부호들의 집을 습격하여 재물을 빼앗았는데 그 피해액이 약 10만 냥이나 되었다. 이에 조정에서는 안핵사 박규수를 파견하여 백낙신과 홍병원, 민란주모자들을 처벌하는 등 민란을 수습하고자 하였다. 그러나 이 사실을 들은 전국의 농민들이 일제히 일어나 경상도, 전라도, 충청도 등 약 70여 개 고을에서 민란이 일어났으며 경기도와 황해도 일부 지역까지 확산되었다. 정부에서는 삼정이정청을 설치하여 삼정의 폐해를 막는 다고 하였으나 환곡의 횡포에 실효를 거두지 못하였고 세도정치가들의 미온적 태도로 이전의 상태로 복귀하고 말았다.

◉ 동학

동학은 시천주(인간이 곧 하늘이다) 신앙을 근거로 보국안민을 주장하며 세워진 종교로 서학에 대항하여 동학이라는 이름으로 시작되었다. 몰락한 양반의 서출인 최제우는 유, 불, 선의 종교를 통합하는 경천사상이 필요하다고 하였는데 동학에 많은 신도들이 모이자 '동경대전'과 '용담유사'를 만들어 경전으로 사용하였다. 동학의 교세가 날로 확장하자 조정에서는 동학을 혹세무민의 종교로 규정하고 최제우와 추종자들을 체포하여 처형하였다. 이어 2대 교주 최시형이 이어받은 동학은 숨어서 포교하였는데 동학을 더 세속화하여 범천사상(만인과 만물은 하늘이다)으로 확대하였다. 최시형이 동학사상의 기초를 완성하였고 이후 3대 교주인 손병희가 동학을 천도교로 개칭하여 오늘에까지 이르고 있다. 동학이 주최가 된 동학농민운동과 기타 내용은 뒤에서 서술하기로 한다.

26대 고종(1863~1907)

고종이 집권한 시기는 세도정치의 폐해로 사회는 어지러웠다. 게다가 근대화의 물결로 청과, 일본, 그리고 서구 열강들까지 가세하여 조선의 정세가 요동치는 시기로 한반도를 둘러싼 힘겨루기에서 일본이 청과 러시아를 상대로 전쟁을 일으켜 승리하고 결국 한반도를 식민지화하는 발판을 굳힌 시기였다. 이러한 격변기에 즉위한 고종은 어떻게 처신했을까?

이하응(흥선대원군)은 헌종의 모친인 신정왕후의 친정 조카인 조성하를 통하여 당시 신정왕후(조대비)와 연락하였으며 철종이 후사 없이 죽자 영조의 현손이며 이하응의 아들인 명복을 왕위에 올렸다. 그가 바로 조선의 근대사를 함께한 고종이다. 그가 왕위에 오른 데는 부친 이하응과 신정왕후의 밀약이 결정적이었다. 즉위 당시 고종은 12세로 형식적으로는 조대비가 수렴청정을 하였으나 이내 전권을 대정을 협찬한다는 명분으로 흥선대원군에게 넘겨 흥선대원군이 권력을 행사하였다. 고종의 왕비로는 세도정치를 경계하여 명문가이지만 몰락하여 홀어머니 밑에서 가난하게 자란 여흥 민씨 출신 **명성황후**가 간택되었다. **흥선대원군**은 섭정 초기에 오페르트의 남연군 묘 도굴 미수사건, 신미양요, 병인양요를 이겨내고 열강들의 문호개방 압력을 **쇄국정책**으로 일관하였다. 세도정치 시절 문란해진 삼정의 개혁에도 힘을 쏟았다. 전국의 **서원을 정리**하였고 **경복궁을 중건**하는 등 왕실의 권위를 회복하고자 노력하였다. 천주교를 탄압하는 **병인박해**도 일으켰다. 고종이 장성하여 친정체제가 시작되자 명성황후의 친족들이 대거 입각하여 정권을 장악하였다. 이들은 흥선대원군 시절의 쇄국정책을 개항으로 바꾸어 1876년 일본과 **강화도조약**을 체결하여 조선의 문호를 개방하였다. 일본에 수신사와 조사시찰단(신사유람단)을, 청에 영선사를, 미국에는 보빙사를 파견하여 새로운 문물을 받아들이고자 하였다. 개혁기구인 **통리기무아문**을 설치하여 기존의 5영을 2영과 신식 군대인 **별기군**으로 재편하였다. 흥선대원군은 이를 못마땅하게 여겨 권력 탈환을 노리고 있었다. 개화와 함께 일본이 정치, 경제적으로 침투해오자 조선의 조정은 개화파와 수구파의 정쟁으로 번졌고 이 와중에 안기영 등이 왕의 이복형인 서자 이재선을 옹립하려는 국왕 폐립 음모가 일어났으나 광주장교 이풍래의 고변으로 고종은 참화를 면하기도 하였다. 개화파와 수구파의 갈등은 결국 신식 군대인 별기군에 비해 구식 군인에 대한 홀대로 구식 군인들의 불만이 폭발하면서 **임오군란**을 일으켰다. 임오군란은 재집권을 노린 흥선대원군의 암묵적 동의를 얻어 진행되었다. 그러나 청의 개입으로 진압되었고 청의 간섭으로 개혁이 지지부진하자 개화파 내에서도 급진개화파와 온건개화파로의 분열이 나타났고 급기야 우정국 낙성식을 계기로 급진개화파가 **갑신정변**을 일으켰다. 갑신정변은 일단 성공하였으나 청의 개입으로 3일만에 끝을 맺었다. 흥선대원군이 임오군란과 함께 잠시 복귀하였으나 명성황후세력과 청에 의하여 실각하였고 명성황후의 세력이 강화되었다. 이 두 사건으로 조선에는 일본군과 청군이 주둔할 수 있는 빌미를 제공하였다. 한편 고부군수 조병갑의 학정에 항거하는 **동학농민운동**이 발발하였다. 흥선대원군의 손자 이준용이 동학도와 내통하여 고종 시해 음모를 꾸몄으나 무위에 그쳤다. 근대화 작업인 갑오개혁은 총 세 차례에 걸쳐 시행되었는데 초기 흥선대원군이 고종으로부터 실권을 받아 **갑오개혁**에 착수하였으나 이후 개화세력과 일본이 그를 배척한 채 군국기무처를 설치하여 **군국기무처**를 중심으로 개혁을 단행하였다. **청일전쟁**이 일어나 일본이 승리하면서 청은 조선의 종주국으로서의 지위를 잃었고 조선에 대한 일본의 영향력이 증대하였다. **삼국간섭**으로 일본의 기세가 잠시 주춤하지 조선은 일본의 압력에서 벗어나고자 러시아와 접촉을 하였다. 이를 간파한 일본은 낭인들을 시켜 명성황후를 살해하는 **을미사변**을 일으키자 고종은 러시아와 내통하여 러시아대사관으로 이어하는 **아관파천**을 단행함으로써 조선의 국격은 땅바닥에 떨어졌고 조선의 이권은 열강들이 먹잇감으로 전락하고 말았다. 고종의 환궁을 요구하는 소리가 높아지자 고종이 환궁하였으며 그해 고종은 **대한제국의 수립**을 선포하고 연호를 광무라 하며 황제에 올랐다. 안경수가 군인들을 동원하여 황제양위를 음모하는가 하면 유배된 김홍륙이 고종과 태자를 독살하고자 독차사건을 일으켰으나 미수에 그쳤다. 고종은 서재필 등이 설립한 독립협회가 주관한 만민공동회를 황국협회와 군대의 힘으로 강제 해산시키고 둘째 아들을 의친왕, 셋째 아들을 영친왕에 봉하고 순빈 엄씨를 계비로 맞이하였다. 1904년 일본은 러시아 함대를 공격하면서 러일전쟁을 일으켜 전쟁에서 승리하였다. 러일전쟁 도중 장호익 등이 황제 폐립을 음모하였으나 실패하는 등 황권은 계속 도전받았다. 일본은 강압으로 **한일의정서**와 **제1차 한일협약**을 체결하였으며 이듬해에는 **제2차 한일협약**(을사늑약)을 강요하였다. 고종은 이를 거부하였으나 을사오적신(이완용, 박제순, 이지용, 이근택, 권중현)에 의하여 체결되면서 조선의 외교권이 일본에 넘어갔다. 고종은 을사늑약이 무효임을 알리기 위하여 전 미국 공사이자 한국 정부의 고문이었던 헐버트(Homer Hulbert)를 통하여 미국에 호소하려 하였지만 미국은 이미 일본과 카쓰라태프트 밀약(미국과 일본이 필리핀과 조선에 대한 지배를 인정한 협약)을 체결한 직후라 효과를 보지 못하였다. 일본이 통감부를 설치하고 국정에 간여하자 고종은 이준, 이위종, 이상설을 네덜란드 헤이그에서 열리는 **만국평화회의**에 파견하여 조선 문제를 호소하려 하였지만 참가국들의 무관심으로 실패하였다. 일본은 이를 빌미로 **고종을 퇴위**시키고 순종을 즉위시켰다. 이후 1919년 고종이 죽었으나 일본의 독살에 의한 것이라는 소문이 파다하였다.

흥선대원군의 섭정과 개항과 관련한 근대사와 고종이 러시아 공사관에서 환궁하여 선포한 대한제국시대는 워낙 정세가 급박하게 돌아갔고 사건들도 많아 별도로 상세히 알아보기로 한다.

27대 순종(1907~1910)

고종의 아들로 일본의 강압에 따른 고종의 양위로 대한제국 2대 황제로 즉위하였고 연호로 융희를 사용하였다. 동생 영친왕을 황태자로 책립하고 거처를 덕수궁에서 창덕궁으로 옮겼다. 순종은 아무런 힘이 없었다. 즉위하던 해에 **한일신협약**(정미7조약)을 체결하여 조선의 국정 전반을 통감의 관리하에 두었고 일본은 조선에 차관정치를 시행하였으며 대한제국의 군대를 해산하였다. 일본은 또 1909년 기유각서에 의하여 사법권을 강탈하더니 마지막으로 조선을 식민지로 삼기 위하여 친일파인 이완용, 송병준, 이용구 등을 중심으로 하는 친일단체 일진회를 앞세워 조선의 요구에 의하여 합병한다고 선전하며 위협과 협박에 의하여 1910년 **한일병합조약**이 체결됨으로써 대한제국은 막을 내렸다.

☑ 조선시대 보충자료

1) 조선 전기

중앙통치체제

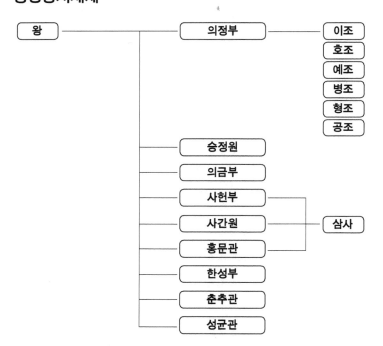

양사(대간): 사헌부와 사간원의 통칭으로 간쟁권, 봉박권, 서경권 있음.

삼사: 사헌부와 사간원, 홍문관의 통칭.

의정부: 최고 통치기관이며 6조를 통솔.

승정원: 국왕의 비서기관.

의금부: 국가의 큰 죄인을 다스리는 사법기관.

사헌부: 관리의 비행을 감찰하는 기관.

사간원: 왕에게 간쟁하는 기관.

홍문관: 왕의 정치자문기관.

춘추관: 역사 담당 기관

성균관: 최고 국립 교육기관.

지방체제

지방을 8도로 나누고 8도에는 관찰사, 감사, 도백 등을 두었으며 그 아래에는 부, 목, 군, 현이 있었는데 수령, 현감, 현령, 목민관 등이 통치하였다.

향리제도를 운영하여 행정실무를 담당하게 하였다. 향리를 감찰하고 향풍을 바로잡기 위한 지방의 유지들이 관리하는 자치기구인 유향소에는 좌수, 별감 등을 두었고 경재소를 통하여 중앙정부와 통제, 연락 등을 취하였다.

군사제도

양인개병제로 16~60세 정남을 대상으로 군역을 담당하는 정군과 군역 대신 군사비를 충당케 하는 보인(봉족)이 있었다.

중앙군으로는 5위(의흥위, 용양위, 호분위, 총좌위, 충무위)가 있었고 지방군으로는 육군과 수군이 있었으며 육군(병영)은 병마절도사, 수군(수영)은 수군절도사가 관장하였다.

방어체제는 세조 때 진관체제(해안, 국경의 중요한 곳에만 진을 설치한 방위체제)를 시행하였으나 명종 때 제승방략체제(자연 향촌 단위의 군사를 군사거점이나 집결지에 모은 후 한양에서 지휘관이 내려와 지휘하는 체제)로 전환하였다. 그러나 왜란과 호란을 겪으면서 제승방략체제가 문제가 있다고 하여 진관체제로 복귀하였다.

예비군 성격인 잡색군은 전직 관료, 향리, 노비, 신량역천 등으로 구성되었다.

교통, 통신
역원제, 조운제, 봉수제 등이 이용되었다.

교육제도
초급 교육으로는 서당, 중급교육기관으로는 한양에 4부학당, 지방에는 향교(지방)를 두고 교수, 훈도를 파견하였는데 향교는 부, 목, 군, 현에 하나씩 설치하였다. 고급 교육기관으로는 성균관이 있었는데 성균관은 소과에 합격한 생원과 진사를 위한 최고 교육기관이었다.

과거제도는 양인 이상이면 응시가 가능하였고 정기시험으로는 3년마다 치르는 식년시와 증광시(나라에 경사가 있을 때 보는 시험), 알성시(국왕이 문묘에 제례를 올릴 때 보는 시험)의 특별시험이 있었다.

관리 등용제도로는 과거제, 천거(3품 이상의 관원이 3년마다 3인을 추천하여 임용하는 제도), 취재(하급관리 채용시험), 음서(2

품 이상의 자제가 과거 없이 등용할 수 있는 제도)가 있었다.

토지제도

고려 말 신진사대부들에 의하여 과전법이 실시되었다.

과전법은 경기지방에 한정되었고 관리가 사망할 경우 남은 가족들을 위한 수신전(과전을 지급받은 관리가 사망한 후 재혼하지 않은 부인에게 지급한 토지), 휼양전(과전을 지급받은 관료의 부부가 사망하고 자손이 어린 경우 자손에게 지급한 토지)을 지급하였는데 이는 세습이 가능하였다.

시일이 경과하면서 지급할 토지가 부족해지자 세조는 직전법으로 바꾸어 현직 관리에만 지급하였고 지급량도 축소시켰으며 수신전과 휼양전을 폐지하였다.

그러나 수조권을 행사하는 과정에서 문제가 생기자 성종은 관수관급제를 실시하여 관청이 수조권을 대행하게 하였다. 명종은 수조권을 폐지하고 녹봉을 지급하는 녹봉제로 바꾸었다.

수취체제

전세는 수확량의 1/10을 수취하는 것을 원칙으로 하였다. 세종 때에는 토지의 비옥도에 따라 전분6등법, 풍흉에 따라 연분9등법을 실시하여 4두~20두로 차등 수취하였다.

공납은 풍흉에 따라 문제가 발생하자 16C 들어서는 대납(다른 물건으로 납부하는 것)과 방납(공물을 대신 납부하고 이자를 받는 것)이 성행하였다.

역은 16C 군역이 요역화되어 갔고 대립(역을 다른 사람이 대신하는 것)과 방군수포제(군포 2필을 납부하고 군역을 면제받는 것)가 유행하였다.

농업

밭농사는 2년3작법이 유행하였으며 논농사는 이앙법(모내기법)을 사용하였고 벼와 보리의 이모작도 이루어졌다.

수공업

관영수공업이 주종이었고 수공업자인 장인을 공장안에 등록하였으며 농기구, 양반의 사치품 등을 제작하는 민영수공업도 일부 행하여졌다.

상업

종로 중심으로 시전이 있었다. 시전상인은 왕실과 관청에 물품을 공급하고 그 대가로 정부로부터 금난전권(난전을 금지할 수 있게 하는 권리)의 특권을 부여 받았다. 시전의 관리감독기관으로 경시서가 있었는데 세조 때 평시서로 명칭을 바꾸었다.

지방의 장시는 15C 후반 등장하였고 이후 5일장으로 발전하였다.

화폐로는 저화(태종), 조선통보(세종) 등이 주조되었으나 유통이 부진하였다. 무역은 주로 관에서 주도하는 공무역 중심이었다.

신분제도

조선시대는 원래 양천제를 근간으로 하고 있었는데 시일이 지나면서 양반-중인-상민-천민의 4단계로 분화되었다.

양반은 문반과 무반 및 그 가문, 관료층, 지주층 등이 이에 속하였는데 이들은 국역이 면제되었고 유향소를 운영하는 주체들이었다.

중인은 기술관, 서리, 향리, 서얼 등이었는데 특히 서얼은 과거 응시가 불가하였다.

상민은 평민, 양민으로 불리는데 농민, 수공업자, 상인, 신량역천(신분은 평민이나 업무는 천민의 업무를 하는 사람들) 등이 이에 해당되며 이들은 세금을 납부하는 주체세력이었다.

천민은 공노비와 사노비가 있었는데 매매와 상속이 가능한 물건으로 취급되었다. 일천즉천제(부모 중 한쪽이 노비이면 자식은 자동 노비임)가 실시되었고 백정, 무당, 광대 등도 천민에 속하였다. 이들은 역과 조세의 의무가 없었다.

민생기관

환곡(춘대추납법), 사창제(민간에서 자치적으로 곡식을 저장해두고 백성들에게 대여해 주던 제도), 상평창(물가조절기관), 혜민국(혜민서-서민의 질병치료기관), 동, 서 대비원(동,서 활인서-국립의료기관), 제생원(서민의료기관) 등이 있었다.

문화

역사서로는 고려국사(정도전), 동국사략(권근), 고려사(세종~

문종, 기전체), 고려사절요(편년체), 동국통감(서거정, 고조선~고려 말까지 기술), 조선왕조실록(태조~철종, 춘추관에 실록청 설치) 등이 있다.

지도로는 태종 때 세계지도인 혼일강리역대국도지도가 있었다.

지리서로는 동국여지승람(성종), 윤리서로는 삼강행실도(세종), 국조오례의(성종), 법전으로는 경국대전(세조~성종)이 있었다.

불교는 숭유억불정책에 따라 배척되었고 정도전은 불교 비판서인 불씨잡변을 편찬하였다. 그러나 불교를 강력하게 배척하진 않았고 왕실에서도 불교 행사를 하는 등 유화적이었다.

도교의 경우 15C에 소격서를 설치하였으나 중종 때 조광조의 건의에 따라 폐지하였다. 그러나 풍수지리설은 민간에 널리 퍼져 있었다.

천문, 과학 등

세종 때 이천, 장영실, 이순지 등을 중용하여 천문과 과학 기구, 각종 무기 등이 생산되었다. 혼천의(천체관측기구), 앙부일구(해시계), 자격루(물시계), 측우기(강우량 측정기), 칠정산 내, 외편(역법서) 등이 만들어졌다.

농서로는 농사직설(세종), 금양잡록(성종)이 있다.

활자로는 태종 때 주자소를 설치하고 계미자가 만들어졌는데 세종 때에는 훨씬 정교하고 안정적인 갑인자가 만들어졌다.

의학서적으로 향약집성방(세종), 의방유취(세종) 등이 있었다.

무기로는 신기전과 화차, 비격진천뢰, 판옥선, 임진왜란 때 이순신에 의해 만들어진 거북선 등이 있다.

건축

초기 한양 천도와 관련하여 경복궁 등 궁궐을 신축하였다. 창덕궁의 인정전, 숭례문 등도 건축되었다. 세조 때 건축된 서울원각사지10층석탑은 대리석을 사용하였다. 또한 팔만대장경을 보관하기 위하여 합천 해인사 장경판전도 건축되었다. 16C에는 서원이 많이 건축되었는데 이황이 세운 안동 도산서원, 이언적을 기리기 위한 경주 옥산서원 등이 있다.

그림, 문학, 기타

15C에는 몽유도원도(안견), 고사관수도(강희안)가, 16C에는 송하보월도(이상좌), 초충도(신사임당)가 있다.

문학으로 15C에는 동문선(서거정), 금오신화(김시습)가, 16C에는 가사문학(정철의 사미인곡, 관동별곡 등)이 발달하였다.

음악 서적으로 악학궤범(성현)이 있다.

도자기는 15C에는 분청사기가, 16C에는 선비의 고고함을 나타내는 백자가 유행하였다.

대외관계

조선 개국 당시 중국에는 원을 밀어낸 명이 들어서 있었고 동쪽의 두만강과 압록강 지역에는 여진이 있었다.

명과는 초기 요동정벌 문제로 알력이 있었으나 태종 이후 사대정책을 펴 조공, 책봉의 관계를 유지하였으며 동지사(동지를 전후하여 파견한 사절), 성절사(명의 황제와 황후 생일축하 사절) 등을 파견하였다.

여진에게는 강온정책을 동시에 폈는데 세종이 최윤덕과 김종서로 하여금 4군과 6진을 개척하였고 남쪽의 백성들을 북쪽으로 옮겨 살게 하는 사민정책과 현지 출신들을 관리로 임명하는 토관제도를 실시하였다. 또 한편으로는 여진인들의 귀순을 장려하였고 한양에 여진 사신들의 편의를 제공하는 북평관을 설치하였다. 또한 경성, 경원 등에 무역소를 설치하여 교류에 도움을 주었다.

일본은 유사 이래 왜구들이 상습적으로 한반도를 노략질하였는데 특히 고려 말에는 노략질이 극에 달했다. 고려 말에 박위가, 태조 때 김사형이 대마도 정벌을 감행하였으며 이어 15C 세종이 이종무로 하여금 또다시 쓰시마 정벌을 단행하면서 국교를 단절하였다. 그러나 대마도주의 간청에 의하여 계해약조를 맺어 삼포를 개항하여 교역을 할 수 있게 해 주었다. 그러나 왜구는 중종 때 3포왜란을 일으켰고 명종 때에는 을묘왜변을 일으키는 등 노략질의 천성을 버리지 못하였다. 이에 조선은 왜구의 노략질에 대비하여 비변사를 설치하였고 외교단절을 선포하였다.

왜란, 호란의 영향

양난을 겪으면서 조선은 경복궁, 불국사, 사고 등이 소실되었고 바닥나버린 국고를 채우기 위하여 공명첩의 남발 등으로 신분제가 크게 동요되었다.

일본은 토요토미가 죽고 토쿠카와 정권이 수립되었다. 토쿠카와 정권은 조선과 우호를 하고자 포로들을 송환하고 조선에 통신사 파견을 요청하였다.

임진왜란 중 많은 학자와 기술자들을 데려갔는데 특히 일본 아리타도기의 시조로 추앙받는 도자기 장인 이삼평도 이때 끌려갔다.

명은 국력이 약화되었고 여진이 강성해져 명을 압박하였다. 명을 밀어낸 여진은 후금을 세우고 훗날 국호를 청으로 변경하였으며 병자호란 이후 청의 조선에 대한 간섭은 청일전쟁 시까지 지속되었다.

일본과 조선 간에는 왜란 이후 절교되었던 관계가 기유약조(1609)에 의하여 다시 통교하였으며 통신사도 파견하였다.

2) 조선 후기

왜란과 호란을 겪은 후 조선 사회에는 큰 변화의 바람이 불어닥쳤다. 국토는 폐허로 변했고 백성들은 기근에 허덕였을 뿐만 아니라 국고는 텅 비었다. 백성을 곤궁에 빠뜨린 조정은 백성들의 신뢰를 잃어버렸다. 사회가 어수선한 가운데 정부는 국고를 보충하기 위하여 공명첩을 발행하였고 부농이 등장하여 기존 양반의 권위를 뒤흔들고 노비도 면천하고자 노력하는 등 신분제가 심하게 요동쳤으며 순조 때에는 많은 공노비를 해방시켰다. 고위 관료들 간의 정권을 쟁취하기 위한 당쟁도 심화되어 갔다.

정치적 변동

양난을 겪으면서 중종 때 만들어진 **비변사**의 기능이 확대되어 국정총괄기구로 거듭나게 되었으나 후기 들어서 세도가들의 권력 기반을 강화하는 데 악용되어 왕권을 축소시켰다.

중앙군도 개편되었는데 기존의 5위체제가 5군영체제로 변경되었다. 5군영은 훈련도감(선조), 어영청(인조), 수어청(인조), 총융청(인조), 금위영(숙종)이다.

지방군의 경우 왜란 때 효과를 보지 못한 제승방략체제를 진관체제로 환원시켰으며 양반에서 천민까지 아우르는 예비군인 **속오군**을 편성하였으나 양반들은 기피하였다.

수취체제의 변화

전세의 경우 인조는 기존의 전분6등, 연분9등법이 복잡하다 하여 풍흉에 관계없이 쌀(4두~6두)로 징수하는 **영정법**을 시행하였다.

공납의 경우 광해군 때 특산물 대신 쌀로 받는 **대동법**을 시행하였다. 이 대동법의 전국적인 시행까지는 광해군(경기) – 인조(강원) – 효종(충청, 전라) – 숙종(경상, 황해) 때에 비로소 완성되어 전국적으로 시행하기까지 약 100년의 기간이 걸렸다. 대동법은 토지 1결당 쌀 12두 또는 면포, 삼베, 동전으로 징수하였는데 공납이 전세화되자 백성들은 환호하였으나 지주들은 강하게 반대하였다. 대동법의 주관부서는 선혜청이었고 왕실과 관청에 필요한 물품의 조달을 시장에서 하게 됨에 따라 공인이 등장하였고 상품경제가 발달하였다.

군역은 영조 때 **균역법**을 실시하였다. 군역 면제용으로 징수하는 포를 2필에서 1필로 경감하였고 부족분은 선무군관포, 결작(토지 1결당 2두) 등과 어장세, 염세, 선박세 등을 왕실에서 국고로 전환하여 보충하였다.

농업의 변화

논농사에서는 이앙법이 확대되었고 벼와 보리의 이모작과 광작이 유행하였다. 밭농사에서는 견종법(밭에 이랑과 고랑을 만들어 이랑이나 고랑에 곡식을 심는 것)이 보급되었으며 수리시설이 확충되었다.

농서로는 색경(박세당), 산림경제(홍만선), 임원경제지(서유구)가 저술되었다.

상품작물(인삼, 담배, 목화, 고추, 쌀 등)의 재배가 본격화되었으며 고구마, 감자, 고추가 전래되었다.

소작료도 수확량의 일정액을 지급하는 타조법에서 수확량에 관계없이 일정액을 지불하는 도조법으로 전환되었다.

수공업

공장안이 폐지되었고 수공업자들에게 원료나 도구, 임금

등을 먼저 지불하여 물품을 생산시키는 선대제 수공업이 이루어졌다. 독립수공업자도 출현하였으며 점(店)도 등장하였다.

은광과 금광 개발

은광과 금광이 개발되었고 잠채가 성행하였다. 17C에 설점수세를 지급하고 채굴하던 것이 18C에 들어서는 자유채굴이 이루어졌다.

공인과 사상의 약진

금난전권을 가지고 있던 시전상인들에 대하여 정조는 신해통공을 통하여 육의전에만 금난전권을 부여하였다. 일반상인들이 신해통공 이후에 급성장하였다. 지역별로 대상인들이 나타났는데 의주의 만상, 개성의 송상, 동래의 내상, 한양의 경강상인 등이 출현하였다.

지방의 장시는 5일장 중심으로 상설시장화 되었으며 시장을 돌아다니는 보부상들이 약진하여 보부상단도 조직하였다.

포구에서는 선상들이 활약하였으며 강경, 원산 등의 포구에서는 객주와 여각이 발달하였다.

대외 무역

대청 무역은 개시무역(공무역)과 후시무역(사무역)이 있었는데 중강개시와 책문후시 등이 유명하였다.

대일 무역은 부산포를 설치하여 개시무역과 후시무역을 하였다.

역관들이 주로 대외 무역을 주도하였다.

화폐
숙종 때 상평통보를 유통시켰지만 대규모 거래에는 환, 어음 등이 사용되었다. 경제의 발달로 화폐의 수요가 많아 화폐가 모자라는 전황이 발생하기도 하였다.

신분제도의 변화
양반층이 권반(권력을 잡은 양반), 향반(낙향하여 세력을 형성한 양반), 잔반(몰락한 양반)으로 분화되었으며 서얼들은 청요직(감찰업무를 맡은 대관과 간쟁 임무를 맡은 간관의 통칭 – 요직임) 진출을 요구하는 통청운동을 전개하였다. 서얼들은 정조 때 규장각 검서관(실무담당자)으로 진출하기도 하였는데 이덕무, 유득공, 박제가 등이 그들이다.

기술직인 중인들도 철종 때 고위 관리에 진출할 수 있게 해 달라는 소청운동을 하였으나 실패하였다. 이 소청운동은 북학파에 영향을 주었다.

상민에서도 부농층이 등장하였고 납속책, 공명첩, 족보 매입이나 위조 등으로 양반에 편입되었다. 이로써 양반사회는 동요되었고 국가 재정의 부족을 불러왔다.

노비들도 군공, 납속 등으로 평민화되어 갔으며 상대적으로 적어진 노비들의 업무는 많아져 도망노비들이 증가하였고 영조 때에는 노비종모법(어머니가 천민이면 자식이 천민)이 시행되었으며 순조는 66,000명의 공노비를 해방시켜 양인으로 승격시켰다.

이렇게 양반의 수가 늘어나고 부를 축적하는 평민들이 늘어나자 기존 양반층은 그들의 신분 유지를 위하여 청금록, 향안(사족의 명단), 향약(자치규약), 동계(자치조직), 서원 및 사우(선현의 신주나 영정을 모시는 것) 설립 등으로 지키고자 하였으나 신흥 부농층이 수령 등과 결탁하여 향회에 참여하는 등 기존 양반층의 권위를 위협하였다. 구향과 신향간의 대결을 향전이라 하는데 이를 중재하고자 수령의 권한을 강화하고 향회를 수령의 자문기구로 격하하였다.

가족제도로는 부계사회가 강화되었다. 장자가 제사를 전담하였고 아들이 없을 시 양자를 입양하여 대를 이었다. 혼인은 친영제도(남자가 여자와 혼인하면 여자를 데려다가 남자 집에서 생활하는 것)가 정착되었다.

신사상 출현

신분제 동요, 탐관오리의 횡포, 삼정의 문란, 자연재해, 질병 발생, 이양선 출몰 등으로 사회가 어수선한 가운데 예언사상(정감록, 도참설 등)과 민간신앙(무격신앙, 미륵신앙 등)이 급속히 침투되었다.

천주교는 17C 청에 다녀온 사신의 소개로 서학으로 인식, 수용되었다가 18C에 신앙으로 수용되었고 이승훈이 최초로 세례를 받았다. 그러나 천주교의 평등사상이 일반 백성들에게는 환영받았으나 양천제를 바탕으로 하는 조선에 맞지 않는다 하여 탄압하였다. 정조 때의 신해박해(진산사건), 순조 때 일어난 신유박해, 황사영 백서사건 등이 줄을 이었다.

동학은 최제우가 유교, 불교, 도교에 민간신앙을 결합하여 창시하였는데 인간은 평등하다는 이 사상은 백성들의 전폭적인 지지를 받았다. 인내천, 시천주, 보국안민, 후천개벽 사상을 근간으로 하였으며 경전인 동경대전과 용담유사도 만들었다. 그러나 정부는 최제우를 혹세무민의 죄를 물어 처형하였고 최제우를 이은 2대 교주 최시형이 농민층으로 확산시켰다. 3대 교주 손병희가 천도교로 개칭하여 현재에 이르고 있다.

농민 봉기

어수선한 사회 분위기와 그를 틈탄 탐관오리들의 횡포, 세도정치 등으로 백성들의 삶이 더욱 힘들어지자 백성들의 불만이 결국 폭발하여 봉기하였다.

홍경래의 난은 삼정의 문란과 서북인(평안도민)에 대한 차별로 일어났다. 광산노동자, 영세 농민, 상공업자 등이 참여하여 세를 불려 정주성을 점령하기에 이르렀지만 결국 관군에 진압되고 말았다.

임술농민봉기는 경상우병사 백낙신의 수탈과 횡포에 저항하여 일어났는데 유계춘의 주도로 시작된 진주농민봉기가 세도정치가들이 착취에 시달린 백성들의 지지를 받으며 전국으로 확대되었다. 이에 정부에서는 백낙신을 귀양 보내고 박규수를 안핵사로 파견하여 삼정을 바로잡겠다는 삼정이정청을 설치하기로 하고 해산하였다.

성리학의 변화

서인들은 주자학 이외의 학문을 연구하는 자들을 **사문난적**으로 규정하였는데 윤휴, 박세당 등이 사문난적으로 몰려 처형되었다.

호락논쟁은 인성과 물성의 차이에 대한 논쟁으로 한원진을 위주로 하는 호론은 인물성이론을 주장하였는데 이는 위정척사에 영향을 주었고 이에 반해 이간을 중심으로 인물성동론을 주장하는 낙론은 북학파와 개화사상에 영향을 주었다.

양명학은 지행합일을 주장하며 18C 정제두가 정립하였는데 훗날 강화학파로 발전하였다.

실학 대두

청과의 교류가 많아지면서 청의 문물을 보고 배워오는 이들이 많아졌다. 이들을 중심으로 현실에 적용되는 학문이 필요하다는 사상이 대두되었다.

중농파(경세치용파)는 토지 문제 해결에 초점을 맞추었다. 반계수록을 저술한 **유형원**은 균전론(신분에 따른 토지 차등 분배)을 주장하였고 성호사설, 곽우록을 저술한 **이익**은 한전론(생활에 필요한 토지는 매매불가하고 나머지는 자유 매매)을 주장하였다. 나라를 좀먹는 6가지 폐단(노비제도, 양반제도, 과거제도, 미신, 승려, 나태)도 지적하였으며 또한 고리대와 화폐의 폐단도 지적하였다. **정약용**은 초기에 주장한 여전론에서 다시 정전론(토지를 井자로 나누어 가운데는 공동경작)을 주장하였다. 목민심서, 흠흠신서, 경세유표 등을 저술하였다.

중상파(이용후생파)는 상공업의 진흥, 기술혁신, 청의 문물 수용 등을 주장하였다. 우서를 저술한 **유수원**은 사-농-공-상업의 직업적 평등을 주장하였고 임하경륜, 의산문답을 저술한 **홍대용**은 기술 혁신과 문벌폐지를 주장하였고 또한 지구자전설도 주장하였다. **박지원**은 수레와 선박 이용을 주장하였으며 또한 화폐 유통과 서양 문물의 도입도 주장하였다. 저서로 열하일기, 양반전, 허생전, 호질 등이 있다. 북학의를 저술한 박제가는 청 문물을 수용하고 상공업을 육성하며 소비를 통한 생산 증대를 주장하였다.

국학

역사서로는 동사강목(안정복), 연려실기술(이긍익), 해동역사(한치윤), 동사(이종휘), 발해고(유득공 - 남북국 용어 최초로 사용)가 저술되었다.

지리서로는 동국지리지(한백겸), 아방강역고(정약용), 택리지(이중환)가 있으며 지도로는 동국지도(정상기), 대동여지도(김정호)가 있다.

국어관련서로는는 훈민정음운해(신경준), 언문지(유희), 고금석림(이의봉)이 있고 그 밖에도 금석과안록(김정희), 자산어보(정약전), 동국문헌비고(홍봉한) 등이 저술되었다.

과학 기술

17C 청에 다녀온 사신들과 표류 외국인(하멜, 벨테브레)의 영향으로 곤여만국전도(세계지도), 화포, 천리경, 자명종, 천

주실의 등이 소개되었는데 북학파 실학자들에게 관심의 대상이었다.

천문학으로는 김석문(지구자전설), 홍대용(지구자전설, 무한우주론)등이 있었고 역법은 김육의 건의로 시헌력이 사용되었다. 의학으로는 동의보감(허준), 마과회통(정약용), 동의수세보원(이제마, 사상의학) 등이, 농서로는 농가집성(신속), 임원경제지(서유구)가 있다. 정약용은 수원 화성 건설과 관련하여 거중기를 만들었고 한강에 배다리를 건설하였다.

문학, 회화 기타

판소리로는 기존에 있던 것을 신재효가 판소리 여섯 마당(춘향가, 심청가, 박타령, 토끼타령, 적벽가, 가루지기타령)으로 정리하였다. 한글소설로는 허균이 홍길동전을 저술하였고 그 밖에도 춘향전, 토끼전, 심청전 등이 있다. 또한 탈놀이, 산대놀이 등도 행하여졌고 사설시조가 유행하였다.

한문학으로는 박지원이 양반전, 허생전 등을 저술하였다.

진경산수화로는 인왕제색도(정선), 금강전도(정선) 등이 그려졌고 풍속화는 김홍도, 신윤복, 김득신 등에 의하여 그려졌으며 민화도 그려졌다. 서예로는 김정희가 추사체를 완성하였다.

건축

17C에는 김제 금산사 미륵전, 구례 화엄사 각황전, 보은 법주사 팔상전이 건축되었고 18C에는 수원 화성이 건축되었

으며 부농과 상인들의 지원으로 논산 쌍계사, 부안 개암사도 건축되었다. 19C에는 경복궁 근정전, 경회루 등이 건축되었다.

3) 근대 시대

흥선대원군의 섭정

고종이 즉위하고 고종의 부친인 흥선대원군의 섭정이 시작되었다. 흥선대원군은 순조에서 철종까지 이어진 세도정치를 바로잡고자 개혁을 주도하였다. 당시 서구 열강들의 문호개방 요구에는 쇄국정책으로 일관하였다. 흥선대원군은 먼저 세도가들 권력의 온상이던 비변사를 폐지하고 의정부와 삼군부를 부활시켰고 그들 권력의 기반인 전국에 있던 서원을 47개만 남기고 정리하였다. 또한 명나라 신종의 제사를 지내던 만동묘를 철폐하였다.

삼정의 문란을 바로잡고자 전정에 대해서는 양전사업을 실시하여 은결을 색출하였다. 군정에 대해서는 양반에게도 포를 징수하였으며 가장 횡포가 심했던 환곡에 대해서는 주민들이 자치적으로 운영하게 하는 사창제를 실시하였다.

통상 압력이 거세지자 흥선대원군은 러시아의 남하정책을 견제하고자 프랑스를 이용하자는 천주교도의 말을 믿었으나 시기가 맞지 않아 실패하였고 게다가 흥선대원군이 가톨릭 신자라는 소문까지 돌자 천주교를 탄압하는 병인박해를 일으켰다. 통상을 요구하는 미국 상선을 불태워버린 제너럴셔먼호 사건, 병인박해를 빌미로 프랑스 함대가 강화도에 침입한 병인양요, 제너럴셔먼호 사건으로 미국 군함이 강화도로 침입한 신미양요가 일어났고 게다가 독일상인 오페르트가 흥선대원군 부친인 남연군 묘 도굴사건까지 일어나자 흥선대원군의 쇄국정책은 더 강해졌고 전국에 척화비가 건립되어 조선의 문을 굳게 닫았다. 흥선대원군은 대전회통과 육전조례를 발간하였다. 또 임진왜란 때 불타버린 경복궁 중건에 들어갔는데 당백전과 원납전을 발행하여 중건 비용을 충당하고자 하였고 목재로 사용하기 위하여 양반들의 묘지림까지 벌목하였으며 백성들을 동원하여 중건을 강행하였다. 이 공사의 추진으로 흥선대원군에 대한 비난은 양반, 평민 모두로부터 쏟아졌다. 이후 고종의 친정으로 민씨 일파와 개항세력이 입각하자 호시탐탐 재집권을 노리다가 임오군란이 일어나자 이를 지원하여 재기하고자 하였으나 임오군란이 실패하면서 청으로 압송되었다.

근대적 개혁

개화사상은 청의 양무운동, 일본 메이지 유신 영향으로 1860년대부터 이슈화되었다. 이에 개화파가 형성되었는데 청의 양무운동을 추종하는 온건파와 일본의 메이지유신을 추종하는 급진파가 있었다. 어쨌든 문호를 개방하여야 한다는 공감대가 있었던 만큼 동도서기론(예법, 즉 도는 동양식으로, 문물은 서양식 도입)에 입각하여 개혁을 추진하게 되었는데 개혁전담기구로 1880년 통리기무아문을 설치하였다. 기존의 5군영을 2영(무위영과 장어영)으로 전환하였고 신식 군대인 별기군을 창설하였다. 근대 문물의 조사와 견학을 위하여 일본에 수신사와 조사시찰단(신사유람단)을, 청에 영선사를, 미국에는 보빙사를 파견하였다.

병인박해

1866년부터 1871년까지 장장 5년에 걸쳐 천주교도들을 박해한 사건으로 흥선대원군은 초기에 천주교에 대하여 비교적 관대하였다. 영국, 프랑스와 청간에 벌어진 애로(Arrow)호 사건으로 톈진조약과 베이징조약이 체결되었고 그 결과 러시아가 연해주를 차지하면서 조선과 국경을 맞대게 되자 러시아가 조선에 문호개방을 요구하였다. 이에 홍봉주, 남종삼 등이 프랑스의 나폴레옹 3세와 조불조약을 체결하면 러시아를 견제할 수 있으며 이를 추진하기 위하여 조선에 체류 중인 베르뇌(Berneux) 주교를 만나볼 것을 건의하였다. 그러나 베르뇌와 다블뤼(Daveruy) 주교가 서울에 도착하였을 때는 러시아가 요구한 기일을 넘겼고 조대비와 관료들이 천주교 신자들의 책동을 비난하였으며 심지어 흥선대원군도 천주교 신자라는 의심을 하자 흥선대원군은 천주교도들을 대대적으로 탄압하였다. 불과 수개월 사이에 8,000여 명이 희생되었고 프랑스 신부를 찾는 데 혈안이 되었다. 조선을 탈출한 리델(Ridel) 신부가 탈출하여 청에 진주하던 로즈(Roze)제독에게 알림으로써 병인양요가 일어났다.

신미양요

1866년 병인박해로 프랑스 선교사들과 천주교도를 박해하자 보복으로 프랑스 함대가 쳐들어올 것이라는 불안감이 조선에 퍼져 있었다. 이 와중에 미국 상선 **제너럴셔먼호**가 대동강을 거슬러 평양에 나타났다. 선원들은 프랑스 함대가 쳐들어올 것이라면서 통상을 요구하였다. 그러나 조선 관리는 교역이 국법으로 금지하고 있어 불법이라고 하였으나 이들은 만경대까지 왔다. 조선에서는 손님을 우대한다고 하여 이들을 후하게 대접하였다. 그러나 이들은 장맛비가 그쳐 배를 항해하기 어렵게 되자 중군 이현익을 납치하고 난폭한 행위를 자행하면서 평양 군민들과 충돌을 일으켰고 그들의 발포로 조선인들이 사상하자 평양규수 박규수가 제너럴셔먼호를 불태우고 선원들은 몰살하였다. 이 제너럴셔먼호 사건을 계기로 미국은 조선의 개항에 관심을 가지게 되었고 1871년 포함외교로 조선을 개항하기로 하고 로저스(Rodgers, J)로 하여금 조선 원정을 시행하게 하였다. 이들은 인천항에 나타나 한양으로 가는 수로를 탐색하기 위하여 강화해협을 탐색하겠다고 조선에 일방적으로 통보한 후 탐색을 강행하였다. 이들은 조선 강화포대의 포격을 받으면서 충돌하였다. 미국이 이를 엄중하게 항의하였고 조선은 주권침해라고 맞섰다. 이에 미국은 초지진 상륙작전을 강행하였고 덕진진을 점령한 후 어재연이 지키고 있는 광성진을 공격하여 함락시켰다. 그러나 미국은 조선을 개항하기 위한 더 이상의 전투는 실익이 없다고 판단하고 철군하였다.

병인양요

　프랑스는 1866년 병인박해로 숨진 선교사들에 대한 소식을 조선에서 탈출한 리델 신부로부터 듣고 보복을 감행하기로 하였는데 프랑스 정부에서는 로즈제독의 주재 하에 응징 원정을 주문하였다. 그 해 로즈제독은 먼저 한양까지의 수로를 탐사하였고 이를 바탕으로 한강 봉쇄를 선언하고 강화부를 점령하였다. 그리고 프랑스 선교사에 대한 응징 차원임을 밝혔다. 그러자 조선 조정에서는 강화도를 되찾고자 이경하, 이용희, 양헌수를 중심으로 한 군대를 구성하였다. 월등한 총포를 앞세운 프랑스군은 문수산성을 어렵지 않게 점령하자 양헌수는 매복작전만이 승산이 있다고 판단하고 정족산성으로 몰래 잠입하였다. 조선군이 정족산성에 있다는 정보를 얻은 로즈제독은 정족산성을 공격하였으나 실패하였다. 이 전투에서 패배하자 로즈제독은 더 이상의 전투가 의미가 없다고 판단하고 약 1개월 만에 강화도에서 철수하였다. 그러나 이들은 철수하면서 관아에 불을 지르고 약탈한 은, 금괴, 고서적, 보물 등 수많은 문화재를 약탈하여 갔다. 앞으로 우리가 찾아와야 될 소중한 한국의 자산이다.

임오군란

　개화정책의 일환으로 신식 군대인 별기군이 창설되자 별기군에 속한 군인들은 2영에 속한 구식 군인들보다 훨씬 대우가 좋아 구식 군인들의 불만이 쌓여갔다. 그러던 중 2영 군사들의 13개월 치 급여가 밀리고 고작 한 달 치를 받았으나 거기에 모래와 겨가 섞여 있자 불만이 폭발하여 선혜청 고지기를 폭행하고 선혜청 당상인 민겸호의 자택을 파괴하며 난을 일으켰다. 난병들은 대원군에게 이를 알렸고 대원군은 묵시적으로 동의하였다. 이들은 일본인 교관을 살해하고 일본 공사관에 방화하였으며 일본 순사들을 살해하였다. 그리고는 사건의 단초를 제공하였다 하여 명성황후를 제거코자 창덕궁으로 난입하였으나 명성왕후는 난을 피해 피신하였다. 결국 고종은 대원군에게 수습을 요청하여 대원군이 개입하면서 난은 사그라들었다. 다시 전면에 나선 대원군은 2영과 별기군을 없애고 5군영으로 원위치하였고 통리기무아문도 폐지하였다. 한편 명성황후는 피신을 하면서 청에 원군을 요청하였고 청군이 들어와 난을 진압하였다. 청은 대원군을 청으로 압송하고 내정간섭을 위하여 마건상, 외교 간섭을 위하여 묄렌도르프를 조선에 파견하였다. 이 난으로 조선과 일본은 제물포조약을 체결하여 조선이 일본에 배상금을 지급하고 공사관 보호 명목으로 일본 군대를 주둔할 수 있게 되었다. 청과는 조청상민수륙무역장정을 체결하여 청 상인들의 내지통상권을 허용하였다.

갑신정변

청은 임오군란을 진압하고 조선을 속방화 시키려 하였다. 마건상과 묄렌도르프, 이홍장은 조선을 좌지우지하려 들었고 임오군란을 진압한 청군이 철수하지 않는 등 개화정책은 한계에 직면하였다. 청군을 몰아내고 조선의 완전 독립을 내세운 급진개혁파인 김옥균, 박영효 등은 청이 프랑스와 베트남 문제로 군대를 파견한 틈을 타 1884년 우정국 낙성식을 계기로 수구파인 한규직, 윤태준 등과 민씨세력인 민태호와 민영목, 등을 살해하며 갑신정변을 일으켜 신정부 수립을 선포하였다. 그러나 이를 진압하고자 청이 군대를 추가로 파견하였고 정변에 협조하기로 하였던 일본의 협조는 불발되었다. 이들은 정변에 성공하였으나 청의 개입으로 3일 만에 막을 내리고 말았다. 갑신정변 후 조선은 일본과 한성조약을 체결하고 대일배상금 지불과 불타버린 일본공사관 신축비를 부담하기로 하였으며 청과 일본은 톈진조약을 체결하여 양국 군대는 동시에 철군하고 향후 파병할 일이 생기면 즉시 서로 연락하기로 하였다. 청은 대원군을 다시 조선으로 돌려보내고 위안스카이를 상주시켜 내정을 간섭하였다.

강화도조약(병자수호조약, 조일수호조규)

고종이 장성하여 친정체제가 시작되었다. 명성황후의 친족들인 민씨 일파와 개화론자들이 대거 입각하여 개항 분위기가 조성되었다. 청과 일본은 이미 난징조약과 미-일 화친조약으로 개항한 터라 조선도 개항이 필요하다는 논리가 적용되었다. 박규수, 유홍기, 오경석 등이 개화론자들이다. 일본은 조선을 개항시키기 위해 조선의 해양을 측정한다는 구실로 운요호를 파견하였다. 조선 정부가 이에 항의하자 운요호의 승무원들이 강화도에서 사격을 시작하였고 조선도 대응하였다. 운요호는 이어 영종도에 상륙하여 무차별 만행을 저지르고 돌아갔다. 게다가 일본은 운요호사건을 문제 삼아 1876년 불평등조약인 강화도조약을 체결하였고 이후 일본과 통상에 관한 조약인 조일통상장정을 체결하였다.

강화도조약에 의하여 조선이 개항되자 청은 조선에서 일본이 독보적 지위를 차지할 것을 우려하여 조선에 미국과 조약을 중재하여 조−미수호통상조약을 체결하였다. 이 조약은 미국에 대하여 **최혜국 대우** 조항(타국과 조약 시 본 조약보다 나은 내용이 있으면 그 내용이 적용된다)이 처음으로 적용되었다. 이후 조선은 영국, 독일, 이탈리아 등과도 조약을 체결하였고 특히 프랑스와의 조약에는 천주교 포교를 인정하였다. 조선의 굳게 닫혔던 문이 열렸다.

🌸 조약의 주요 내용

① 조선은 자주의 나라로 일본과 평등한 권리를 가진다(제1조). ② 양국은 15개월 뒤에 수시로 사신을 파견하여 교제 사무를 협의한다(제2조). ③ 조선은 부산 이외에 두 항구를 20개월 이내에 개항하여 통상을 해야 한다(제5조). ④ 조선은 연안 항해의 안전을 위해 일본 항해자로 하여금 해안 측량을 허용한다(제7조). ⑤ 개항장에서 일어난 양국인 사이의 범죄 사건은 속인주의에 입각하여 자국의 법에 의하여 처리한다(제10조). ⑥ 양국 상인의 편의를 꾀하기 위해 추후 통상 장정을 체결한다(제11조).

심심풀이로 보는 한국사

위정척사운동

앞바다에 이양선이 출몰하고 조선의 문호 개방에 대한 압력이 일자 위정척사운동(바른 것은 지키고 사악한 것을 배척한다)이 일어났다. 1860년대에는 이항로, 기정진 등이 통상반대론을 주장하였으며 1870년대에는 개항에 반대하는 개항반대론이 최익현 등에 의하여 일어났다. 1880년대에는 이만손이 만인소를 올리는 등 개화를 반대하였다.

동학농민운동

1864년 최제우가 처형되고 2대 교주 최시형은 포접제를 실시하였는데 동학교인들은 교조신원운동을 전개하여 1892년 삼례에서, 1893년 서울과 보은에서 집회를 하였다. 보은집회부터는 정치적, 사회적 성격이 가미되었다. 고부군수 조병갑의 학정에 전봉준 등이 봉기하였는데 이를 **고부농민봉기**라고 한다.

조병갑은 부유한 농민들에게 죄명을 씌워 2만 냥을 착취하였고 부친의 공덕비를 세운다며 1,000냥을 강제로 징수하였다. 특히 농민들을 강제로 동원하여 만석보를 개수하고 수세명목으로 농민들을 착취하였다. 이에 전봉준을 비롯한 농민들이 탄원하였으나 받아들여지지 않자 봉기하였다. 1차 봉기는 전봉준, 김개남, 손화중 등이 주도하여 보국안민, 제폭구민을 기치로 고부관아를 습격하여 수세미를 농민들에게 돌려주었다. 조정에서는 조병갑을 파면하고 박원명을 고부군수로 임명하였으며 사태를 수습하고자 이용태를 안핵사로 파견하였는데 이용태는 이 기회를 동학교도 탄압의 기회로 삼아 현지 주민을 학대하고 약탈하는 등 악행을 저질렀다. 동학교도들은 진압군과 싸워 승리하면서 황토현, 황룡촌을 거쳐 전주성에 입성하였다. 민씨 정권이 농민봉기를 진압하고자 청에 군대 파병을 요청하자 청이 톈진조약에 의거 파병을 일본에 통보하자 일본도 파병하였다. 청과 일본이 군대를 파견하자 이에 놀란 동학군은 정부와 **전주화약**을 맺었다. 집강소를 설치하고 폐정개혁안을 제시하였는데 정부에서 이를 수용하고 이를 관장할 교정청의 설치를 약속하였다.

그러나 일본은 군대를 철수하지 않고 청과 공동으로 조선의 내정간섭을 제의하였다. 청이 이를 거절하자 일본은 경복궁을 무단으로 점령하였고 이어 일본은 청일전쟁을 일으켜 승리하였다. 조선에서 청으로부터 주도권을 뺏은 일본은 본격적인 내정간섭 준비를 하였다. 군국기무처를 설치하여 갑오개혁을 추진하였다. 이에 동학군은 삼례에서 재봉기하여 논산에서 남접과 북접이 연합하여 한양으로 진격하고자 하였으나 우금치전투에서 일본군과 관군에게 패배하면서 실패하고 말았다.

갑오개혁(갑오경장)

갑오개혁과 청일전쟁이 일어난 1894년은 꼭 기억하시기 바란다. 갑오개혁은 총 세 차례에 걸쳐서 실시되었는데 세 번째는 1895년에 실시되어 을미개혁이라고도 한다.

1차 갑오개혁은 군국기무처를 만들어 추진하였다. 동학운동이 진압된 후 일본은 민씨 정권을 붕괴시키고 1차 김홍집 내각을 조각하고 흥선대원군을 영입하여 실시하였다. 주요 내용으로는 개국연호 사용, 6조를 8아문으로 변경, 과거제 폐지, 경무청 신설, 탁지아문으로 재정 일원화, 은본위 화폐제도, 조세금납제, 도량형 통일, 신분제 폐지, 인신매매 금지, 조혼금지, 과부재가 허용, 고문과 연좌제 폐지 등이었다. 보수적인 대원군은 개혁에 부정적이었고 이때는 청일전쟁 중이어서 조선이 주도하여 개혁을 추진하였다.

청일전쟁에서 승기를 잡은 일본은 군국기무처를 폐지시키고 대원군을 퇴진시켰다. 박영효 등 갑신정변 세력들을 입각시켜 2차 김홍집 내각(김홍집-박영효 연합)을 구성하여 2차 갑오개혁을 추진시켰다. 홍범14조를 반포하고 개혁을 추진하였다. 그 내용은 8아문을 7부로 변경, 지방은 8도를 23부로 변경(부, 목, 군, 현을 군으로 통일), 지방관의 사법권과 군사권 폐지, 재판소 설치, 훈련대와 시위대 설치, 교육입국조서 발표(한성사범학교, 한성외국어학교 등 설립) 등이었다. 그러나 개혁을 주도하였던 박영효의 독주로 고종과 명성왕후, 심지어 일본까지 반발을 불러왔고 박영효가 반역 음모사건과 연루되어 일본으로 망명하면서 2차 개혁은 중단되었다.

❀ 홍범14조 내용

① 청에 의존하는 생각을 끊고 자주독립의 기초를 세운다.

② 왕실전범을 제정하여 왕위 계승은 왕족만이 하고 왕족과 친척과의 구별을 명확히 한다.

③ 임금은 각 대신과 의논하여 정사를 행하고, 종실·외척의 정치 관여는 용납하지 않는다.

④ 왕실사무와 국정사무를 나누어 서로 혼동하지 않는다.

⑤ 의정부와 각 아문(衙門)의 직무·권한을 명백히 규정한다.

⑥ 납세는 모두 법으로 정하고 함부로 세금을 거두지 못한다.

⑦ 조세의 징수와 경비 지출은 모두 탁지아문에서 관장한다.

⑧ 왕실의 경비는 솔선하여 절약하고, 이로써 각 아문과 지방관의 모범이 되게 한다.

⑨ 왕실과 관부(官府)의 1년 회계를 예정하여 재정의 기초를 확립한다.

⑩ 지방관제를 개정하여 지방관리의 직권을 제한한다.

⑪ 우수한 젊은이를 외국에 보내 학술·기예를 익히도록 한다.

⑫ 장교를 교육하고 징병제를 실시하여 군제의 기초를 확립한다.

⑬ 민법·형법을 제정하여 인민의 생명과 재산을 보호한다.

⑭ 문벌을 가리지 않고 널리 인재를 뽑아 쓴다.

정부는 일본의 간섭이 심해지자 삼국간섭의 주역인 러시아를 끌어들여 일본을 견제하고자 하였다. 이렇게 3차 김홍집 내각은 친러파 중심으로 구성되었다.

일본은 조선이 일본을 견제하고 러시아와 손을 잡으려 하자 명성황후를 살해하는 **을미사변**을 일으켰고 친일파들을 대거 입각시킨 4차 김홍집 내각을 출범시켜 3차 갑오개혁

(을미개혁)을 단행하였다. 내용으로는 연호로 건양 사용, 훈련대 폐지, 친위대(중앙)와 진위대(지방) 설치, 단발령 선포, 태양력 사용, 종두법 실시, 우체사와 소학교 설치 등이었다. 그러나 을미사변과 단발령에 반발하여 일어난 을미의병과 고종의 아관파천 등으로 더 이상 진행되지 못하였다. 국모가 시해되는 사건이 벌어지자 고종의 안위도 보장할 수 없었다. 의병 진압차 친위대가 궁을 비운 틈을 타 이범진, 이완용 등 친러파들은 고종을 러시아 공사관으로 피신시키는 **아관파천**을 단행하였다.

독립협회

고종이 러시아 공사관으로 피신하자 열강들은 왕이 없어진 조선에서의 이권을 차지하기 위한 각축전을 벌였다. 이런 와중에 미국에서 서재필이 귀국하였다. 서재필은 이상재, 이승만, 윤치호 등과 독립협회를 발족하고 독립신문을 간행하였다. 정부의 친러정책과 비자주적 외교를 성토하는 강연회와 토론회를 수시로 열었고 대중집회인 만민공동회도 개최하였다. 또한 영은문 자리에 독립문을, 모화관 자리에 독립관을 건축하였다. 독립협회는 러시아를 견제하여 러시아 군사교관, 재정 고문을 철수시켰고 한러은행 폐쇄, 부산 절영도 조차 요구 저지 등을 주도하였다. 1896년에는 관료들도 초대하여 관민공동회를 개최하여 정부에 헌의6조를 건의하였는데 고종이 이를 수용하였다. 의회설립운동을 일으켜 중추원 관제를 발표하였다. 그러나 왕정을 폐지하고 공화정 수립을 계획한다는 보수세력의 반발에 고종은 간부들을 체포하고 해산을 명령하였다. 이에 독립협회는 만민공동회를 열고 철야농성에 들어가자 고종은 어용단체인 황국협회를 투입하고 군대를 동원하는 등 강제로 해산시켰다.

✿ 헌의6조 내용

① 외국인에게 의지하지 말고 관민이 한마음으로 힘을 합하여 전제 황권을 견고하게 할 것

② 외국과의 이권에 관한 조약은 각 대신과 중추원 의장이 합동 날인하여 시행할 것

③ 국가 재정을 탁지부에서 전관하고 예산과 결산을 국민에게 공포할 것

④ 중대 범죄를 공판하되 피고의 인권을 존중할 것

⑤ 칙임관(勅任官)을 임명할 때는 정부의 자문을 받아 다수의 의견에 따를 것

⑥ 정해진 규칙을 실천할 것

---

4) 대한제국시대

고종의 환궁을 요구하는 여론이 국내외에서 들끓자 고종

은 궁으로 돌아왔으나 경복궁이 아닌 덕수궁으로 돌아왔다. 환궁한 고종은 1897년 국호를 대한제국, 연호를 광무라 하며 원구단에서 황제국임을 선포하였다.

대한제국을 선포한 고종은 한−청 통상조약을 체결하였고 이범윤을 간도관리사로 파견하였으며 또한 울릉도와 독도 관할도 명시하였다. 고종은 구본신참을 기치로 하여 황제 중심의 전제국가를 건설하고자 광무개혁을 추진하였다. 원수부 설치(원수 − 황제), 친위대 증강, 시위대 재설치, 황실 재정 개선(광산, 철도, 홍삼제조, 백동화제조, 수리관계사업 들을 황실재정화), 양전사업 및 지계 발급, 근대적 공장과 회사 설립(섬유, 철도, 운수, 광업 등), 근대시설(교통, 통신, 전기, 의료) 도입, 외국에 유학생 파견(근대 산업기술 습득), 상공학교, 농림학교 등의 실업학교 설립 등이었다. 그러나 한반도를 식민지화하기 위한 일본의 질주에는 거침이 없었다. 일본은 러일전쟁을 일으켜 승리하면서 한반도에서 러시아의 영향력을 배제하였고 영국, 미국 등과 조약을 맺어 한반도 지배의 독점권을 차지하더니 1905년 을사늑약, 1910년 한일병합조약을 체결함으로써 대한제국은 일본의 식민지로 추락하고 말았다.

러-일전쟁과 일본의 한반도 침탈 본격화

러시아는 청과 한반도를 향하여 남하정책을 취하고 있었다. 러시아의 청에 대한 영향력 확대를 경계한 영국은 한반도에 영향력을 행사하려는 일본의 욕구와 맞아떨어져 1902년 **제1차 영일동맹**(러시아의 동진을 공동으로 방어하고 동아시아의 이권을 함께 분할한다는 내용)이 체결되었다. 러시아가 용암포와 압록강 하구를 점령하고 조차를 요구하자 친러파 조성협이 승인가계약을 하였다. 이에 영국과 일본이 강력 항의하였고 결국 용암포는 조차가 아닌 개항지화 되었다. 이에 일본은 1904년 뤼순의 러시아 함대를 공격하면서 **러-일전쟁**을 일으켰다. 제물포에서 러시아 함대를 격침시켰고 조선에 일본과의 협력을 강요하고 한반도의 영토를 사용할 수 있게 한다는 **한일의정서**를 체결하였다. 또한 일본은 승리의 기운이 감돌자 대한제국과 **제1차 한일협약**을 체결하여 고문정치를 강요하였고 재정고문으로 메가타, 외교 고문으로 스티븐스를 파견하였다. 일본과 미국은 1905년 미국이 필리핀 지배권을 인정하고 일본이 한반도 지배를 상호 인정한다는 **카쓰라-태프트 밀약**을 체결하였다. 영국으로부터도 한반도 지배권을 인정받는 제2차 영일동맹도 체결하였고 러일전쟁 후 맺어진 포츠머스 강화조약에서 일본은 사실상 한반도의 지배권을 보장받았다. 이어 1905년 11월에는 **제2차 한일협약(을사늑약)**을 체결하여 외교권을 박탈하고 통감부를 설치하였으며 초대 통감으로 이토 히로부미가 임명되었다. 고종은 을사늑약에 서명하지 않았지만 5명의 대신들(을사5적신)이 서명하였다. 고종은 을사늑약에 서명하지 않았음을 들어 을사늑약이 무효임을 미국에 알려 도움을 요청하였고 네덜란드 헤이그에서 열린 만국평화회의에 특사(이준, 이위종, 이상설)를 파견하여 도움을 받으려고 했으나 각국의 냉담한 반응으로 호응을 얻지 못하였다. 일본은 헤이그 특사사건을 빌미로 고종을 강제로 퇴위시키고 고종의 아들 순종을 즉위시켰다.

을사늑약이 체결되자 이에 항거하여 민영환과 조병세는 자결하였고 장지연은 황성신문에 시일야방성대곡을 게재하였다. 이어 일본은 1907년 **한일신협약**(정미7조약)을 체결하여 차관정치를 실시하고 대한제국의 군대를 해산시켰다. 이에 시위대 대대장이었던 박승환은 자결하였다. 오기호, 나철은 오적암살단을 조직하였고, 이재명은 매국노 이완용 처단을 시도하였다. 장인환과 전명운은 샌프란시스코에서 스티븐스를 저격, 살해하였으며 1909년 안중근은 하얼빈에서 이토 히로부미를 저격, 살해하는 등 일본과 친일파에 대한 분노가 불타올랐다. 그러나 일본은 기유각서에 의하여 사법권과 감옥 사무를 강탈하더니 경찰권 위탁 각서에 의하여 경찰권마저 빼앗아갔으며 결국 1910년 **한일병합조약**을 체결하여 대한제국은 사라지고 한반도는 일본의 식민지로 전락하고 말았다.

의병 활동

한반도 백성들의 나라 사랑은 대단하였다. 나라가 외적으로부터 침범을 당하면 의병을 일으켜 저항하였다. 왜란과 호란, 근대 초기의 일본 침략 개시 때 의병활동이 이를 증명한다. 이 시기에도 예외는 아니었다. 1895년 을미사변과 단발령에 반발하여 일어난 **을미의병**으로는 유인석, 이소응 등이 있었는데 정부가 단발령을 철회하고 의병 해산 권고조칙을 내리자 대부분 자진 해산하였다. 을사늑약이 체결되던

1905년에는 **을사의병**이 일어났다. 민종식, 최익현, 신돌석 등이 활동하였다. 정미7조약에 반발하여 일어난 **정미의병**에는 강제로 해산된 군인들까지도 합류하여 이들은 13도 연합의병을 구성하였고 국제법상 교전단체로 인정해 달라는 공문을 각국의 공관에 발송하였다. 또한 13도 창의군을 결성하여 서울진공작전(총대장-이인영, 군사장-허위)을 개시하였으나 실패하였다. 한반도에서 의병 활동이 활발해지자 일본은 1909년 남한대토벌작전을 벌여 많은 의병장들이 체포되었다. 국내에서의 입지가 좁아진 많은 민족주의자와 독립운동가들은 해외로 거점을 옮겼다.

신민회

1907년 결성된 신민회는 안창호, 양기탁, 이승훈, 이회영, 김구 등이 서울에서 비밀결사로 조직하였다. 이들은 계몽강연과 학회 활동에 힘을 쏟았고 공화정제 근대국가 건설을 기치로 서간도에 **신흥강습소**(신흥무관학교)를 설립하는 등 해외 독립군 기지 건설에도 노력하였다. 대성학교(평양)와 오산학교(정주)를 설립하여 교육에 힘을 쏟았고 태극서관, 자기회사를 설립하여 회동 장소로 이용하였다. 그러나 1911년 조선총독부가 총독 테라우찌 암살미수사건을 조작하여 105인의 독립운동가들을 체포한 **105인 사건**으로 와해되었는데 체포된 인물 상당수가 보안회 회원이었다. 신민회가 와해되자 독립지사들은 미국, 연해주, 서간도와 북간도 등으로 망명하여 대일항쟁을 이어갔다.

외세의 경제 침탈

개항 초기에는 개항장 10리 이내 거류지 무역이어서 국내의 객주, 여각, 보부상들의 활동이 왕성하였다. 그러나 조청상민수륙무역장정 체결로 청 상인의 내륙 진출이 가능해지자 곡물의 유출이 막대해지고 객주, 여각 등의 활동이 축소되어 국내 곡물 가격이 폭등하였으며 국내상인들은 영업에 타격을 받았다. 그러나 청일전쟁 이후에는 청과의 교역은 현저히 줄어든 반면 일본 상인들의 활동이 활발해졌다.

아관파천이 단행된 이후 외국의 한반도 이권 쟁탈전이 벌어졌는데 **철도부설권**(경인선-미국, 경의선-프랑스, 경부선, 경원선-일본), **광산채굴권**(운산-미국, 경원, 종성-러시아), **삼림채굴권**(압록강, 두만강, 울릉도-러시아) 등을 마구 가져갔다.

일본의 토지 약탈은 무차별로 저가 매입하였으며 토지를 고리대로 임대하는가 하면 러일전쟁 중에는 철도 부지, 군용지 확보 명목으로 토지를 약탈하였다. 1908년 **동양척식회사**를 설립하여 한일병합 시까지 1억 5천만 평을 확보하였다.

일본은 또 청일전쟁 후 내정간섭, 이권 획득 목적으로 대한제국에 차관을 강요하였고 러일전쟁 후에는 메가타의 주도로 **화폐정리사업**을 전개하였다. 백동화를 일본 제일은행권으로 교환하였는데 상태에 따라 백동화를 차등 교환하였다. 그 결과 유통화폐 부족현상이 나타나고 국내 은행은 파산하였다.

경제적 구국운동

강화도조약 이후 일본 상인들은 입도선매 방식으로 대한 제국의 쌀, 콩 등 곡물을 광범위하게 사들여 일본으로 반출하였다. 곡물의 절대 비축량이 줄어들고 백성들이 굶주리자 1883년 체결된 조일통상장정을 근거로 1889년 함경도 관찰사 조병식이 **방곡령**을 선포하였다. 이로 인하여 일본 상인들이 타격을 입자 일본은 이의를 제기하였고 방곡령을 철회시키고 배상 책임까지 물었다. 또한 조청상민수륙무역장정이 체결되어 청 상인이 내륙까지 들어오자 서울 상인들이 철시를 하고 파업하였다. 또한 서울 상인들은 황국중앙총상회를 조직하여 단결하였고 상회사(대동상회-평양, 장통상회-서울)도 결성하여 대응하였다.

조선은행, 한성은행, 천일은행, 한일은행 등 민족은행도 설립되었다.

1907년 대구에서 서상돈, 김광제 등의 주도로 국채기성보상회를 조직하며 국채를 갚고 독립국가로 거듭나자는 **국채보상운동**을 일으켰다. 언론사도 지원(대한매일신보, 황성신문, 만세보 등)하여 전국으로 확대되자 일제가 대한매일신보를 설립한 양기탁에게 보상금횡령혐의를 이유로 구속하였다. 이후 이 운동은 시들해졌다.

근대 문물

전신(1885)은 서울-인천, 서울-의주 간 전신 가설이 이루어졌다.

전화(1898)는 경운궁에 처음으로 설치되었다.

전차(1899)는 서대문-청량리 간이 한성전기회사에 의하여 개통되었다.

철도는 경인선(1899), 경부선(1905), 경의선(1906) 순으로 건설되었으나 모두 일본이 건설한 것이다.

우편은 우정국 설치(1884), 만국우편연합 가입(1900)이 이루어졌다.

전기는 경복궁(1887)에 처음 설치되었으며 미국과 합작으로 한성전기회사가 설립되었다(1898).

의료시설

알렌이 1885년 근대적 의료원인 광혜원을 설립하였는데 이후 제중원으로 명칭이 변경되었고 1904년 세브란스(Severance. L. H.)가 거액을 기부하여 제중원은 세브란스로 명칭이 바뀌었다.

광제원(1900)은 정부가 설립하였는데 여기에서 우두신서를 저술한 지석영이 종두법을 보급하였다.

대한의원(1907)은 정부가 설립한 의료인 양성기관이었고 자혜의원(1909)은 지방 도립병원이었다.

신문

한성순보(1883~1884)는 순 한문체로 관보의 성격이 짙었다. 갑신정변 때 우정국이 폐지되면서 중단되었다.

한성주보(1886~1888)는 국한문 혼용으로 발행되었는데 상업광고를 게재하였다.

독립신문(1896~1899)은 한글판과 영문판으로 발행되었다. 최초의 민간신문으로 정부의 지원을 받았다.

황성신문(1898~1910)은 남궁억이 발행하였고 국한문 혼용으로 간행되었다. 독자들은 주로 유림층이었다.

제국신문(1898~1910)은 이종일이 발행하였고 순 한글로 발행되었다. 독자층은 주로 서민층과 부녀자들이었다.

대한매일신보(1904~1910)은 양기탁이 영국 언론인인 베델(Bethell, E. T.)과 함께 발행하였는데 발행자가 외국인인 까닭에 타신문보다 검열이 약했다. 순 한글, 국한문 혼용, 영문판으로 발행되었으며 의병활동 기사, 신채호, 박은식 사설도 게재되었다.

만세보(1906~)와 경향신문(1906~)은 각각 천도교, 천주교 기관지였다.

일제는 신문에 대하여 신문지법을 제정(1907)하여 탄압하였고 많은 신문들이 탄압과 경영난 등으로 폐간되었다. 대한매일신보는 베델과 양기탁이 떠나고 총독부의 기관지로 전락하였다.

근대 교육기관 등

근대 교육기관은 초기 원산학사(1883, 함경도 덕원), 동문학(1993, 통역관 양성기관), 육영공원(1886, 헐버트, 길모어 등 초빙), 배재학당(1885, 아펜젤러), 이화학당(1886, 스크랜턴), 경신학교(1886, 언더우드) 등이 있었는데 1895년 교육입국조서가 반포되면서 사범학교(한성사범), 소학교, 외국어학교 등도 설립되었다. 이후 광무개혁으로 실업학교, 기술학교가 설립되었다. 제국 말기에는 대성학교(1907), 오산학교(1907) 등 민족주의 학교도 설립되었다. 학교가 많아지자 일본은 사립학교령(1908)을 제정하여 감시와 탄압을 자행하였다.

국학

국어 관련으로는 유길준의 서유견문, 국문연구소 설립(1907, 주시경, 지석영 등)이 있다.

역사서로는 독사신론(신채호), 이순신전, 을지문덕전과 외국 역사서(미국 독립사, 이태리 건국삼걸전, 월남 망국사 등)가 소개되었으며 조선광문회(1910, 최남선, 박은식이 고전 정리 및 간행하고자 만든 단체)가 조직되었다.

문예

신소설로 혈의 누(이인직), 자유종(이해조), 금수회의록(안국선) 등이 발표되었고 신체시로는 소년 창간호에 발표된 최남선의 '해에게서 소년에게'가 있다. 외국 문학인 천로역정, 이솝 이야기 등도 번역되었다.

연극으로는 원각사가 건립(1908)되어 은세계, 치악산 등이 공연되었다.

종교

유교는 박은식이 유교구신론(실천적인 새로운 유교의 정립)을 주장하였고 불교는 한용운이 조선불교유신론을. 천주교는 선교, 사회사업에 앞장섰고 경향신문을 발행하였다.

개신교는 의료, 교육, 선교, 사회사업에 노력하였고 천도교는 동학의 3대 교주인 손병희가 천도교로 개칭(1906)하였으며 만세보를 발행하였다. 대종교는 나철, 오기호가 창시(1909)하였는데 국권 피탈 후 교단을 만주로 이동시켜서 독립운동에 적극 참여하였다.

제5장

일제강점기

개요

1910년 한일병합조약에 의하여 조선은 자주권을 상실하고 일본의 식민지로 추락하면서 한반도에서의 왕조시대는 사라졌다. 일제 강점기는 왕조사 대신 시기별로 알아보기로 한다. 1910년 한일병합조약으로부터 시작된 1910년대, 3.1 운동 이후인 1920년대, 그리고 중일전쟁이 일어났던 1930년대와 그 이후의 세 단계로 나누어 알아보기로 한다. 이 시기 많은 단체들이 각지에서 조직되었지만 공식적인 명칭이 아닌 것도 많고 또한 이합집산이 많기도 하거니와 기록도 미약한 부분이 있어 설명에는 한계가 있지만 이 당시 조직되었던 단체들의 목표는 하나, 조국 광복이었다는 것에는 변함이 없으며 앞으로 더 많은 자료를 찾아 독립운동가들의 발자취를 밝혀내는 일이 우리의 숙제일 것이다.

일본은 1910년 한일병합조약을 체결하여 한반도를 본격적으로 식민지화하여 통감부 대신 조선총독부를 세우고 한반도를 통치하기 시작하였다. 한반도 백성들에게 공포심을 조성하여 강압적인 방법으로 통치하자 이에 반발하는 민족주의자들과 백성들, 지식인들은 결국 1919년 3.1운동을 일으켜 일본에 거세게 저항하였다. 3.1운동은 일본의 한반도 통치방식을 문화통치로 바꾸는 등 조금은 유화적인 방법으로 바꾸는 계기를 마련하였고 해외에서는 각지에 흩어져 있는 역량을 하나로 모으자는 분위기가 형성되어 상하이임시정부가 탄생하였으며 항일운동의 규모가 커지고 조직적인 방법으로 바뀌었다. 그러나 일본은 중일전쟁을 일으켜 한반도를 군사기지화 하려 하였고 한반도의 백성들을 자신들이 일으킨 전쟁터로 내몰고 재산을 착취하였다. 당시 제2차 세계대전의 소용돌이 속에서 미국이 연합군으로 참전을 결의하였고 일본은 미국령인 하와이의 진주만을 폭격하는 태평양전쟁으로까지 전선을 확대하자 미국은 일본의 히로시마와 나가사키에 원자폭탄을 투하하였고 원자폭탄의 위력에 놀란 일본이 연합군에 무조건 항복하면서 한반도는 해방을 맞이하였다.

❶ 1910년대

1) 통치 형태

한일병합 후 일본은 을사조약으로 세워진 통감부 대신 **조선총독부**를 설치하여 초대 총독에 테라우찌를 임명하고 산하에 경무총감과 정무총감을 두었다. 자문기구인 중추원을 두어 한국인도 중추원에 속하게 했으나 아무런 권한이 없는 형식적인 기관일 뿐이었다. **헌병경찰제**를 실시하여 헌병이 군사, 경찰, 치안 유지까지 담당하였으며 이들은 즉결처분권을 가지고 있었다. **조선태형령**을 시행하여 한국인에게만 태형을 적용하였다(태는 신축성이 좋은 소의 음경으로 만들었는데 끝부분에 납을 붙여서 맞으면 살점이 뜯겨 나갈 정도로 극심한 고통을 주었다고 한다). 공무 집행자들에게는 제복을 입고 칼을 차게 하는 등 공포 분위기를 조성하였는데 이 시기의 통치를 **무단통치**라고 부른다.

제1차 조선교육령을 시행하여 보통교육으로 일본어를 습득하게 하였고 일본제국주의의 산업방침을 가르치는 실업교육을 실시하여 조선의 우민화를 시도하였다. 4년제의 보통학교제를 운영하였는데 지방실정에 따라 1년을 단축하기도 하였다.

언론-출판-집회-결사의 자유를 박탈하여 민족신문(대한매일신보, 황성신문 등)과 민족단체(서북학회, 대한학회 등)를 강제로 해산시켰으며 **토지조사사업**을 실시하여 소유권만 인정하고 관습적으로 용인되던 도지권(영구히 경작할 수 있는 부분적 소유권)과 입회권(주인 없는 토지의 공동이용권)은 인정하지 않았을 뿐만 아니라 신고기간을 짧게 하여 수많은 토지들이 조선총독부 소유가 되었고 조선총독부는 이렇게 강탈한 토지를 동양척식회사, 후지흥업, 일본인들에게 무상 또는 싸게 공급하였다.

삼림령, 임야조사령, 어업령, 광업령, 은행령 등을 선포하여 산업의 전 부분을 일본이 장악하였다.

2) 항일 운동

1912년 고종의 밀명을 받은 임병찬이 **대한독립의군부**를 조직하여 국권반환요구서를 내각총무대신과 조선총독부에 발송하고 일본군의 철군 요구 및 대규모 의병 항쟁을 하려 했으나 단원 김창식이 체포되면서 와해되었다.

대한광복회는 풍기의 광복단과 대구의 조선국권회복단이 합쳐서 발족되었는데 공화정 수립과 친일부호처단 및 군자금 모금을 기치로 박상진을 총사령, 김좌진을 부사령으로 하여 전국으로 확대되었으나 1918년 조직망이 발각되면서 와해되고 말았다.

그 외에도 1913년 평양의 숭의여학교 교사와 학생들이 독립군 자금 모금을 하기 위하여 설립하였던 송죽회, 대성학교 출신 학생들을 중심으로 조직된 기성단, 자립단 등이 있었으나 대부분 조직이 발각되면서 와해되었고 일부는 의열단 등에 합류하여 독립운동을 지속하였다.

이렇듯 국내에서의 항일운동은 일본의 감시 때문에 비밀리에 해야 하는 등 제한을 받았으나 해외에서는 그나마 자유로웠기 때문에 해외의 각 지역에서 항일운동 조직이 활발하였다.

북간도에서는 대종교도들이 주축이 된 **중광단**(-북로군 정서로 발전), 자치단체인 **간민회** 등이 발족되었고 용정촌과 명동촌에 이상설이 서전서숙을, 김약연이 명동학교를 설립하여 교육하였으며 밀산부에서는 이상설, 이승희 등이 청소년을 교육하고 독립정신을 고취시키고자 **한흥동**을 조직하였다.

서간도에서는 신민회가 국내에서 105인 사건으로 위축된 이후 독립기지 건설을 물색하면서 찾은 곳으로 **경학사**(-부민단-한족회로 발전)와 신흥강습소(-신흥무관학교로 발전)를 발족시켰으며 신흥무관학교 출신들을 중심으로 **서로군정서** 등이 발족되었다.

연해주에서는 1911년 이상설, 이동휘 등이 **권업회**(-대한광복군 정부로 발전)를 조직하였는데 1917년 러시아 혁명 후 신한촌에서 권업회 등 항일조직을 총망라한 **전로한족회중앙총회**(-대한국민의회로 발전)가 발족되었다. 이동휘는 별도로 공산주의 조직인 **한인사회당**을 조직하였다.

중국 상하이에서는 1912년 신규식이 신채호, 박은식 등과 함께 국권회복운동을 전개하고자 **동제사**를 조직하였고 1915

년 신규식, 박은식 등은 **신한혁명당**을 조직하였다. 1차 세계대전이 끝나자 한반도의 독립을 위하여 1918년 김규식, 여운형, 문일평, 신규식, 안창호 등이 **신한청년당**(단)을 조직하였고 미국 대통령과 파리강화회의에 독립청원서를 전달하고 김규식을 파리강화회의에 파견하였다.

1900년대 사탕수수 노동자들이 하와이에 정착하면서 시작된 미주는 장인환, 전명운의 스티븐스 암살을 계기로 1909년 박용만, 안창호, 이승만 등이 **대한인국민회**를 조직하였다.

1913년 안창호는 별도로 **흥사단**을 조직하였다.

박용만은 하와이에서 독립군사관 양성을 목표로 **대조선국민군단**을 조직하였다.

멕시코에서는 이근영 등을 중심으로 한인 무관 양성을 목표로 숭무학교가 세워졌으나 1913년 멕시코혁명 발발로 폐교되었다.

❷ 1920년대로 가는 길목에서

1) 3.1 운동

일본의 강압적인 무단정치는 한반도 백성들의 불만을 증

대시켜 독립에 대한 열망을 증폭시켰다. 당시 세계는 제1차 세계대전(1914~1918)의 영향으로 각국의 전제왕권이 붕괴되고 공화정이 수립되고 있었다. 1917년 러시아에서는 레닌이 러시아혁명이 성공하여 사회주의(공산주의)가 도입되었고 세계 각국에 사회주의 국가를 세우고자 코민테른을 만들어 자금을 지원하였다. 또한 미국 대통령 윌슨이 민족자결주의를 주장하는 등 변화의 바람을 예고하고 있었다. 제1차 세계대전이 끝나고 전후처리 문제를 다루는 파리강화회의가 열리는 것을 기회로 상하이의 신한청년당에서는 한반도의 독립 문제를 호소하고자 김규식을 파견하였다. 미국의 대한 인국민회에서도 이승만, 민찬호, 정한경을 파견하고자 하였으나 미국의 출국 거부로 파견이 무산되자 이승만은 윌슨 대통령에게 한반도의 위임통치 청원서를 제출하였다. 국내에서는 고종이 급작스럽게 승하하자 일본에 의한 독살설이 퍼지기 시작하였다.

한편 만주와 연해주, 미국 등 해외 독립활동가 39인의 이름으로 만주에서 1918년 **무오독립선언**이 발표되었고 이어 도쿄에서는 재일유학생들이 **2.8 독립선언**을 발표하였다. 이와 같은 소식이 국내에도 전해지자 천도교의 손병희, 기독교의 이승훈, 불교의 한용운 등 종교인들과 학생들이 중심이 되어 민족대표 33인의 이름으로 **기미독립선언문**을 작성하고 고종의 인산일인 3월 3일에 탑골공원에서 이 선언문을 낭독하기로 하였으나 천도교 측에서 고종의 인산일에 거사하는 것은 황제에 대한 예의가 아니라 하였고 3월 2일은 일요일이라 안식일을 피하자는 기독교의 의견이 있어 3월 1일로 변경하였다.

민족대표 29인(4명은 지방에 있어서 불참)은 원래 낭독할 장소였던 탑골공원에서 독립선언문 낭독 시 이에 동조하는 선량한 백성들이 피해를 볼 수도 있다고 판단하여 인사동 태화관(당시 요릿집인 명월관의 별관)에서 독립선언서를 낭독한 후 태화관 주인에게 조선총독부에 전화를 걸어 이를 알리게 하고 자진 연행되었다. 한편 탑골공원에서는 민족대표들이 오지 않자 한 학생이 단상에 올라가 독립선언서를 낭독한 뒤 만세를 부르고 대한문까지 행진을 전개하였다. 여기에 고종의 국장을 보러 온 시민들까지 합세하여 삽시간에 인원이 불어났다. 이들은 다시 대열을 둘로 나누어 한편은 미국영사관으로, 또 다른 한편은 총독부를 향하여 행진하였다.

일본은 군대와 기마경찰을 동원하여 무력진압에 나서 130여 명을 체포하였다. 같은 날 평양, 의주, 진남포, 선천, 안주, 원산 등에서도 미리 계획한 대로 만세운동을 전개하였고 날이 지나면서 참여 도시가 늘어나 순식간에 전국으로 확대되었다. 3월 21일에는 제주도까지 파급되었고 만주, 연해주, 도쿄, 오사카, 미국 필라델피아 등 해외로까지 확산되었다. 정확한 통계는 없으나 약 2,000회, 200만 명 이상이 시위에 참석한 것으로 추산된다. 평화적으로 시작하였던 시위는 일본군의 무력진압에 항거하면서 폭력적 양상도 띠게 되었다.

일본의 탄압은 도를 더하여 헌병, 경찰, 완전 무장한 2개

사단까지 투입하여 대량학살을 자행하고 피연행자를 고문하는 등 무자비하게 진압을 강행하였다.

이 3.1 운동 시기에 일어난 주요 사건으로는 다음과 같다.

선천에서 평화시위를 하던 시위자들에게 일본의 군경이 발포하여 강신혁이 그 자리에서 즉사하고 12명의 부상자를 낸 것을 필두로 안주와 성천에서도 많은 피해자가 발생하였다. 정주에서 일어난 시위에는 일본 군경이 무력 진압하여 28명이 즉사하고 100여 명의 부상자가 발생하였다. 병천의 아우내장터에서 일어난 시위에서는 20여 명이 순국하고 많은 사람들이 부상을 입었다. 이화학당 학생이었던 **유관순**은 고향에서 만세시위를 벌이고자 병천 아우내장터 시위에 합세하였다가 구속되었는데 모진 고문을 당하여 당시 18세의 나이에 고문에 의한 장독으로 사망하였다.

일본군 육군 중위이던 아리타 도시오가 만세운동이 벌어졌던 화성 제암리 주민 30여 명을 교회에 모아놓고 집중사격과 방화로 몰살시킨 **제암리 학살사건**도 벌어졌는데 제암리 학살사건으로 약 30여 명이 목숨을 잃었다. 이후 일본은 전국에서 크고 작은 시위의 주동자를 찾는다는 명목으로 수색하였고 주동자 등으로 검거되면 모진 고문을 받았으며 후유증으로 사망하는 일이 속출하였다.

이 밖에도 크고 작은 사건들이 많았으며 알려지지 않은 탄압사건은 훨씬 많을 것으로 추정된다. 이 시기에 독립운동을 하던 분들을 많이 찾아 예우해 드려야 하는 것이 우리의 숙제이다.

3.1운동의 영향은 컸다. 일본은 식민통치를 무단통치에서 문화통치로 바꾸었고 상하이에서는 각지에 흩어져 있던 독립운동세력이 하나로 모여 상하이임시정부가 수립되었고 일본의 강압 통치에 대한 무장투쟁 확산의 도화선이 되었으며 중국의 5.4운동, 인도의 비폭력주의 운동에도 영향을 미쳤다.

2) 대한민국 임시정부

국내와 해외 각지에서는 각각의 독립적인 임시정부들이 세워졌는데 3.1운동 이후 역량을 하나로 집중하기 위한 통합정부 수립 움직임이 일어났다. 당시 통합 임시정부 수립에 각지의 **7개의 임시정부**(상하이임시정부, 노령임시정부, 한성임시정부, 조선민국임시정부, 고려공화국, 간도임시정부, 신한민국정부)가 참석하였는데 그중 실체를 확인할 수 있는 것은 상하이임시정부, 한성임시정부, 노령임시정부 등 3개이다.

간단히 3개의 임시정부를 살펴보자.

상하이 임시정부는 신한청년당(단)이 3.1운동 소식을 접하자 1919년 4월 13일 국호를 대한민국, 민주공화제를 근간으로 하는 임시헌장을 채택하고 이승만을 국무총리로 하는 임시정부를 구성하였다.

노령임시정부는 연해주에서 대한국민의회가 손병희를 대통령으로 하는 임시정부를 수립하였다.

국내에서는 독립지사들인 13도 대표가 서울에서 국민대회를 개최하여 이승만을 집정관 총재로 하는 **한성정부**를 수립하였다.

상하이에 모인 각 임시정부 요인들은 임시정부통합에 합의, 교통과 외교활동 등을 감안하여 **상하이에 본부**를 두고 공화주의와 삼권분립(의정원, 국무원, 법원)에 기초한 헌법을 공포하였다. 독립자금 모금과 정보를 교류하기 위한 연락망으로 **연통제**와 **교통국**을 두었고 국민의연금과 군자금을 모집하기 위하여 **독립공채**를 발행하였으며 초대 대통령으로 **이승만**, 국무총리로 **이동휘**가 선출되었다. 외무총장에 김규식, 워싱턴에 구미위원회 설치, 국무원 산하에 군무부 설치, 육군무관학교 설치, 군무부 직할부대로 광복군사령부(-광복군총영으로 발전), 육군주만참의부를 두었고 독립신문을 간행하였으며 사료편찬소도 설치하였다.

그러나 교통국과 연통제가 일본에 발각되고 이승만이 미국 대통령 윌슨에게 한반도 위임통치를 청원한 사실까지 알려지자 이승만은 미국으로 가버렸고 한인사회당이 코민테른으로부터 받은 **코민테른 자금유용 문제**까지 불거지자 이동휘가 국무총리를 사임하였다. 이러한 일련의 사건들로 임시정부의 활동이 위축되자 1923년 국민대표회의를 개최하였는데 신채호, 김규식 등은 새로운 정부구성(창조파)을, 안창호, 이동휘 등은 현 정부를 유지하며 실정에 맞게 개조(개조파)하자고 하였고 김구, 이동녕 등은 임시정부를 현행대로 유지(현상유지파)하자고 하여 회의가 결렬되었고 신채호 등 창조파들이 탈퇴하였다.

1926년 임시정부는 이승만을 탄핵하고 박은식을 대통령으로 선출하였다. 이후 국무령제로 바꾼 후 이상룡, 양기탁, 안창호, 홍진 등이 국무령에 취임하였으나 활동은 부진하였으며 1927년 국무령으로 추대된 김구는 집단지도체제인 국무위원제로 개편하였다.

임시정부의 독립투쟁을 살펴보자.

초기의 독립투쟁은 북로군정서, 서로군정서 등의 무장독립군을 측면에서 지원하는 수준이었는데 만주에서 활동 중인 무장독립군을 임정의 직할 군대로 편입하여 1920년 **광복군사령부**(후일 광복군총영으로 확대 개편)를 조직하였고 1924년 **육군주만참의부**도 결성되었으나 임시정부와 멀리 떨어져 있어 개별활동을 펼쳤고 활발하지는 못하였다.

교통국, 연통제의 와해로 임시정부의 활동이 침체되어 있던 1931년 김구는 **한인애국단**을 조직하였고 단원인 이봉창이 일왕에 수류탄을 투척하였다. **윤봉길**의 홍커우 공원 수류탄 투척사건 이후 중국국민당의 전폭적 지원이 이루어지며 다시 활력을 찾았다. 이후 중일 전쟁 등으로 중국국민당을 따라 항저우–전장–창사–광저우–류저우–치장–충칭으로 이동하였다.

❀ 홍커우 공원 의거

1932년 일본은 상하이사변을 일으켜 상해를 점령하고 전승 기념

및 천장절 기념식을 홍커우 공원에서 거행하였다. 한인애국단 소속의 윤봉길은 단상에 폭탄을 투척하여 일본군 사령관 대장을 비롯한 간부들이 사망하였으며 윤봉길은 자폭을 시도하였으나 실패하고 총살형으로 생을 마감하였다. 이 사건을 두고 장제스는 중국의 백만 대군이 못 하는 일을 한국의 한 의사가 해 냈으니 장하다고 격찬하였으며 이 사건으로 임시정부는 중국국민당의 전폭적인 후원을 받는 계기가 되었다.

교통국과 연통제를 통한 독립자금 조달 거점으로는 만주의 이륭양행, 부산의 백산상회 등이 있었다.

1919년 결성된 **의열단**은 신흥무관학교 출신들을 중심으로 만주 지린에서 김원봉, 윤세주 등이 창단하였다. 의열단은 안창호로부터 '**조선혁명선언**'을 받아 행동강령으로 채택하고 폭력적 민중혁명에 의한 일본 타도 노선을 취하였다. 1926년부터 사회주의 노선을 수용하였고 1929년 NL(민족해방전선) 계열과 조선공산당 재건동맹을 조직하면서 급진좌파화되어 갔다. 의열단은 중국 지휘관 양성소인 황포군관학교에 학생들을 입학시켰고 자체적으로 **조선혁명간부학교**도 설립하였다. 1935년 민족혁명당 창립의 중추세력이었다. 이들의 성과를 보면 부산경찰서 폭탄 투척(박재혁), 밀양경찰서 폭탄 투척(최수봉), 조선총독부 폭탄투척(김익상), 종로경찰서 폭탄투척(김상옥), 동양척식회사 및 식산은행 폭탄투척(나석주) 등이 있다.

이후 의열단이 1935년 조선혁명당, 한국독립당과 연합하여 민족혁명당을 조직하면서 임시정부에 합류의사를 물어오자 김구는 반대하였다. 임시정부는 사회주의에 반대하며 동년 **한국국민당**을 창당하였다.

❸ 1920년대

1) 통치 형태

3.1 운동 이후 일본은 식민지정책을 변화시켰다. 무단통치를 **문화통치**로 바꾸어 총독에 무관이 아닌 문관도 임명 가능하도록 하였으나 실제로 문관이 임명된 적은 없었다. 헌병경찰제를 **보통경찰제**로 전환하였으나 경찰의 수가 늘어났고 독립운동가를 색출하기 위하여 1911년부터 일본에서 도입된 사상범을 색출하기 위한 비밀조직으로 잔인한 고문 등으로 악명이 높았던 특별고등경찰제를 한반도에 들여와 **고등경찰제**를 시행하였다. 언론, 출판의 자유를 일부 허용하여 **조선일보**와 **동아일보**가 창간되었다.

제2차 조선교육령을 실시하여 보통학교의 수업연한을 4년에서 6년으로 늘리고 고등보통학교는 4년에서 5년으로 연장하였다. 여자고등보통학교는 3년에서 4년(지역에 따라 5년)으로 연장하였으나 일본어 교육을 강화하였다. 사범학교와 대학 설립을 허용하자 민족주의자들이 민립대학을 세우기 위한 운동을 벌였다. 그러자 일본이 먼저 1924년 **경성제국대학**을 설립하였다. 실업교육, 전문교육, 대학교육은 일본제도를 인용하였다.

1925년 **치안유지법**을 제정하여 급속도로 침투된 사회주의의 확산을 막고자 했다.

또한 지방자치제를 시행하였으나 참정권을 세금납부자들에게만 허용하고 지방자치단체의 장도 임명직으로 하는 등 허울뿐인 제도였다.

회사설립을 허가제에서 **신고제**로 완화하였으며 한일 간의 **관세도 철폐**하였다. 그러나 회사도 규모가 큰 것은 대부분 일본 자본이었고 조선 자본의 경우는 소규모 회사에 불과하였으며 관세철폐로 일본의 자본과 상품들이 한반도로 쏟아져 들어와 한반도의 경제가 일본에 종속되는 결과를 가져왔다.

제1차 세계대전 중 일본의 급격한 산업화가 이루어져 일본 내에서 이촌향도 현상으로 쌀이 부족하자 부족분을 채우고자 1920년부터 한반도에 **산미증식계획**을 실시하였다. 그러나 불황으로 인하여 자금조달이 여의치 않았고 농민들의 반발과 전문가의 부재 등으로 지지부진하였다.

1926년 총독부는 재원을 확보하고 사업 대행기관과 추진기관을 정비하여 다시금 추진하였으나 공황기의 도래와 이로 인한 쌀값 하락, 일본의 재정지원 악화, 일본의 내부 불만 등으로 1934년 중단되었다.

2) 항일 운동

3.1 운동의 영향으로 항일투쟁이 본격적으로 타올랐다. 특히 만주에서 무장독립투쟁이 활발해지자 일본은 독립군 토벌작전을 추진하였다. 이에 **홍범도**가 이끄는 대한독립군, 안무의 국민회군, 최진동의 군무도독부군이 연합하여 대한북로독군부를 발족하였다. 블라디보스토크에서 창단된 대한신민단의 독립군부대가 대한북로독군부와 연계하여 함북 종성의 일본군 순찰소대를 습격하는 사건이 일어나자 일본군이 이들을 추격하였고 대한북로독군부의 매복부대가 추격하는 일본군을 삼둔자에서 공격하여 승리하였다. 일본은 이를 빌미로 대규모 추격대를 편성하여 봉오동으로 진격하였다가 진두지휘자 홍범도가 매복시킨 독립군에게 큰 피해를 입고 퇴각하였다. 이를 **봉오동 전투**라 한다.

봉오동 전투에서 대패한 일본은 독립군 소탕계획을 획책하였다. 일본은 대규모 병력이 국경을 넘을 구실로 중국 마적을 매수하여 훈춘의 일본영사관을 습격하게 만든 **훈춘사건**을 조작하였다. 이 계획을 중국군으로부터 연락을 받은 김좌진이 이끄는 북로군정서는 서로군정서, 홍범도군 등과 합세하여 일본군이 대규모로 공격해 오자 청산리 깊숙이 일본군을 유인하여 백운평, 완루구에서 일본군을 대파하였다. 김좌진 부대는 천수동의 일본기병대를 급습하여 전멸시키고 홍범도군과 함께 어랑촌에서 일본군에게 큰 피해를 입혔다. 이에 일본군은 물러가는 독립군을 추적하여 독립군 근거지인 고동하를 습격하였다. 그러나 독립군은 전열을 가다듬은 후 역습하여 일본군에게 큰 피해를 입혔다. 이것이 **청산리 전투**이다.

봉오동과 청산리에서 대패한 일본은 이를 보복하고자 간도의 한국인 사회, 학교, 교회 등에 무차별 방화와 약탈을 자행하는 **간도참변**을 일으켰다.

간도참변으로 위축된 독립군들은 밀산으로 이동하여 북로군정서, 대한독립군 등 10여 개 단체가 연합하였다. 이들은 서일을 총재로 하는 **대한독립군단**을 결성하여 러시아 자유시 스랍스케로 이동하였다. 당시 대한국민의회는 독립군들이 이동할 수 있도록 러시아 적군파와 교섭하여 자유시로 이동하라고 독립군에게 안내하여 자유시로 집결하였다. 대군단이 집결하자 지휘권을 두고 적군파간의 권력다툼이 벌어졌다. 게다가 일본과 러시아가 캄차카반도의 어업권 조약을 맺으면서 러시아 영토에 일본에 유해한 한국독립단체를 육성하지 말라고 하였고 러시아가 이를 수용하여 러시아는 한국 독립군에게 무장해제를 요구하였다. 대한독립군단이 이를 거부하자 기관총 등으로 무차별 난사하는 **자유시참변**을 일으켰다. 많은 독립군들이 희생되었으며 살아남은 자들 중 일부는 러시아혁명군에 가담하였고 일부는 만주로 복귀하였다. 이후 1922년 만주에서 독립운동조직인 대한독립단, 서로군정서 등이 힘을 결집하고자 (대한)통의부를 조직하였으나 전덕천 등 이에 반발한 인사들이 의군부를 구성하였다. 통의부와 의군부 간의 대립이 심화되어 유혈사태로까지 번지자 이에 실망한 세력들이 참의부를 구성하고 임시정부의 직속 부대를 자처하였다(육군주만참의부의 약칭).

(대한)통의부가 조직의 내분 등으로 와해되어 가자 독립군 통합필요성에 따라 대한독립군단, 지린만주회 등을 망라하여 통의부 회원들을 중심으로 정의부가 만들어졌다.

또 한편에서는 대한독립군단, 대한독립군정서 등을 주축으로 각 대표들이 결성대회를 거쳐 신민부를 발족시켜 만주에는 **참의부, 정의부, 신민부**의 **3부가 성립**되었다.

만주에서 독립군들의 활동이 활발해지자 1925년 일본은 당시 만주의 지배자 장쒀린과 독립군을 체포하면 보상금을 주겠다는 **미쓰야협정**을 맺어 독립운동가 색출에 나섰고 이로 인하여 독립군 활동이 위축되었다. 그러자 다시 독립운동의 에너지를 하나로 모으자는 열망에 따라 1926년부터 삼부통합운동이 전개되었다. 삼부통합과 민족주의자와 사회주의자를 아우르는 이 **민족유일당운동**은 사상과 이념 등의 차이로 결국 유일당을 조직하는 것에 실패하고 **국민부**와 **혁신의회**로 나누어졌다.

북만주에서 민족주의자들을 중심으로 결성된 혁신의회는 김좌진, 김승학, 김동삼, 지청천 계열이 참여하였는데 일시 해체되었다가 1930년 **한국독립당**의 중추세력으로 다시 결집되었고 무장단체로 **한국독립군**을 두었다.

남만주에서 사회주의자들이 주도한 국민부는 심용준, 현익철 등을 중심으로 결성되었으며 **조선혁명당**과 **조선혁명군**의 지원을 받았다(설립자들이 많이 중복되어 같은 기관으로 봐도 무방하다).

3) 민족 운동

 1920년대에 회사 설립이 신고제로 전환됨에 따라 민족기업이 설립되었다. 이에 1920년부터 평양에서 조만식을 중심으로 조선물산장려회가 조직되어 민족기업의 상품 구매를 독려하는 **물산장려운동**을 전개하였다. 조선물산장려회는 강연회 등을 개최하여 민족기업의 상품 구입을 독려하였고 1923년에는 서울에서 조선물산장려회의 전국적인 조직을 탄생시켰다. 그러나 이 운동은 일제의 탄압과 공급부족, 일부 상인들의 과도한 이윤 추구 등으로 흐지부지되고 말았다.

 제2차 조선교육령에 따라 대학 설립이 가능해지자 이상재, 한용운, 이승훈 등 47명이 **민립대학기성준비회**를 조직하고 '한민족 1천만이 한 사람당 1원씩'의 구호를 걸고 모집활동을 시작하였다. 이 운동이 전국으로 확대될 기미를 보이자 일본은 이를 탄압하면서 조선제국대학창설위원회를 발족시켜 1924년 경성제국대학을 설립하였고 민립대학설립운동은 일제의 탄압과 모금의 지지부진으로 실패하였다.

 이광수, 최린, 김성수 등은 **참정권 자치운동**을 벌였으나 일본의 식민지정책을 인정하는 운동이라 하여 비판을 받기도 하였다.

 일제의 식민지 차별교육과 비싼 학비 등으로 문맹자의 수가 증가하자 지식인, 학생들의 주도로 문맹퇴치운동이 일어나 야학을 세워 한국어를 교육시켰다. 이에 일본은 이를 탄압하고 1면1교주의를 내세워 공립 보통학교를 증설하였다.

그럼에도 학교가 턱없이 부족하자 언론사를 중심으로 문맹퇴치운동이 일어났다. 조선일보는 '아는 것이 힘, 배워야 산다'는 구호를 걸고 '한글 원본' 등의 교재를 배포하고 방학 기간 동안 고향에 가는 학생들에게 문맹 퇴치 교육을 권장하는 **문자보급운동**을 전개하였다. 동아일보는 '배우자, 가르치자, 다 함께 브나로드'라는 구호를 걸고 한글, 근검절약, 미신타파, 구습제거를 목표로 **브나로드운동**(브나로드는 러시아어로 '민중 속으로'의 의미)을 펼쳤다. 조선총독부는 이 문맹퇴치운동을 금지하는 명령을 내렸다.

1920년대에는 러시아 혁명의 영향으로 사회주의 사상이 급격하게 파급되었다. 농민과 노동자의 권리를 대변해주는 사회주의 사상은 일제 치하에 시달리는 한민족들에게는 더욱 쉽게 침투되었다. 일본은 **치안유지법**을 발동하여 사회주의의 확산을 막고자 하였다. 사회주의자들이 주도한 운동으로는 신안 암태도 소작쟁의, 원산 노동자 총파업 등이 있다.

일본의 만행에 저항하는 학생운동도 일어났다. 1926년 순종의 인산일을 기하여 학생들이 시민들과 함께 만세를 부르는 **6.10만세운동**이 일어나 전국적으로 확산시키고자 했으나 3.1운동을 경험한 일본이 삼엄한 경비를 펴서 더 이상 확대되지는 못하였다.

1929년 광주에서는 **광주학생운동**이 일어났다. 광주에서 나주로 가는 통학 열차에서 일본 학생들이 한국 여학생을 희롱하였고 이로 인하여 일본 학생들과 한국 학생들의 충돌로 이어졌는데 경찰이 일본 학생들 편을 들자 한일 간의 학생싸움으로 번졌다. 이에 일본은 광주시내 중등학교에 휴교령을 내렸으며 신간회는 광주에 조사단을 파견하였다. 이 소식은 서울에도 전해졌고 서울에서도 동맹 휴교가 잇따르고 시위운동도 전개되었다. 신간회는 이 사건을 근거로 대규모 민중대회를 개최하고자 했으나 일본의 방해로 실현되지 못하였다.

신간회는 1927년 민족주의 진영과 사회주의 진영의 제휴로 34명이 발기하여 설립한 합법적인 단체로 회장으로 이상재, 부회장으로 홍명희를 선출하였다. 신간회의 조직이 전국적 조직으로 확대되자 일본의 감시가 심해졌고 광주학생운동 조사단 파견과 이에 이은 민중집회계획을 빌미로 일본은 조병옥, 이관용 등 44명을 체포하였다. 또한 창립 시부터 문제가 된 민족주의자들과 사회주의자들의 갈등을 극복하지 못하고 1931년 해소안이 통과되어 해산하였다. 신간회의 창립에 자극받아 설립된 여성들이 중심이 된 근우회도 사상 문제로 분열되어 해체되었다.

일본의 한국사 왜곡도 진행되었다. 1916년 한국민의 **타율성론, 정체성론, 당파성론**에 입각한 식민사관을 앞세운 중추원 산하의 조선반도사편찬위원회가 1922년 조선총독부 산하의 조선사편수위원회로 변경되었고 이어 1925년 독립된 조직인 **조선사편수회**로 전환되면서 조선사, 조선사료총간, 조선사료집진 등을 편찬하면서 한국사를 축소, 왜곡하였다. 또 1930년에는 경성제국대학 법문학부와 조선사편수회 간부들이 식민사관에 입각하여 극동 문화를 연구한다는 취지로 **청구학회**

를 설립하여 식민사학을 심화, 발전시켰다.

한편 일본의 식민사관에 대항하는 민족주의자들의 활동도 두드러졌는데 **박은식**은 역사는 '혼'이라 주장하며 '한국통사', '한국독립운동지혈사'를 저술하였다. **신채호**는 역사는 '아와 비아의 투쟁'이라 하였고 사라진 낭가사상을 되살려야 한다고 주장하였으며 '조선상고사', '조선사연구초'를 저술하였다. 조선사연구 등을 저술한 **정인보**는 역사는 '얼'이라 하였고 **문일평**은 '역사심'이라 하며 민족주의 사학을 연구하였다.

종교단체들도 독립운동에 힘을 보탰다.

천주교는 간도에서 무장독립단체인 **의민단**을 구성하여 활동하였으나 자유시참변으로 힘을 잃었다.

천도교는 1905년 동학의 3대 교주 손병희가 동학을 천도교로 개칭한 후 보성학원과 동덕학원을 인수하는 등 교육에 힘썼다. 방정환이 어린이날을 제정하고 잡지 '어린이'를 발간하였다.

대종교는 1911년 서일이 무장독립단체인 **중광단**을 조직하였는데 3.1운동 이후 대종교도들을 규합하여 **대한정의단(북로군정서로 재편)**으로 개편하여 독립운동을 하였다.

불교는 한용운이 항일운동과 불교개혁을 하고자 1921년 **조선불교유신회**를 조직하였고 1930년 범어사 승려들이 비밀결사조직인 항일 운동단체 **만당**을 조직하였다.

그 외에도 1916년 박중빈은 **원불교**를 창시하였다. 1923년 에는 진주에서 백정들이 인권 평등을 부르짖으며 조선형평사를 조직하여 **형평운동**을 전개하였다.

4 1930년대 이후

1) 당시 상황

일본은 중국 본토를 침략하기 위한 작업에 들어갔다. 1928년 일본은 친일에서 반일로 돌아선 만주의 지배자 장 쮀린이 타고 가던 열차를 폭파시켜 제거하였다. 1931년에는 만주철도를 스스로 파괴하고 중국군 소행이라고 주장하며 **류타오거우사건**을 일으켜 만주를 장악하고 청의 마지막 황제 푸이를 내세워 **만주국**을 건설하였다. 만주국의 범위는 봉천성, 길림성, 흑룡강성의 동북3성이었다. 이에 중국은 국제연맹에 도움을 요청하였고 국제연맹은 조사단을 파견하였다. 그러나 일본은 조사기간 중에도 상하이를 침공하였다.

✿ 청의 멸망

1908년 청의 권력자 서태후는 광서제의 후계로 푸이를 정하였는데 그해 광서제와 서태후가 연이어 죽자 푸이가 3세의 나이로 즉위하였다. 1911년 청은 민영으로 운영되던 철도의 국유화를 추진하였다. 그것을 담보로 열강들에게 차관을 도입하여 재정난을 보완하고자 하였는데 이는 백성들의 완강한 저항에 부딪쳤고 쓰촨에서 대규모 폭동으로 번졌다. 조정에서 토벌군을 급파하자 그해 10월 우창에서 봉기하였고 삽시간에 전국으로 확대되는 **신해혁명**이 일어나 쑨원을 임시 대총통으로 하는 난징정부가 수립되었다. 쑨원의 뒤를 이어 위안스카이가 공화정을 수립한다며 왕조를 압박하여 푸이를 퇴위시키고 대총통에 취임하였다. 장쉰이 청의 복벽을 주장하여 잠시 푸이가 황제 자리에 올랐으나 장쉰이 제거되면서 푸이도 쫓겨나 쯔진청에서 생활하였고 이후 일본 공사관, 조계를 전전하다가 일본에 의하여 만주국 황제로 취임하였다.

만주를 장악한 일본은 1937년 **류거우차오사건**(중국 측의 총소리가 들린 후 일본 사병이 사라졌다고 일본이 주장한 사건)을 빌미로 난징으로 쳐들어가 **중일전쟁**을 일으켰다. 난징에 입성한 일본군의 대량학살, 강간, 방화 등으로 학살 피해자 20~30만 명, 강간 희생자 2~8만 명이 발생하였고 난징의 88%가 파괴되는 **난징대학살**을 자행하였다.

일본은 이어 1941년 인도차이나반도를 침공하면서 전선을 확대하자 인도차이나반도에 식민지를 가지고 있던 서구 열강들이 일본에 물자 공급을 중지하였다. 이에 일본은 미국령인 하와이 진주만을 공격하는 **태평양전쟁**으로까지 전쟁을 확대하였다. 당시 제2차 세계대전 중으로 미국과 영국 등은 연합군을 결성하여 나치 독일과의 전쟁에 참여하고 있었는데 태평양전쟁이 일어나자 연합군은 일본의 아시아 침략전쟁에도 참가하였다. 1945년 독일을 패퇴시킨 미국은 일본의 히로시마와 나카사키에 **원자폭탄**을 투하하였고 두 도시를 폐허로 만들어버리는 위력 앞에 일본 국왕은 연합군에 무조건 항복하였다.

2) 항일운동

만주사변 이후 한국의 독립운동은 중국의 항일단체와 연합하여 항일운동을 전개하였다.

양세봉이 이끄는 **조선혁명군**은 중국의용군과 연합하여 영릉가전투, 홍경성전투 등에서 전과를 올렸고 지청천이 이끄는 **한국독립군**은 중국호로군과 연합하여 쌍성보전투, 사도하자전투, 동경성전투, 대전자령전투 등에서 전과를 올렸다.

1936년에는 공산주의자들을 중심으로 한국과 중국의 연합단체인 **동북항일연군**이 발족되었다. 초기에는 추수, 춘황투쟁에서 항일투쟁으로 확대되었다. 국내의 보천보의 경찰주재소 등을 공격하기도 하였는데 중심인물은 북한정권 창출세력인 김일성, 김책, 서철, 최현 등이었다.

한편 만주사변 이후 중국에서 활동하던 독립운동세력의 통합 움직임이 일어났다. 의열단의 주도로 의열단, 한국독립당, 신한독립당, 조선혁명당, 미주대한인독립당의 5개의 단체가 **민족혁명당**을 결성하였다. 임시정부에도 참여를 요청하였으나 김구가 거절하였다. 그러나 김원봉의 의열단계가 전권을 행사하려 하자 한국독립당의 조소앙계와 지청천계가 이탈하였다. 민족혁명당은 1937년 조선민족해방동맹, 조선혁명자동맹 등과 연합하여 **조선민족전선연맹**을 구성하고 산하 군사조직으로 **조선의용대**를 조직하였다. 중국국민당 정부 지구에 국한된 활동에 불만을 품은 조선의용대 일부가 타이항산으로 이동하였고 그곳에서 조선청년연합회 회원들과 합류하여 조선의용대 화북지대로 개편되었다가 1942년 조선의용군으로 재편되었다. 훗날 조선의용군은 광복 후 일부 세력이 북한으로 들어가 활동하였는데 이들을 연안파라고 부른다. 조선의용대 화북지대를 제외한 조선의용대는 1942년 한국광복군에 편입되었다.

대한민국 임시정부는 1940년 지청천을 총사령관으로 하는 **한국광복군**을 창설하자 중국국민당은 임시정부에 무장병력을 허가하면서 한국광복군의 활동을 제약하는 '한국광복군 행동준승 9개항'의 준수를 요청하였다. 광복군의 자금을 중국정부의 원조에 크게 의존하고 있는 임시정부로써는 이를 준수할 수 밖에 없었고 중국 국민정부 군사위원회는 조선의용대를 광복군에 편입시켰지만 조선의용대 화북지대(조선의용군)는 불참하였다. 1944년 한국광복군은 행동준승을 폐기하고 지휘권을 되찾아 왔다.

1941년 임시정부는 조소앙의 삼균주의(개인과 개인, 민족과 민족, 국가와 국가 간의 균등을 실현하기 위해서는 정치, 경제, 교육적 균등을 실현해야 한다는 주의)를 바탕으로 대한민국 건국강령을 발표하였다.

1939년 일어난 제2차 세계대전에서 한국광복군은 연합군과 함께 일본과 독일에 선전포고하고 미얀마전투에도 참전하였다. 미국의 OSS(현 CIA의 전신)와 연계하여 국내진공작전계획을 세웠으나 일본의 항복으로 무산되었다.

3) 식민지 정책

일본은 전선이 확대되자 한민족의 민족성을 말살하고 일본과 조선은 하나라는 점을 부각시키면서 한반도 전체를 전쟁을 위한 도구로 이용하였다.

내선일체, 일선동조론을 내세웠고 소학교를 일본식인 국민학교로 개칭, 황국신민서사 암기, 궁성요배, 신사참배, 창씨개명 등을 강요하였으며 제3차 조선교육령을 발표하여 한국어와 한국사 과목을 폐지하고 교육과정을 일본과 동일시 하였다. 조선일보와 동아일보를 폐간시켰고 진단학회를 해산시켰다. 또한 한반도를 **병참기지화**하여 북쪽에 군수공장을 건립하고 산미증식계획을 재가동하였으며 확대된 전선에 필요한 농산물과 쇠붙이 등을 강제로 공출해 갔다. 또한 한반도를 일본의 공업 원료 전초기지로 만들고자 남쪽에는 면화를, 북쪽에는 양을 기르도록 하는 **남면북양정책**을 시행하였다. 그 밖에도 **학도지원병제, 지원병제, 국가총동원법, 국민징용령**을 실시하였고 여자들에게도 여자정신대근무령등을 시행하여 한민족을 전쟁을 위한 도구로 내몰았다. 각종 세금을 신설하여 징수하였고 식량배급제 등을 실시하였다. 위문품과 국방헌금 등을 강요하여 한민족의 모든 것을 강탈해 갔다. 이 당시 전쟁터로 끌려간 **전쟁위안부, 강제징용** 문제 등은 아직도 한국과 일본간의 문제로 남아 있다.

4) 민족운동 기타

일본의 식민사관에 맞서 1934년 한민족의 특색과 정통을 찾아 주체성을 확립하자는 **조선학 운동**이 일어났는데 정인보와 안재홍이 다산 서거 99주년을 맞아 정약용 관련 논문을 발표하면서 시작되었다. **'실학'**이라는 용어를 처음 사용하였다.

1920년대부터 급속하게 퍼진 마르크스 유물사관에 입각한 사회경제사학을 백남운이 정리하였다. 이후 백남운은 해방 이후 월북하여 북한의 요직을 거쳤다.

1921년 내국인 학자들이 우리말을 연구하고자 **조선어연구회**를 설립하였는데 1931년 최현배, 이윤재 등이 설립한 조선어학회가 이를 계승하였다. 조선어학회는 한글 맞춤법 통일안을 발표하였으며 1926년 '가갸날'을 제정하였다. 날짜는 음력 9월 29일이었고 1928년 '한글날'로 개칭되었다가 1945년 양력 10월 9일로 확정되어 오늘에 이르고 있다. 1929년부터 **우리말 큰사전** 편찬을 시작하였으나 1942년 일본은 조선어학회를 독립단체로 규정하고 강제 해산시킨 조선어학회 사건이 일어나 잠시 중단되었고 한국전쟁 등으로도 중단되어 1957년에 완간되었다.

❀ 조선어학회 사건

조선어연구회는 1929년 조선어사전편찬회를 조직하여 한글의 연구, 정리, 보급 등의 운동을 하였다. 일본은 만주사변 이후 한글을 사용하지 못하게 하고 한글 사용에 대한 탄압이 심해지자 조선어연구회를 승계한 조선어학회는 1942년 우리말 큰사전을 서둘러 대동출판사에 넘겨 인쇄를 하게 하였다. 한편 함흥영생고등여학교 학생이 기차 안에서 친구들과 한국말로 대화하다가 조선인 경찰관에게 발각되어 취조를 받게 되었다. 취조 결과 학생들에게 민족주의의 영감을 준 사람이 서울에서 편찬사업을 하는 정태진이라는 자백을 받아 정태진을 연행, 취조하였다. 정태진은 우리말 큰사전 편찬에 관여하고 있었다. 그 결과 조선어학회가 독립운동을 한다는 자백을 받고 최현배, 장지영 등을 함흥으로 압송하여 심문하였다. 33인에 대하여 조사하였는데 11명에게 징역이 선고되어 조선어학회의 활동이 위축되었다.

1934년 일제의 활발한 한국사 연구가 진행되자 이병도, 손진태, 이상백 등이 중심이 되어 한국과 주변국의 문화에 대해 연구할 목적으로 **진단학회**를 설립하였는데 중심인물들이 조선어학회 사건에 연루되어 일본경찰에 연행되자 잠시 활동이 중단되었으나 현재까지 활동 중이다.

⑤ 일제시대 문학 및 기타 문화

1) 문학

1910년대 문학은 **계몽주의 문학**이 주류를 이루었다. 정형에 얽매이지 않는 새로운 시 형식인 신체시가 나타났으며 최남선의 '해에게서 소년에게'가 대표적이다. 장편소설로는 이광수의 '무정', 문학잡지로 '소년', '청춘' 등이 발간되었다.

1920년대에는 **퇴폐적 낭만주의**가 유행하였다. 염상섭의 '만세전', 현진건의 '빈처', 잡지로는 '폐허', '백조', '창조' 등이 있었다. 한편 사회주의 사상이 유입되면서 프롤레타리아 문학인 **KAPF문학** 경향이 나타났다. 이는 마르크스주의에 입각하여 프롤레타리아 해방을 목표로 하였는데 대표적 작가로 김기진, 박영희 등이 있다.

1930년대에는 **저항문학**이 주류를 이루었다. 한용운의 '님의 침묵', 이상화의 '빼앗긴 들에도 봄은 오는가', 심훈의 '그날이 오면' 등이 있으며 저항시인으로 윤동주, 이육사 등이 있다.

2) 기타

1920년대에는 비행사 **안창남**이 고국 방문비행을 하였고 1926년 **나운규의 아리랑**이 단성사에서 상영되었다. 1936년에는 안익태가 **애국가**를 작곡하였으며 1936년 **손기정**이 마라톤에서 금메달을 획득하였다.

이외에도 작곡가 **홍난파**의 '봉선화' 작곡, 미술에서는 **안중식**의 한국화, **이중섭**의 소에 관한 그림이 그려졌고 연극단체로 **토월회**, **극예술연구회**가 있었다.

국외 이주 동포들에 대해서 보면 만주는 조선 후기 가난을 탈출하고자 이주하기 시작하였고 한일병합 후 민족주의자들도 이동하였는데 **간도참변, 만보산사건**(한국농민과 중국농민 간의 갈등에 일본이 일부러 한국농민 편을 들면서 한국인과 중국인을 이간질하여 한국인들을 곤경에 빠뜨린 사건) 등 시련을 겪기도 하였다.

연해주는 19세기 중반 러시아가 변방을 개척하기 위해 이주를 허용하면서 이주가 시작되었는데 이들은 **자유시 참변**을 겪기도 하였다. 일본인과의 구별이 어렵고 당시 세력이 강한 일본을 두려워한 러시아가 한국인들을 중앙아시아로 강제 이주 시켰는데 그들의 후손인 **카레이스키**가 현재도 거주하고 있다.

일본은 19세기 말 유학생들과 국권 피탈 후 노동자들이 이주하였다. 이들은 1923년 **관동대학살**(관동지방에 대지진이 일어나자 혼란한 틈을 타서 한국인이 폭동을 계획하고 있다고 하고 우물에 독약을 탔다는 등 루머를 퍼뜨려 한국인과 일본 사회주의자들 6,000여 명 이상이 학살된 사건)의 시련을 겪기도 하였다.

미주의 경우는 20세기 초 하와이 **사탕수수 농장**에 취업하러 간 것으로부터 시작되었다.

제6장

현대사

개요

　비록 연합군의 힘에 의하여 광복을 맞았지만 연합군의 리더였던 미국과 운 좋게 연합군에 발만 담근 소련(러시아 중심)이 한반도를 둘로 나누어 군정을 실시하였다. 한반도에는 1920년부터 발호한 사회주의자들과 민족주의자들 간의 대립이 지속되어 사회를 분열시키고 있었고 공산주의를 실현한 소련은 한반도를 공산주의 체제로 만들고자 혈안이 되어 있었으며 미국은 자본주의를 한반도에 정착시키고자 하였다. 이러한 갈등으로 한반도는 하나의 통일국가를 만들지 못하고 미 군정을 받는 남쪽만의 정부를 유엔의 승인을 받아 성립시켰다. 북쪽도 그들만의 나라를 세웠다고 표방하였고 이들은 남한의 정부를 전복시켜 한반도 전체를 공산주의화하고자 선전포고도 없이 소련의 사주를 받아 1950년 한국전쟁을 일으켰다. 북한군의 갑작스러운 침략에 한국군은 속절없이 밀려 후퇴를 거듭하였고 유엔에서 북한을 침략자로 규정하고 참전하여 유엔사령관이었던 맥아더의 인천상륙작전에 힘입어 전세를 역전시켰다. 기세를 몰아 압록강까지 올라갔으나 중국군의 개입으로 후퇴하였다. 1953년 휴전협정이 맺어져 지금의 휴전선이 탄생하였다.

초대 대통령으로 선출된 이승만은 권력에 대한 집착이 강하여 세 번에 걸쳐 대통령을 역임하였고 네 번째 대통령까지 욕심을 부리다가 3.15 부정선거를 자행하였다. 민심은 4.19 의거로 폭발하였고 이승만은 결국 하야하여 하와이로 망명하였다.

이어 장면이 이끄는 장면 내각이 들어섰으나 이도 잠시, 박정희가 이끄는 군인들이 5.16 군사정변을 일으켜 정권을 잡았고 박정희 시기에 추진된 경제개발과 새마을 운동 등은 지금의 한국을 눈부신 경제대국으로 성장하는데 밑거름이 되었다. 그러나 박정희도 종신대통령의 꿈을 버리지 못하고 유신헌법을 만들어 막강한 권력을 쥐었으나 그의 수하인 중앙정보부장 김재규의 총탄에 유명을 달리하고 말았다. 이후 최규하가 대통령직을 수행하였으나 혼란해진 정국을 수습하고자 신군부라 불리는 전두환이 정권을 잡았고 이 시기에 5.18 민주항쟁이 일어나는 등 사회는 혼란의 연속이었으며 최규하가 사임하고 전두환 정권이 성립하였다. 전두환 이후 정권은 국민투표에 의한 직선제가 도입되어 현재까지 이어져 오고 있다.

그러나 북한의 남한에 대한 위협은 광복 이후부터 지속되었는데 제주 4.3사건, 1.21사태, 울진-삼척 무장공비 침투사건, 버마(미얀마)에서의 한국 대통령 폭탄 테러사건, KAL기 폭파사건, 연평해전 등 끊임없이 도발하였고 최근에는 핵개발, 미사일 발사 시험 등으로 한반도를 긴장시키고 있다.

사회주의와 공산주의라는 개념은 그 개념자체도 모호한데다가 당시 불렸던 대로 기술하였다. 또한 러시아를 중심으로 한 소련은 소비에트 연합의 약자로 1991년 소련이 14개 공화국으로 분리되었으나 기존에 사용하던 용어인 소련을 그대로 사용하였다. 현대사는 관점에 따라 조금씩 다를 수도 있으니 독자분들의 생각과 조금 다르더라도 넓은 아량으로 이해해 주시기 바란다.

또한 모든 대통령, 기타 인물들에 대해서는 존칭을 생략하고 성명과 정부명만 적시하였다.

한반도 전후 국제 분위기

1945년 미국은 일본의 히로시마와 나가사키에 원자폭탄을 투하함으로써 일본은 연합군에 무조건 항복하였고 그 결과 한반도는 일본의 식민지배에서 벗어나 광복을 맞았다. 한반도의 독립 논의는 제2차 세계대전(1939~1945) 중에도 연합국들의 회의에서 거론되었다. 1943년 이탈리아가 연합국에 항복한 후 미, 영, 중 수뇌부가 모인 이집트 **카이로 회의**에서 한반도의 독립 문제가 최초로 거론된 후 1945년 2월 소련의 **얄타회담**에서 미, 영, 소의 연합국 수뇌부가 모여 독일의 패전 이후의 관리 문제와 소련의 2차 세계대전 참여 문제를 논의하는 과정에서도 다루어졌다. 독일이 연합군에 의해 4월 말 패전한 후 7월 독일의 전후 처리 문제로 미, 영, 소가 **포츠담**에서 회의를 하였는데 일본의 항복과 한국의 독립문제가 본격적으로 논의되었으며 8월 연합군은 일본의 항복을 받아내었다.

건국 준비

일본이 패망하고 미군이 한반도에 민주주의 국가를 건설하는 것을 돕겠다는 포고문을 발표하자 1944년 여운형이 비밀리에 만들었던 좌익 중심의 조선건국동맹이 급히 우익 인사인 안재홍 등을 영입하여 '건국준비위원회(이하 건준)'를 발족하였다. 그러나 핵심인사 대부분은 박헌영의 공산당 계열이었다. 당시 충칭에는 **대한민국 임시정부**가 있었고 중국 옌안에는 사회주의 세력이 장악한 **조선독립동맹**이 있었으며 서울에는 여운형, 안재홍 등의 좌우합작으로 설립한 **조선건국동맹**이 있었다. 조선독립동맹은 중국에서 항일운동을 하던 김두봉, 한빈 등이 주축이 된 화북조선청년연합회가 중심이 되어 결성된 단체로 1942년 조선독립동맹으로 개칭하였으며 이들은 북한정부수립에 기여한 단체이다. 임시정부도 인정을 받지 못하여 개인 자격으로 입국하였다. 건준은 서울의 풍문여중에 사무소를 두고 건국준비 선전과 치안 활동을 개시하였다. 일본은 패망의 기운이 드리우자 조선총독부는 건준과 일본의 한반도 철수에 대하여 협의하였다.

건준은 1945년 9월 전국인민대표자회의를 열어 건준을 해체하고 **조선인민공화국**을 선포하여 주석에 이승만, 부주석에 여운형, 총리에 허헌 등을 임명하였다. 그러나 송진우, 김성수, 장덕진 등은 임시정부봉대론을 주장하며 이를 불인정하며 오히려 조선인민공화국 타도 성명을 발표하였으며 9월 한국민주당을 창당하였다. 주석으로 추대된 이승만도 귀국하여 10월 독립촉성중앙협의회를 발족시키면서 조선인민공화국의 주석 취임을 거부하였다. 이에 여운형은 11월 동조직을 정당화하여 11월 **조선인민당**으로 개편하였다. 그러나 남한주둔 미군사령관 하지(John Reed Hodge)가 조선인민공화국이 정부 행세를 하는 것은 불법이고 이를 단속하여야 한다고 경고하였다. 여운형은 1946년 박헌영, 김원봉, 백남운 등 좌익세력들과 함께 **민주주의민족전선**을 발족시켰다.

일본의 항복 후 북한은 소련이, 남한은 미군이 38선 기준으로 분할통치를 시작하였다. 미 군정은 기존의 관리들과 영어에 밝은 사람들을 기용하여 통치하였다. 이 시기에 건국 준비를 하는 많은 단체들이 생겨났다. 만주에서 임시정부 요인들이 결성하여 한반도로 들어온 **한국독립당**(김구), **한국민주당**(김성수, 송진우), **조선공산당**(박헌영), **조선인민당**(여운형), **독립촉성중앙협의회**(이승만) 등이 있었다.

정부 수립

1945년 12월 미, 영, 소의 외상들이 모스크바에서 한반도의 정부 수립에 대하여 논의를 하였다(**모스크바 3국외상회의**). 여기에서 한반도에 임시정부를 수립하고 임시정부의 수립은 미소공동위원회가 수행하기로 하였다. 5년 이내를 기한으로 하는 신탁통치를 실시하며 이는 임시정부와의 협의를 거쳐 미, 영, 중, 소의 4개국이 심의한 후 실시한다는 것이었다.

신탁통치에 대하여 한국독립당, 한국민주당 등 민족주의 진영은 극렬히 반대하였고 조선인민당, 조선공산당 등 사회주의 진영은 처음에는 반대하다가 갑자기 찬성으로 돌변하였다. 그러나 1946년 임시정부 수립을 논의하기 위여 열린 제1차 미소 공동 위원회에서는 미국이 모든 단체를 망라하는 임시정부를 구성하자는데 반해 소련은 신탁통치 찬성세력만 참가시키자고 하여 결론을 내리지 못하였다. 미군은 아직 사회주의 세력이 건재하고 미 군정을 지원할 우익세력이 약하여 군정을 지지할 우익세력을 불리기 위하여 시간을 벌어보자는 속내도 있었을 것이다. 미군정은 조선공산당이 일제가 조선은행권을 발행하던 건물을 접수하여 조선정판사를 설립하여 위폐를 조작하였던 **조선정판사 사건**, 박헌영을 비판하는 조봉암의 서신을 공개하는가 하면 좌익신문 정간, 조선정판사 사건과 관련된 박헌영과 미 군정을 비판하는 선언서를 발표한 이강국 체포령 등 공산주의자들의 활동을 경계하였다. 박헌영과 이강국은 이후 월북하였다가 김일성에게 숙청당하였다.

임시정부 수립을 위한 1차 미소공동위원회가 결렬되자 이승만은 정읍에서 미 군정하인 남한만이라도 임시정부를 조직하여 38선 이북의 소련을 몰아내야 한다고 주장하였다. 우파와 좌파의 대립이 심해지자 미군은 극단적 우파(이승만 등)과 극단적 좌파(박헌영 등)를 배제시키고 좌우합작을 주선하였다. 여운형, 김규식 등을 참석시켜 좌우합작위원회를 발족시켰고 좌우합작 7원칙을 발표하는 등 **좌우합작운동**을 전개하였으나 이승만, 박헌영 등의 관심을 받지 못했고 미군도 입법의원을 설치하고 별다른 관심을 보이지 않자 흐지부지되었으며 1947년 여운형이 피살되었고 김원봉은 월북하여 북한의 주요 요직을 역임하다가 한국전쟁이 끝나고 숙청당하였다.

이어 1947년 제2차 미소공동위원회에서도 소련은 남한에서 사회주의세력을 탄압하는 것을 문제 삼았고 미국은 그것은 내정간섭이며 북한에 감금된 민족인사를 석방하라고 하면서 결렬되었다.

임시정부 수립이 불발되자 미국은 임시정부 수립에 관한 내용을 UN총회에 상정하였고 소련은 한국 문제의 UN 상정은 미소 간의 협정을 위반하는 것이라고 주장하였다. 그러나 UN총회에서 UN임시한국위원단을 구성하고 이들의 감시하에 인구비례에 의한 총선거를 실시할 것을 결의하였다. 소련이 위원단의 북한 입국을 거부하자 UN에 재상정하여 1948년 2월 UN소총회에서 선거가 가능한 지역에서의 총선거를 결의하였다.

남한만의 총선거에 반대하는 김구, 김규식 등은 북한의 김일성, 김두봉 등에게 **남북회담**을 제의하는 서신을 보냈고 북이 이를 수락하여 평양에서 남북의 정당, 사회단체 등을 아우르는 연석회의를 하자고 회답이 왔다. 미 군정청과 각계의 반대에도 불구하고 방북을 하였고 회의 후 김구, 김규식, 김일성, 김두봉 간의 이른바 4김회담에서 중요한 4가지 사항을 협의하였는데 뤼순에 있는 안중근 유해 국내 이장 문제와 조만식의 월남 허용 문제는 뒤로 미루어졌고 연백평야에 물을 공급하는 수리조합 개방과 북한에서 남한으로 중단된 전력 송출의 재가동은 즉시 시행하기로 하였으나 북한은 며칠 만에 중단하는 등 약속을 어겼다. 5.10 총선거 후 북한에서 제2차 남북협상 제의가 왔으나 북한 단독 정부를 수립하는 데 이용을 당하는 것이라 판단한 김구가 이에 불응하였다. 김구는 이후 치러진 5.10 총선거에도 불참하였다.

◉ 남북협상에서 발표된 남북통일정부 수립 방안

첫째, 소련이 제의한 바와 같이 우리 강토에서 외국군대가 즉시 철거하는 것이 조선 문제를 해결하는 유리한 방법이다.

둘째, 남북정당사회단체지도자들은 우리 강토에서 외국군대가 철퇴한 뒤에 내전이 발생할 수 없다는 것을 확인한다.

셋째, 외국군대가 철퇴한 이후 다음 연석회의에 참가한 모든 정당사회단체들은 공동명의로써 전조선정치회의를 소집하여 임시정부를 수립하고 통일적 조선입법기관을 선거하여 통일적 민주정부를 수립해야 한다.

넷째, 위의 사실에 의거하여 이 성명서에 서명한 모든 정당사회단체들은 남조선단독선거의 결과를 결코 인정하지 않을 것이며 지지하지도 않을 것이다.

미 군정법령으로 국회의원선거법이 공포되고 1948년 5월 10일 **총선거**가 실시되었는데 총 유권자의 96.4%인 784만 명이 선거인명부에 등록되고 이 중 95.5%가 선거에 참여하였다. 애초 소선거구제를 실시하여 정원 300명을 선출할 계획이었으나 북한을 제외한 200개 선거구를 확정하였다. 48개의 정당이 참여한 가운데 치러진 선거 결과 무소속 85석, 대한독립촉성국민회 55석, 한국민주당 29석, 대동청년당 12석, 조선민족청년당 6석, 대한독립촉성농민총연맹 2석,

기타 11개 정당으로 하는 임기 2년의 제헌국회의원이 선출되었다(제주도의 2개 선거구는 4.3사건으로 1년 후 선출).

조선공산당은 활동이 지지부진하자 세력을 재정비하기 위하여 박헌영을 중심으로 1946년 11월 남조선노동당(이하 남로당)을 조직하였다. 이미 북한에는 1946년 2월 북조선노동당이 창당되어 있었고 1949년 남북의 노동당이 조선노동당으로 통합됨으로써 남로당은 김일성 지배하에 들어갔다.

1948년 7월 17일 국호를 대한민국, 국회는 단원제, 대통령중심제, 삼권분립을 골자로 하는 **제헌헌법**이 제정되었다. 이어 국회에서 실시한 대통령선거에서 이승만이 97.8%의 득표율로 임기 4년의 대통령에 선출되었고 부통령으로 이시영이 선출되었다. 김구는 대통령과 부통령에 모두 입후보했으나 낙선하였고 훗날 1949년 육군 소위 안두희에게 암살되었다. UN의 승인을 얻어 대한민국이 탄생하였다. 북한에서도 김일성을 수상으로 하는 **조선민주주의인민공화국**이 들어섰다.

그러나 정부 수립 당시의 사회 상황은 어수선하였다. 1947년 제주도에서 3.1절 기념행사를 마치고 시가행진 도중 경찰의 발포로 6명이 사망하는 사건이 발생하자 남로당 제주도당이 반경찰활동을 부르짖으며 민관총파업을 주도하였다. 대대적인 주동자 검거작전이 벌어지고 월남한 인사들이 주축이 된 우익단체 **서북청년회**도 좌파세력을 색출한다며 경찰지원 등의 활동을 하였다. 1948년 4월 3일 남로당계는 경찰지서와 우익단체 요인들의 집을 습격하는 등 제주도를 혼란속으로 몰아넣었다. 이로 인하여 제주도의 3개 선거구 중 2

개 선거구가 과반수 투표 미달로 무효 처리 되었고 1년 뒤 재선거가 치러졌다. 1949년 남로당 요원이자 무장대장인 이덕구가 사살되면서 제주도의 **4.3사건**은 막을 내렸다.

한편 제주도에서 4.3사건이 일어나자 군과 경찰은 여수에 주둔하던 군대에서 약 3,000여 명을 진압군으로 파견하기로 하였다. 부대 안에서 좌익이었던 중위 김지회, 중위 홍순석, 상사 지창수 등은 군대 내에서 좌익세력의 내란음모사건이었던 **혁명의용군사건**이 터져 소령 오동기가 구속되자 처벌을 받을 것이 두려워 반란을 일으켜 **여수와 순천**을 장악하였다. 정부의 대대적인 진압작전이 벌어졌고 여기에서 살아남은 반란군들은 백운산, 지리산 등으로 들어가 빨치산 활동을 영위하였다. 이 사건으로 인하여 '**국가보안법**'이 제정되었고 중등학교 이상의 학생들을 대상으로 하는 **학도호국단**이 발족되었다.

제헌국회는 과거 친일파들을 청산하기 위하여 **반민족행위처벌법(반민법)**을 제정하여 반민족행위특별조사위원회(반민특위), 특별재판부, 특별검찰부를 설치하고 친일파 색출에 들어갔다. 그러나 일부 친일파들이 정부 요직에 들어가 있었고 이승만도 반민법을 탐탁지 않게 여겼으며 친일파들의 견제도 심하였다. 1949년 6월 일본 경찰 출신 간부들이 반민특위를 습격하는 **반민특위습격사건**이 발생하였고 친일분자들의 강력한 처벌은 주장하는 일부 의원들이 간첩 혐의로 구속되는 **국회프락치사건**도 발생하였다. 결국 공소시효를 2년에서 1년으로 줄이고 반민특위도 해체되었으며 업무도 대법원과 대검찰

청으로 이관되었다. 활동 결과 7명이 실형을 받았고 이들도
재심청구를 하여 석방되는 등 친일파와의 연결고리를 완전
히 끊어내지 못하였다. 친일파 청산에 대한 문제는 아직도
한국사회에서 현재진행형이라 여기까지만 하기로 한다.

　일본이 물러가고 토지 소유권 문제를 두고 북한이 무상몰
수, 무상분배의 방식으로 토지개혁을 하자 대한민국은 1949
년 농지개혁법을 제정하여 유상몰수, 유상분배의 방식으로
농지개혁을 추진하였다. 농지 보유 한도를 3정보(29,752㎡,
9,000평)로 제한하였다. 12월에는 귀속재산처리법을 제정하
여 미 군정이 접수한 토지를 정부로 이관하여 민간에 불하
하였다. 그러나 조선 말과 일제강점기를 거치면서 소유권 등
이 문제가 되었고 경자유전의 원칙에 따라 분배하였다. 그
러나 그나마도 1950년 한국전쟁이 일어나면서 문서가 소실
되고 또 중첩되는 등 애로사항이 많았다.

6.25 전쟁(한국전쟁)

　북한에서도 소군정의 지원하에 정부 수립을 위한 움직임
이 있었다. 소련의 지원 아래 사회주의 개혁이 이루어졌고
그 과정에서 사회주의에 불만을 품은 사람들이 대거 월남
하였으며 남한에서도 정부 수립에 불만을 품은 사회주의자
등이 월북하였다. 1948년 8월 15일에 남한정부가 들어섰고
9월 9일에는 북한에 김일성 세력의 단독정권이 들어섰다.
그러나 월북하지 않고 남한에 남아 정부 수립에 반대하는
사회주의 세력이 남한사회를 혼란스럽게 하자 김일성은 무

력통일 방침을 세우고 군사력을 강화하는 한편 소련과는 **조소군사비밀협정**을 체결하였고 중공과는 **상호방위조약**을 체결하여 전쟁에 만반을 기하였다. 또한 김일성은 모스크바를 방문하여 스탈린으로부터 남침을 승인받았다.

국제적인 변화도 북한의 무력 침략계획에 기름을 부었다. 1949년 6월 **미군이 철수**하였고 10월에는 마오쩌둥에 의하여 **중국이 공산화**되었다. 1950년 1월에는 미 국무장관 에치슨이 미 극동방어선에서 한국과 대만을 제외한다는 **에치슨라인**이 발표되었다.

1950년 6월 25일 새벽 북한군은 38선 전역에서 불법으로 **기습남침**을 감행하였다. UN에서는 안보리가 긴급 소집되어 북한에 대하여 전투행위를 그만두고 38선 이북으로 철수할 것을 결의하였으나 북한은 이를 묵살하였다. 북한의 침략을 예상하지 못한 한국군은 후퇴를 거듭하였다. 이승만과 3부 요인들이 한강을 건너자 한강 인도교와 광진교를 폭파하여 미처 한강을 넘지 못한 피난민들은 배를 타고 한강을 건넜다. 남침 이틀 만인 6월 27일 서울이 함락되었고 7월에는 북한군이 한강을 건너서 남침을 지속하였다. 유엔에서는 북한을 침략자로 규정하고 맥아더를 사령관으로 하는 UN군을 파견하였다. 7월 말 낙동강까지 밀린 유엔군과 한국군은 필사적인 사투를 벌였고 남한을 장악한 북한군은 점령지역에 인민위원회와 전위단체를 조직하여 전쟁수행을 위한 동원정책과 인민재판을 열어 공포감을 조성하였다. 북한군은 청년과 소년들을 의용군이란 이름으로 강제 징집하여 전선으로 내몰았다(이들이 훗날 포로송환 문제의 반공포로의 주류를 이루었다). 1950년 7월 14일 이승만은 유엔사령관인 맥아더에게 작전지휘권을 넘긴다는 **대전각서**를 작성하였다(1994년에 평시 작전통제권은 한국군으로 전환되었다). 1950년 9월 15일 맥아더가 한국군과 합세하여 **인천상륙작전**을 개시하여 성공하자 전세가 역전되어 9월 28일 서울을 탈환하였다. 이에 중공의 주언라이는 유엔군이 38선을 넘으면 UN결의 위반이며 중공이 좌시하지 않겠다고 통첩하였으나 맥아더와 트르먼은 중공의 경고를 경시하고 압록강 부근까지 진격하자 중공군이 개입하였고 이러한 사실을 뒤늦게 안 맥아더는 중공군이 불법행위를 저지르고 있다는 성명을 발표하고 압록강에 가설된 다리를 폭파할 수 있도록 해 달라고 UN에 요청하였다. 덧붙여 중공의 동북부에 대한 공격도 요청하였다. 그러나 미국의 요청으로 열린 UN회의에서 다리 남쪽에 대한 폭파는 허가하였고 중공에 대한 공격은 불허되었다. 중공군의 개입으로 UN군과 한국군은 밀려 후퇴하였고 퇴로가 끊긴 함경도 지역 피난민들은 흥남에서 배로 철수하였다. 서울에 소개령이 발동되었고 서울은 다시 중공군에 빼앗겼다. 서울 시민들은 다시 남쪽으로 피난길에 올랐으니 이것이 **1.4후퇴**이다. 이후 한강을 사이에 두고 공방전이 계속되었고 접경지역에서의 전투는 지속되었으며 1951년 3월 서울을 재탈환하였다. 1951년 4월 미국 대통령 트루먼은 전략에서 갈등을 빚던 맥아더를 해임하고 미8군 사령관이었던 리지웨이를 UN사령관으로 임명하였는데 이후 NATO 사령관으로 가게 된 리지웨이 후임으로 클라크가 취임하였다.

서울을 재탈환한 후 양쪽은 38선 부근에서 치열한 공방전을 거듭하면서 휴전을 모색하였다. 1953년 휴전협정을 위한 **포로송환협정**이 체결되었는데 이 소식을 들은 이승만은 27,000명에 해당하는 반공포로를 단독으로 석방하였다. 이는 유엔군의 반발을 사기도 했으나 결국 1953년 7월 휴전협정이 체결되어 유엔, 북한, 중공의 총사령관들의 합의에 의하여 휴전되었고 **휴전선이 설치**되었다. 휴전협정의 주요 내용은 비무장지대인 DMZ 설치, 군사정전위원회 설치, 중립국 감시위원단 설치 등이었다.

김일성의 망상으로 일어난 이 무모한 전쟁으로 한국군 전사자 41만 5천 명을 포함, 약 133만 명이 희생되었으며 유엔군도 전사자 3,100명을 포함하여 16,500여 명이 희생되었다. 1953년 한국은 미국과 **한미상호방위조약**을 체결하여 전쟁 재발을 막고자 하였다. 이 전쟁으로 일본은 전쟁 특수로 호황을 누렸고 한국은 미국의 군사적, 경제적 원조를 받았으며 북한에 대한 중국의 영향력이 확대되었다.

유엔군의 참전 규모로는 미국은 보병 7개 사단, 해병 1개 사단, 연대 2개 전투단 그리고 미 극동해군과 미제7함대와 극동 공군 등 무려 30만 명을 파견한 것을 비롯하여 영국, 오스트레일리아, 네덜란드, 캐나다, 뉴질랜드, 프랑스, 필리핀, 터키, 타이, 그리스, 남아프리카공화국, 벨기에, 룩셈부르크, 콜롬비아, 에티오피아 등 전 세계에서 참전하였다.

☝ 이승만 정부(1948~1960)

　초대 국회의원들은 내각책임제 개헌안과 차기 국회의원 선거 등을 둘러싸고 의견이 대립되었다. 1950년 2대 국회의원 선거가 치러졌는데 당시 정당 29개, 기타 사회단체 등이 210석의 의원 자리를 놓고 격돌하였다. 이승만을 지지하는 세력이 **대한국민당**을 창당하였는데 2대 국회의원선거는 보수파(대한국민당, 민주국민당 등)와 혁신파(사회당, 민족자주연맹 등)의 대결 양상을 띠었다. 2대 국회의원 선거 결과 대한국민당 24석, 민주국민당 24석을 얻어 보수파가 압승하였고 무소속이 126석을 얻어 무소속이 대거 약진하였다. 1950년 6.25 전쟁으로 정부는 부산으로 이전하였고 1953년 휴전협정 시까지 부산에 있었다(1950년 10월 27일~1951년 1월 4일까지는 서울에 있었다). 1951년 이승만은 신당 창당을 선포하고 지지자들과 함께 **자유당**을 창당하였다. 자유당은 무소속의원들이 총선을 통하여 약진하여 대통령 당선을 자신할 수가 없게 되자 대통령직선제 개헌을 국회에 상정하였으나 국회에서 압도적으로 부결되었다. 그러자 자유당은 어용단체를 이용하여 관제데모를 일으켰고 부산 일대에 계엄령을 선포하자 장면총리는 이에 반대하며 사임하였다. 1952년 4월 이승만은 사임한 장면총리 자리에 장택상을 임명하여 그가 이끌던 신라회를 개헌 지지세력으로 끌어들였다. 야권에서는 내각책임제를 주장하였는데 장택상이 대통령직선제와 양원제를 골자로 하는 발췌개헌안을 상정하여 기립 투표방식으로 진행하여 통과시켰다. 이를 **발췌개헌**이라 한다.

1952년 개헌에 따라 실시된 대통령선거에서 무소속의 조봉암을 누르고 이승만이 당선되었고 부통령으로는 이승만이 지지한 무소속 함태영이 자유당의 이범석을 누르고 당선되었다. 자유당은 1953년 이범석을 지지하던 족청계를 숙청한다는 명목으로 자유당에서 제명하였다. 대통령 중임에 성공한 이승만은 초대 대통령에 관하여 3선 제한을 철폐하려는 시도를 하였다. 이에 이승만은 헌법 개정에 찬성하는 자들을 대거 민의원 선거에 출마시켜 당선시켰다. 1954년 5월 치러진 국회의원선거에서 자유당이 압승을 거두었다. 이 시기에 UN에서 한국 통일을 위한 선거안이 제기되자 이를 국민투표에 부쳐야 한다며 국민투표안과 함께 초대 대통령 삼선 금지 철폐안을 같이 국회에 상정하여 비밀투표를 한 결과 찬성 정족수인 136표에 미달하여 부결되었다고 선포하였다. 그러나 자유당은 의결정족수가 135.33이며 사사오입의 수학 논리에 따라 135명이면 가결되었다고 하자 이에 반발한 야당의원들은 퇴장하였고 통과된 것으로 정정하여 발표하였다. 이를 **사사오입 개헌**이라 한다. 이러한 자유당의 횡포에 반발하여 장면, 정일형 등이 1955년 야당을 통합한다는 명분으로 **민주당**을 창당하였다.

이 헌법에 따라 1956년 치러진 3대 대통령선거에서 선거기간 중 민주당의 신익희 후보가 뇌일혈로 사망하였다. 대통령으로 이승만은 당선되었지만 진보당의 조봉암이 30%

를 득표하는 약진을 보였다. 부통령은 민주당의 장면이 자유당의 이기붕을 누르고 당선되었으며 1958년 진보당이 간첩과 연루되어 있다는 **진보당사건**으로 조봉암은 사형에 처해졌다.

이승만 정부는 집권 기간 동안 농지개혁과 일제 귀속재산 처리 등의 해결을 위하여 정부채권을 발행하였고 국방과 경제는 미국의 도움을 받았다. 그 결과 원조품으로 들어온 **삼백산업**(밀가루, 면직물, 설탕)이 발달하였다. 또한 대북관계는 강력한 **반공정책**을 유지하였고 북진통일을 주장하였다.

❷ 장면 정부(1960~1962)

이승만은 부통령 후보 이기붕과 함께 4대 대통령선거에 출마하였다. 민주당에서는 조병옥과 장면을 정, 부통령 후보로 내세웠다. 그러나 이번에도 조병옥이 선거기간 중 급사함으로써 초점은 부통령 선거에 맞추어졌다. 이기붕을 부통령으로 만들기 위한 공무원들의 동원, 4할의 사전투표, 공개투표 등의 부정과 자유당의 부정선거 지령 폭로, 전남 여수와 광산에서 민주당 간부의 테러로 인한 사망 등의 사건이 일어나자 민주당은 확대간부회의를 열어 정부에 부정선거 엄단을 요구하고 국민들에게 부정선거의 불참을 호소하였다. 1960년 대선 개표 결과 이승만과 이기붕이 88.7%, 79%의 득표율로 당선되자 부정선거에 대한 국민들의 저항이 거세게 일어났는데 이는 **4.19혁명**의 도화선이 되었다.

4월 부정선거를 규탄하는 시위 도중 마산 앞바다에 최루탄이 눈에 박힌 청년(김주열)의 시체가 발견되자 학생들과 시민들까지 시위에 합세하면서 시위는 극에 달하였다. 4월 19일 서울에서 학생들과 시민들은 경무대로 행진하였고 경찰과 무력충돌을 벌이자 정부는 전국 주요도시에 **비상계엄령**을 선포하였다. 이승만 정부는 이를 수습하고자 이기붕에게 부통령을 사임하게 하였다. 이승만은 또한 대통령 유고 시 권한대행을 수행토록 하기 위하여 전 서울시장 허정을 권한대행 순서상 1순위인 외무부장관에 임명하였다. 그러나 이승만이 대통령직을 유지하고 있자 시위는 더욱 격렬해졌고 반공청년단과 자유당 간부의 집을 습격하고 방화하는 등 심각한 사태를 맞았다. 이승만이 대통령직에 있어서는 해결이 되지 않을 것이라 판단한 계엄사령관 송요찬, 외무부 장관 허정, 미 대사 맥카나기 등이 이승만에게 사퇴를 압박하였고 결국 이승만이 물러나 미국 망명길에 올랐다.

이승만이 사임한 후 **허정의 과도정부**가 시작되었는데 허정은 부정선거 관련으로 전직 관료 9명, 자유당 간부 15명을 기소하고 여러 은행장들을 불법선거자금 제공 혐의로 구속하였다. 또 자유당 정권과 공모하여 유명인사들에게 테러를 자행하던 정치깡패 등을 체포하였다. 그러나 허정 정부는 기존 사회의 모순을 바꿀 준비가 되지 않았고 법적 테두리

내에서 해결하려 하였다.

1960년 6월 양원제를 통한 의원내각제를 골자로 하는 개정 헌법이 통과되어 새로운 선거법이 시행되었다. 새 선거법에 의한 민의원 선거에서 민주당이 224석 중 199석을 차지하는 압승을 거두었다. 대통령도 양원합동회의에서 선출하는 방식에 따라 민의원, 참의원 합동회의에서 윤보선과 장면을 대통령과 총리로 선출하였다. 대통령은 의례적인 국가원수이고 정치적 실권은 총리에게 있었다. 이렇게 **제2공화국**이 출범하였다. 선거 압승으로 민주당이 집권하였지만 혁명의 주체세력이 아니어서 국민들의 기대를 반영하지 못하였을 뿐만 아니라 과거 야당 시절 이승만 정권의 비판과 관련하여 이미 당내에는 여러 계파가 존재하였고 반독재 투쟁을 해 왔었기 때문에 강력한 개혁정책을 펴는데도 문제점을 노출시켰다. 1961년 체결된 미국의 지원에 관한 협정인 한미경제협정이 한국의 주권에 심각한 침해를 줄 수 있다고 하여 반대시위가 일어났으나 이에 대하여 국민들을 설득하는 데에도 실패하였고 협정을 강행하여 체결하였다. 지방자치단체(시, 읍, 면)의 장은 주민의 직접선거로 선출하였고 경찰의 중립을 제도화하였다. 그러나 6.25 전쟁을 겪으면서 군인이 60만 명으로 늘어났는데 경제적 부담을 줄인다는 명목으로 10만 명의 감군을 계획하였다. 이는 군부의 불만을 불러왔다.

❸ 박정희 정부(1963~1979)

　제2공화국은 국민들의 민의를 반영하지 못하였을 뿐만 아니라 당내의 세력 다툼으로 어지러웠고 특히 정당, 언론 완화로 진보당 사건 이후 혁신세력이 다시 일어나는 등 사회가 혼란스러웠다. 1961년 5월 16일 박정희를 중심으로 한 군부세력이 6개 항의 공약을 내세워 **군사정변**을 일으켰다.

🌼 군사정변 6개 항

　① 반공을 제일의 국시로 삼고 반공태세를 강화한다.
　② 미국을 위시한 자유우방과 유대를 강화한다.
　③ 부패와 사회악을 제거하고 청렴한 기풍을 만든다.
　④ 민생고를 시급히 해결하고 국가자주경제의 재건에 총력을 기울인다.
　⑤ 통일을 위하여 공산주의와 대결할 실력을 기른다.
　⑥ 양심적인 정치인에게 정부를 이양하고 군은 본연의 업무로 복귀한다.

　군사정변을 일으킨 군부세력은 정부 주요 기관과 방송국

을 점령하였으며 장면내각은 군사정변에 의하여 붕괴되었다. 군사혁명위원회를 설립하여 정부를 장악한 군부세력은 **국가재건최고회의**를 구성하여 반공을 제1의 국시로 삼고 북한과 협상을 주도하던 남북협상세력 2,100여 명을 체포하였다. 국회를 해산시켰으며 구호, 학술, 종교단체를 제외한 정당과 사회단체를 해산시키고 일체의 정치활동을 금지시켰다. 많은 잡지와 신문도 폐간시켰다. **중앙정보부**를 창설하였고 부통령이 없는 **대통령중심제, 대통령직선제, 단원제 국회**로 헌법을 개정하였다.

혁명을 주도한 군부세력은 대거 군복을 벗고 민간인 신분으로 **민주공화당**을 설립하여 5대 대통령선거에 박정희를 민주공화당 후보로 출마시켰다. 야당인 민정당의 윤보선 후보를 근소한 표차로 누르고 당선되어 **제3공화국 시대**를 열었다.

박정희 정부는 1951년부터 진행되어온 한일회담을 성사시켰다. 경제개발이 절실하였고 미국의 원조가 줄어들고 있는 상황에서 일본이 무상자금 3억 달러, 2억 달러의 장기저리 정부차관, 3억 달러 이상의 상업차관을 골자로 하는 한일협정을 협상하였다. 이 협상 내용이 알려지자 식민지배의 반성을 받아내지 못한 굴욕외교라며 이를 규탄하는 시위가 일어나기도 하였으나 1965년 6월 **한일협정**이 체결되었고 야당이 불참한 가운데 여당만으로 국회 비준을 받아 발효되었다.

한편 1960년 베트남에서 전쟁이 일어났다. 전쟁에 가담한 미국은 한국에 파병을 요청하였고 파병 요청이 국회를 통과하여 원조 제공과 경제협력 약속을 받아내는 **브라운각서**를 체결하면서 1965년부터 베트남 파병이 이루어졌다. 1973년까지 지속된 베트남 파병으로 한국은 약 10억 달러의 수입과 기업의 해외 진출, 수출 증대 등 많은 성과를 이루어냈다.

1968년에는 국민의 윤리와 정신적 기반을 확립하고자 '국민교육헌장'이 제정되었다. 1969년에는 중학교 무시험제도를 시행하였으며 1970년부터 잘살기 운동의 일환으로 도농간 빈부의 차를 해소하기 위하여 근면, 자조, 협동정신을 강조하는 **새마을운동**을 전개하였다. 이 운동은 현재 해외에서도 재조명하고 있다.

1970년대 들어서서 정부는 남북관계 긴장 완화를 위하여 평화통일을 위한 구상을 추진하여 1971년 대한적십자사가 **이산가족찾기운동**을 북한 적십자사에 제의하였는데 북한이 이를 수락하여 판문점 중립국 감독위에서 첫 실무회담을 가졌다. 1972년에는 자주, 평화, 대단결의 원칙을 골자로 하는 남북한 당사자 간 최초로 합의한 **7.4 남북공동성명**이 발표되었다. 이 공동성명의 합의사항을 추진하고 남북관계를 발전시키기 위한 **남북조절위원회**도 설치되었다. 1973년에는 남북 동시 유엔가입과 모든 국가에 문호를 개방하자는 6.23 평화통일선언을 하였으나 북한이 이를 거부하면서 7.4 남북공동성명도 그 빛을 잃고 말았다.

제3공화국은 경제개발에 많은 공을 들였다. 1962년부터 시작된 **경제개발 5개년 계획**은 한국경제의 비약적 발전을 가져왔다.

1차 경제개발계획(1962~1966)은 **노동집약적 경공업제품인** 의류, 신발, 잡화 등에 치중하였다. 한편으로 외화를 획득하기 위하여 서독(당시 독일은 자유주의의 서독과 공산주의의 동독으로 분리되어 있었음)에 **광부와 간호사**를 파견하기 시작하였다.

2차 경제개발계획(1967~1971)은 비료, 시멘트, 정유 산업 등 기간 산업 육성과 고속도로, 항만 등 **사회간접자본**에 초점을 두었다. 1차와 2차 경제개발계획 기간에 경제성장률이 연 10%에 육박하는 비약적인 발전을 이룩하였고 1968년에는 야당의 반대를 무릅쓰고 물류수송의 핵심인 **경부고속도로**를 건설하였다.

제3차와 제4차 경제개발계획(1972~1981)은 철강, 화학, 비철금속, 기계, 조선, 전자 등 중화학공업의 육성에 힘을 기울였고 조선과 자동차 단지 건설과 원자력발전소도 건립하였다.

1973년 제1차 석유파동이 일어나자 건설업이 중동으로 진출하여 외화를 획득하면서 극복하였고 1979년 제2차 석유파동 때에는 중화학공업 구조조정으로 돌파하였다. 1977년에는 **수출 100억 달러**를 달성하였고 처음으로 경상수지 흑자를 기록하였다. 1970년대 중화학공업 드라이브 정책으로 이룩한 엄청난 성과를 두고 **'한강의 기적'**이라고도 부른다.

눈부신 경제 성장을 바탕으로 1966년 치루어진 6대 대통령선거에서 박정희는 윤보선을 물리치고 무난하게 재선에 성공하였다. 이에 힘입어 박정희는 1969년 대통령의 3선 연임을 허용하는 **삼선개헌**을 국회에서 통과시키고 이어 1970년 치러진 7대 대통령선거에서도 김대중을 물리치고 대통령에 당선되었다. 박정희는 1972년 한국적 민주주의를 정착시킨다는 명분 하에 10월 17일 비상조치를 발표하고 **유신헌법**을 제정하면서 **제4공화국** 시대를 열었다.

유신헌법의 내용은 대통령의 권력 강화에 있었다. 대통령에게 긴급조치권과 국회해산권 부여, 대통령선거를 직선제에서 통일주체국민회의에서 선출하는 간접선거, 대통령 임기를 6년으로 연장하고 연임제한 철폐, 유신정우회(국회의원 정수의 1/3을 대통령의 추천에 의하여 통일주체국민회의에서 승인한 국회의원으로 유정회라고 불리기도 함)를 통한 국회 입성, 대통령의 법관 임명권 등이 골자로 사실상 대통령에게 삼권을 아우르는 막강한 권한을 부여하는 헌법 개정이었다.

1972년 신헌법에 의하여 치러진 8대 대통령선거에 박정희가 단독 출마하였고 통일주체 국민회의 의원의 99.9%의 지지를 받아 당선되었다.

막강한 권한을 대통령에게 부여하는 유신헌법의 제정은 국민들의 반발을 불러왔으며 유신반대시위가 일어나자 정부는 1974년부터 계속적으로 긴급조치권을 발동하였다. 이 와중에 1974년 **전국민주청년학생총연맹(민청학련)사건**과 제2차 **인혁당사건(인민혁명당 재건위원회 사건)**이 일어나 8명을 사형시켰는데 이 사건은 유신반대투쟁을 더욱 고조시켰다. 1976년에는 김대중, 함석헌 등이 명동성당에서 **'민주구국선언문'**을 발표하였다. 이 와중에 1978년 실시된 대통령선거에서 단독 출마한 박정희가 9대 대통령에 당선되었다. 1979년에는 농성 중이던 노동자가 연행과정에서 숨지는 **YH무역사건**이 일어났다. YH무역사건의 농성장이 민주당사였고 이의 책임을 물어 당시 민주당 총재였던 김영삼을 제명시키고 가택구금을 하였다. 이에 부산과 마산에서 김영삼 제명을 반대하는 **부마항쟁**이 일어나자 정부는 부산에 비상계엄령을, 마산에 위수령을 발동하여 진압하려 하였다.

그러던 1979년 10월 26일 중앙정보부장 김재규가 박정희를 시해한 **10.26사건**으로 제4공화국은 막을 내렸다.

🌑 7.4 남북 공동성명

정부의 남북적십자회담 제안이 북측에 의하여 받아들여지자 1972년 8월까지 25차례의 예비회담, 이후 1973년 7월까지 7차례의 본회담이 진행되었는데 이 과정에서 공동성명의 기초가 도출하였다. 정홍진(중앙정보부장 이후락의 신임장 지침)과 김덕현(북한노동당 조직지도부장 김영주의 신임장 지침) 간의 판문점에서의 비밀접촉도 이루어졌다. 1972년 5월 이후락 중앙정보부장이 평양을 방문하여 기본적인 틀이 완성되었다. 이러한 와중에 김일성이 일본의 요미우리 신문과의 인터뷰에서 이러한 사실을 공개하자 정홍진과 김덕현이 판문점에서 만나 실무접촉을 가졌고 공동선언에 가서명하고 서울과 평양에서 각각 발표하였다. 그 내용을 살펴보면 다음과 같다.

1. 통일은 외세에 의존하거나 외세의 간섭 없이 자주적으로 해결한다.
2. 통일은 상대방의 반대하는 무력행사 없이 평화적 방법으로 실현한다.
3. 사상, 이념, 체제의 차이를 초월하여 하나의 민족으로 민족대단결

을 도모한다.

또한 쌍방은 ① 긴장상태 완화, 상대방 중상, 비방 중지 ② 무장도발 중지, 불의의 군사적 충돌사고 방지 합의 ③ 남북 간 다방면적 제반 교류 실시 ④ 적십자회담 성사 적극 협조 ⑤ 서울과 평양 간 상설 직통전화 개설 ⑥ 이후락과 김영주를 공동위원장으로 하는 남북조절위원회의 구성과 운영 ⑦ 합의사항을 엄숙히 이행키로 함이다.

✿ 전국민주청년학생총연맹(민청학련) 사건

1973년 8월 김대중 납치사건이 발생하였다. 이 사건으로 반유신체제 운동이 도를 더하였고 이에 자극받은 대학생들이 반유신, 반체제 운동을 벌였다. 이에 정부는 긴급조치를 발령하여 일체의 개헌논의를 금지하고 위반자를 심판할 비상군법회의를 설치하였다. 정부는 조사결과 배후에 전국민주청년학생총연맹이 조종하고 있으며 이들이 정부 전복을 획책하고 있다고 발표하였다. 비상군법회의에서 8명에게 사형을 선고하는 등 180명을 구속하였고 이 사건의 변호를 맡은 강신옥 변호사가 피고인석에서 그들과 같이 재판을 받고 싶은 심정이라는 요지로 변론을 하다가 구속되기도 하였다. 이후 이는 유신정권의 용공조작사건이라 하여 2010년 520억의 배상판결이 나기도 하였다.

✿ 인민혁명당 재건위원회(인혁당) 사건

인혁당 사건은 1964년 1차, 1974년 2차의 두 차례에 걸쳐 일어났다.

1차 인혁당 사건은 당시 중앙정보부장 김형욱이 북괴의 지령을 받고 국가변란을 기도한 지하조직인 인혁당을 적발하여 검찰에 송치하였고 16명이 유죄판결을 받았던 사건이다.

2차 인혁당 사건은 1974년 민청학련사건의 배후에 인민혁명당과 조총련, 공산주의계가 복합적으로 관여되어 있으며 이들은 정부 전복 후 공산정권에 이르기 위한 과도적 기구인 민족지도부의 결성까지 계획하고 있다고 발표하였고 핵심인사 8명에 대하여 사형을 선고하고 다음 날 형을 집행하였다.

대북문제에 있어서는 박정희 정부의 강력한 반공정책이 실시되자 북한의 도발이 줄을 이었다. 1968년 김신조 일당이 청와대를 습격하려다 미수에 그친 **1.21사태**, 1월 23일 미 정보함 **푸에블로호 납치사건** 등이 일어나자 정부는 1968년 4월 **향토예비군을 창설**하고 학생들에 대한 군사교육을 제도화시켰다. 11월에는 특수부대를 침투시켜 남한을 교란시키려던 **울진-삼척 무장공비 침투사건**이 있었고 1969년 4월에는 **미 정찰기 격추사건**이 발생하였다. 정찰기 격추사건이 일어나자 미국이 북한을 공격하려 했으나 전쟁 발발을 우려한 한국의 자제 요청을 미국이 받아들여 전쟁으로 이어지진 않았다. 1976년에는 미군을 도끼로 살해하는 **판문점도끼만행사건**이 일어나는 등 끊임없이 도발하였다. 이로 인하여 반공정책은 한층 강화되었다.

❹ 전두환 정부(1980~1988)

박정희가 시해되는 10.26 사건이 발생하자 전국에 비상계엄령이 발동되었다. 당시 국무총리였던 최규하가 대통령권한대행을 맡았고 신군부를 이끄는 전두환은 합동수사본부장을 맡았다. 이어 12월 6일 진행된 대통령선거에서 단독 출마한 최규하가 10대 대통령에 당선되었다. 육군참모총장인 정승화와 합동수사본부장이던 전두환이 수사와 군 인사 문제로 갈등을 빚더니 급기야 12월 12일에 정승화가 김재규로부터 돈을 받았다는 명분으로 대통령이던 최규하의 사전 승인 없이 전두환이 정승화를 체포하였다(12.12 사태).

신군부는 국가보위비상대책위원회를 구성하여 삼권을 장악하고 사회정화를 내세워 폭력배, 사회풍토문란사범들을 소탕한다는 명분으로 **삼청교육대**를 운영하였다.

박정희 시해 후 비상계엄령이 발동된 상태에서 1980년 5월 18일 계엄군에 의해 통제된 광주 전남대에서 교내로 진입하려던 학생들과 이를 제지하는 계엄군 간의 충돌이 일어나자 학생들은 휴교령 철폐를 요구하며 시위를 일으켰고 학생들은 금남로로 이동하였는데 여기에 시민들도 합세하였다. 정부에서는 계엄군을 추가 투입하였고 시민군들도 나주, 화순 등 예비군 창고에서 무기를 탈취한 후 전남도청을 점령하였다. 시민군과 계엄군 간의 유혈충돌이 일어나자 1980년 5월 27일 대규모 진압군이 투입되어 도청을 탈환하였다.

이를 **5.18 민주화 운동**이라고 한다. 이 당시 언론인을 포함한 외부인들의 접근을 철저히 통제하였기 때문에 세부사항은 많이 알려지지 않았고 또한 이 운동을 바라보는 시각이 다양하며 5.18 민주화 운동에 대하여는 새로운 사실이 알려지는 등 현재진행형이므로 더 이상의 설명은 피한다. 이 민주화 운동은 그동안 '광주사태', '5.18 광주민중항쟁' 등으로 불리다가 1990년대에 들어 광주민주화운동으로 불리게 되었으며 김영삼 정부 시절인 1995년 5.18민주화운동 등에 관한 특별법이 제정되어 전직 대통령인 전두환, 노태우 등을 기소하였고 1990년 제정된 '광주민주화운동 관련자 보상 등에 관한 법률'이 제정되었으나 보상과 지원이 미흡하다 하여 교육·취업·의료 지원 등 그 희생에 상응하는 예우를 실행하기 위하여 김대중 정부 시절인 2002년 '5.18 민주유공자 예우에 관한 법률'을 제정하고 개정을 거쳐 오늘에 이르고 있다.

다만 다시는 일어나서는 안 될 한국사에 기록된 비운의 역사이다.

최규하는 취임 8개월 만인 1980년 8월 특별성명을 발표하고 사임하였다. 이에 1980년 8월 통일주체국민회의를 통한 11대 대통령선거에서 단일후보였던 전두환이 99.96%의 지지로 당선되었다. 서울에서 유신헌법 폐지와 신군부퇴진, 비상계엄철회를 요구하는 시위가 지속되자 정부는 비상계엄을 확대하고 대학 휴교령을 내림과 동시에 학생운동 지도부 색출 및 검거에 나섰다. 이때는 노동자들의 노동조합결성과 노동운동도 활발한 시기여서 사회는 매우 혼란하였다. 이를 서울의 봄이라고 부른다.

1980년 10월 대통령 7년 단임제와 대통령선거인단에 의한 간접선거를 골자로 하는 헌법이 개정되었다. 또한 유신헌법에서 만들어진 유신정우회가 폐지되었고 대통령이 가지고 있던 일반법관 임명권을 대법원장에게 이양하는 등 유신헌법에서 부여된 대통령에게 집중된 권력을 분산시켰다. 이 헌법을 근거로 1981년 2월 제12대 대통령선거를 실시하였는데 당시 집권당인 민주정의당 후보 전두환이 90.2%의 득표율로 대통령에 당선되었다.

1988년 하계 올림픽을 유치하였고 **과외 전면 금지**와 대학입시 본고사 폐지 및 내신 반영, 대학 복수지원을 허용하는 등 대학입시제도에 변혁을 가하였다. 대입 눈치작전이라는 신조어가 이때 탄생하였다.

중학교 의무교육을 시행하였고 학생들의 교복과 두발 자유화, 야간통행금지 해제가 실시되었고 프로야구도 이 때 출범되었다. 1985년 2월 총선 이후 야당과 재야세력이 대통령 직선제를 요구하면서 시위를 벌이며 야당인 신한민주당의 천만인서명운동으로 이어지자 정부는 1987년 4월 기존의 헌법대로 대통령선거를 치르겠다는 **호헌조치**를 발표하였다.

그러나 1986년 **부천경찰서 성고문 사건**, 1987년 **박종철 고문치사사건**이 연이어 발생하면서 상기 사건들의 진상조사 요구와 함께 대통령직선제를 요구하는 시위는 더욱 커졌다. 시위 도중 연세대학생 **이한열**이 최루탄에 맞아 사망하는 사건까지 발생하면서 시위는 절정에 달하였다. 이에 당시 여당이던 민주정의당의 대통령 후보 노태우가 직선제를 수용하겠다고 발표하는 **6.29 선언**이 있었고 곧바로 대통령 직선제와 5년 단임제를 골자로 하는 헌법개정이 이루어졌다.

전두환 정부는 성장 위주의 정책으로 저물가, 저금리, 저환율의 3저정책 기조와 부동산 투기 억제 등 안정을 최우선으로 하였는데 정부의 경제정책은 3저 현상(저유가, 저금리, 저달러)과 맞물려 호황을 맞았다.

대북문제에 대해서는 1981년 남북최고책임자회담을 제시하였으나 북이 거부하였고 1982년 민족화합민주통일방안을 제시하였으나 북한은 1국가, 2체제 방안을 고수하면서 불발되었다. 또한 정부는 북한과 경제교류를 위한 **남북경제회담**을 개최하였다.

그러나 북한은 1983년 한국의 대통령과 정부요인들을 살해하려 한 **아웅산 폭파 테러사건**, 1987년 민항기인 **KAL기 폭파사건**을 일으키는 등 끊임없이 도발하였다. 최초로 **남북이산가족상봉**이 이루어지기도 하였다.

5 노태우 정부(1988~1993)

6.29 선언 후 직선제로 치러진 대통령선거에서 노태우가 김영삼과 김대중을 꺾고 당선되었다. 대선에 이은 1988년

총선에서 **여소야대 국회**가 되자 당시 여당이던 민주정의당과 야당이던 김영삼이 이끄는 통일민주당, 김종필이 이끄는 신민주공화당이 통합하여 1990년 **민주자유당**이라는 거대 여당이 탄생하였다.

88서울 올림픽을 무사히 개최하였고 **북방 외교**(소련, 중국, 동유럽 국가들과 수교)를 시행하였으며 **남북한 동시 유엔 가입**이 이루어졌다.

북한과의 관계에서는 **한민족공동체 통일방안**(자주, 평화, 민주의 원칙 아래 과도체제인 남북연합을 구성하고 이를 실현시키기 위한 민족공동체 헌장 채택 – 남북연합 – 통일민주공화국 실현)을 제시하였다. 이를 이행하기 위하여 남북고위급회담이 지속적으로 열렸고 5차회담 이후 1991년 남북 사이의 화해와 불가침 및 교류 협정에 관한 합의서인 남북기본합의서가 채택되었다. 같은 해 **한반도비핵화공동선언**도 발표되었다. 그러나 8차회담 이후 북한이 팀스피리트훈련을 문제 삼아 더 이상의 진전은 없었고 또한 북한은 **NPT**(핵확산금지조약)를 탈퇴하였다.

⑥ 김영삼 정부(1993~1998)

14대 대통령선거에서 김영삼이 김대중을 누르고 대통령에 당선되었다. 김영삼 정부는 **역사 바로 세우기**의 일환으로 두

전직 대통령인 전두환, 노태우를 반란 및 내란죄로 법정에 세우고 구속시켰다. **금융실명제와 부동산실명제**를 시행하였으며 1996년 **OECD**(경제협력개발기구)에 가입하였으나 1997년 경제 위기를 맞아 IMF(국제통화기금)에 **구제금융**을 신청하였다. 삼풍백화점이 붕괴되었고 성수대교가 무너지는 등 굵직한 사건들이 일어났다.

북한과의 관계에서는 **한민족공동체 건설을 위한 3단계 통일 방안**(화해협력 – 남북연합 – 통일국가 완성)을 제시하였고 1994년 북한의 **김일성이 사망**하였다. 북한에 핵포기 대가로 경수로원자력 발전소 건설사업을 추진하였으며 북한 주민들을 위하여 쌀을 지원하였다. 그러나 북한은 1996년에는 **강릉 잠수함 침투사건**을 일으키는 등 도발을 멈추지 않았다.

▉7 김대중 정부(1998~2003)

15대 대통령으로 야당 후보였던 김대중이 여당후보 이회창을 누르고 당선되었다. 김영삼 정부 말기에 찾아온 IMF 구제 금융을 상환하기 위하여 **전 국민 금모으기 운동**을 전개하였고 부실기업을 퇴출시켰으며 국내기업의 해외매각을 추진하여 3년 8개월 만에 IMF 차관을 완납하면서 경제위기를 극복하였다. **여성부**를 신설하였으며 **국민기초생활보장제도**를 시행하였다.

　기존 대북관계의 틀을 바꾸었다. 북한을 적대적 관계에서 동반자 관계로 보는 정책인 **햇볕정책**을 시행하였다. 이런 분위기에 맞춰 현대 회장 정주영이 소 떼를 몰고 방북하였으며 비전향 장기수들을 북으로 돌려보냈다. 또 **경의선 철도 복원공사**를 착공하였으며 북한에 **개성공단**을 설치하여 남한 기업들을 대거 입주시켰다. 1998년에는 **금강산 관광**을 시작하였으며 최초로 **남북정상회담**을 개최하였다. 북한에 대한 이러한 햇볕정책으로 김대중은 **노벨평화상**을 받았다. 또한 **6.15 남북공동선언**(남북관계 개선과 평화통일을 위한 노력을 기울인다)을 발표하였다. 대북정책의 3원칙(무력도발 불용납, 흡수통일 경계, 화해와 협력)도 수립하였다.

　그럼에도 북한은 끊임없이 도발하였다. 1998년에 ICBM(대륙 간 탄도미사일)인 **대포동 1호** 발사실험을 하였고 북한이 북방한계선을 침범하여 일어난 무력충돌인 1999년 **제1연평해전**(북한 어뢰정 1척 격침, 5척 크게 파손 추정, 한국 고속정 5척 경미한 손상)에 이어 2002년에는 월드컵을 앞두고 **제2연평해전**(한국 고속정 참수리호 1척 침몰, 전사자 6명, 부상자 18명, 북한 30여 명의 사상자와 초계정 1척 반파로 추정)을 일으키는 등 무력도발을 감행하였다.

8 노무현 정부(2003~2008)

16대 대통령선거에서 노무현이 이회창을 누르고 대통령에 당선되었다.

노무현 정부는 **과거사진상규명법**을 제정하여 왜곡된 역사나 사건 등을 바로잡으려 하였다.

행정수도특별법을 시행하여 세종시를 건설하고 수도를 이전하려 하였으나 동법은 헌법재판소의 위헌 판결을 받아 규모가 줄어든 새로운 시로 건설되었다. 공무원의 선거중립 위반, 대선자금 및 측근 비리, 실정에 따른 경제파탄 등의 이유로 헌정 사상 초유의 **대통령 탄핵소추**가 이루어졌는데 국회에서는 가결되었으나 헌법재판소에 의하여 기각되었다.

대북관계에서는 김대중에 이어 제2차 **남북정상회담**을 개최하였고 6.15 남북공동선언의 지속적 이행, 남북 이산가족 상봉확대 등의 **10.4 남북공동선언문**이 채택되는 등 햇볕정책을 지속적으로 계승하였다. 그럼에도 북한은 2006년 대륙 간 탄도미사일인 **대포동2호**를 시험발사 하였고 같은 해 풍계리에서 **제1차 핵실험**을 하는 등 한반도의 긴장을 높였다.

9 이명박 정부(2008~2013)

17대 대통령선거에서 야당 후보인 이명박이 여당 후보 정동영을 누르고 당선되었다. 한미 FTA를 발효시켰고 G20 정상회의를 한국에서 성공적으로 개최하였다. 또한 **4대강(한강, 낙동강, 금강, 영산강) 개발 사업**을 추진하였다.

북한과의 관계에서는 상생과 공영의 남북관계 추진을 기치로 내걸었다. 그러나 북한은 2009년 **2차 핵실험** 과 장거리로켓 **은하2호** 미사일 발사 시험, 2008년 **금강산 관광객 피살사건**(이 사건으로 금강산 관광이 중단되었다), 2010년 **천안함 공격 침몰사건** 등을 일으켜 남북관계를 경색시켰으며 2010년에는 **연평도 포격 도발**도 감행하였다. 또한 2012년 동창리에서 장거리로켓 **은하3호** 발사도 실험하는 등 한반도의 긴장을 고조시켰다. 북한에서는 2011년 **김정일이 사망**하고 아들 김정은이 후임 지도자로 나섰다. 김일성 – 김정일 – 김정은에 이르는 3대 세습체제가 이루어졌다.

10 박근혜 정부(2013~2017)

18대 대통령선거에서 박근혜가 문재인을 누르고 당선되었다.

전쟁 위안부 문제를 해결하고자 일본이 10억 엔을 출자하기로 하였다.

전 정부부터 이어진 경색된 대북관계가 이어졌다. 2013년 북한은 **제3차 핵실험**을 하였고 같은 해 **정전협정 백지화**를 선언하였다. 2016년에는 **4차 핵실험**을 하였고 같은 해 동창리에서 장거리 미사일 **은하4호**도 시험발사 하였다. 동년 지속적인 북한의 핵실험과 탄도미사일 발사시험으로 **한-미 간 THAAD(고고도미사일방어체계)**를 도입하기로 하자 북한이 중국과 함께 강력 반발하였다. 북한은 이어 **5차 핵실험**도 실시하였다. 북한이 지속적으로 도발하자 2016년 **개성공단을 폐쇄**하고 공단 입주기업들을 철수시켰다. 그러나 2017년 국정농단사건으로 탄핵을 받고 헌법재판소의 결정으로 **파면되어** 정권을 상실하였다.

⑪ 문재인 정부(2017~)

전직 대통령 박근혜가 탄핵에 의하여 파면된 후 실시된 대통령선거에서 야당 후보인 문재인이 여당 후보 홍준표를 누르고 당선되었다.

북한의 도발도 지속되었다. 수없이 많은 **미사일 및 발사체 발사 시험**이 이루어졌고 2017년에는 **6차 핵실험**을 하였으며

2017년 **핵무력 완성**을 선언하였다.

2018년 제3차 **남북정상회담**이 이루어졌고 같은 해 싱가포르에서 제1차 북-미 정상회담, 2019년에 제2차 북-미 정상회담이 베트남 하노이에서 열려 북한의 핵 포기와 경제 지원 문제를 논의하였으나 해결점을 찾지 못하였다. 북한과의 관계에서는 한반도에서 영구히 평화를 정착시킨다는 명목으로 유화 제스처를 하고 있으나 북한에서는 별 반응을 보이지 않고 있으며 오히려 대통령과 정부의 정책을 비난하고 있다. 그러나 문재인 정부는 북미 간 운전자를 자처하며 양쪽과 협상을 벌이고 있다.

대 일본 정책은 박근혜 정부에서 전쟁위안부 등과 관련으로 협의하여 조성된 10억 엔(한화 약 100억 원)을 반환하고 식민지 정책에 의해 희생된 한민족에 대한 일본업체 미쓰비시에 대한 배상 판결(1인당 1억 원) 등으로 한일관계는 경색되었다. 일본이 수출입에 혜택을 주는 화이트 국가에서 한국을 제외하자 정부는 GSOMIA(군사정보보호협정)를 파기하기로 하는 등 급격하게 경색되었다. 그러나 GSOMIA는 종료하지 않고 연장하기로 하였다.

중국과 미국 간에서 촉발된 미-중 무역전쟁과 급격하게 경색된 한일관계, 오랜 기간 동맹관계였던 한미관계, 그리고 한국과 북한과의 관계에서 어떤 결과를 도출할지 주목된다.

에 / 필 / 로 / 그

한국사의 내용을 큰 틀에서 이해하고자 하시는 독자 여러분들께서 여기까지 숙독하여 주심에 감사드린다.

특히 일제 강점기 부분은 독립운동가와 친일파의 문제, 현대사 부분은 이념에 따른 해석 방법의 차이 등 아직도 논란의 대상이 되고 있는 부분이 많아 자세히 기술할 수가 없었다. 다만 팩트만을 가지고 객관적으로 서술하고자 노력하였으나 독자 여러분들의 해석과 다소 다른 부분이 있을 수도 있으니 세부적인 자료에 대해서는 독자 여러분들께서 판단하시기 바란다. 내용의 문제에 대한 비판은 겸허히 받아들이겠으나 용어의 사용이나 추정 또는 소위 카더라 통신에 의존하여 비판하는 것은 지양해 주시기 바란다.

현대 사회는 어느 나라를 막론하고 이념 간, 세대 간, 지역 간, 남녀 간 갈등 등 여러 가지 갈등이 충돌하고 있다. 또한 왕을 비롯한 지도자들의 영도력에 따라 사회는 안정되거나 흔들릴 수밖에 없다. 작금의 한국 상황은 진보파와 보수파의 대립, 구세대와 신세대, 남성과 여성, 지역별 대립 등과 맞물려 극으로 치닫고 있는 상황으로 이런 반목은 국가

심심풀이로 보는 한국사

발전을 저해할 뿐만 아니라 국민성을 갉아먹는 암 덩어리일 뿐이다.

특히 Internet, SNS 등 실시간으로 많은 정보를 쉽게 접할 수 있는 작금의 상황에서 자신과 생각이 같은 사람들의 말에만 공감하고 생각이 다른 사람들의 말은 배척하는 것은 아닌지, 또 그런 사람들의 심리를 이용하려는 무리들의 논리에 빠져든 것은 아닌 지 한 번쯤은 조금 멀리서 바라보는 혜안이 필요할 것이다.

우리는 역사를 익히고 바라보면서 그러한 과정을 무수히 겪어왔다는 것을 많이 느꼈을 것이다. 나보다는 남을 배려하고 나와 다른 의견을 가진 사람들도 수용하는 여유로운 마음가짐을 가지고 올바른 한국의 미래를 가꾸어 나가는 사람들이 되길 간절히 바라면서 글을 맺는다.

독자 여러분, 감사합니다.